不登校臨床の心理学

Gosaku Naruse
序文 成瀬悟策
Takashi Fujioka
藤岡孝志 著

誠信書房

はしがき

成瀬悟策

不登校の子の援助に長年取り組んで来た藤岡君がその経験を一書にしたいというので、まさに時宜を得たものと期待していました。動作療法を中心に研究していたので、その成果を述べるものとばかり思っていたところ、出来上がった初校で最初に飛び込んできた「不登校臨床の歴史」という第一章から、私の思い込みだったことを知りました。

すなわち、動作療法など特定の方法や理論を越えて、広汎な視点から従来の多岐に亘る試みや理論を漁りながら、単なる紹介の羅列でなく、著者自身の意見・評価で纏め、自らの意見によって様々な提言を企てた、やや格調の高い不登校の子の援助の研究書という形になっているのです。

本書は大きく三つの部分からの構成と見ると、理解しやすいでしょう。第一部は著者の長い実地の臨床的取り組みの経験を踏まえて、不登校の子たちのための心理臨床とは如何にあるべきか、援助の立場から、発達途上で揺れ動く子どもたちの心を如何に理解するのか、またその子たちの周りで支え・援助し、癒やすために、親子・家庭はもちろん、学校や地域内などでどのようなシステムが望まれるか等に亘って、その最も基礎的な要点を具体的かつ詳細に提言しています。

第二部は、これまで、いわゆる心理臨床に於ける有効な援助・治療の技法として、さまざまなものが挙げられてきましたが、その中から、これまで著者が自ら実地に経験し、そして効果が確かめられた絵画療法・動作療法・日本人臨床・家族療法という四つの重要な方法を挙げ、それぞれの章に分けて、読者にも理解かつ追試できるように、そこに於ける対応と、それに対する相手の反応、およびその都度その都度における留意点と心得などを、丁寧・具体的に説明しています。その中で日本人臨床とはいかにも大上段からのもの言いですが、日本文化での生活に、不登校を生み出す要因が含まれているという著者の見解はまさに肯綮《こうけい》に中《あ》たるものと言えるでしょう。

第三部では、以上に述べたさまざまな視点を統合しながら、不登校の子たちを一般的にどのように見立て、理解して、如何に対応したらよいのか、そのためのモデルを考え、その共通の特徴から、心理的な援助の要点を体験様式論で纏めています。

そして、最後に、現実のケースとは離れて、架空の事例によるシミュレーションを提言していますが、これは援助者のための実践訓練にきわめて有用ですから、将来更により具体的な検討が望まれます。

要するに本書は、不登校の子の心理的な援助について広汎かつ具体的に記述・検討した貴重な文献といってよいので、初心者や入門者はもちろん、経験豊かな専門家にとっても、それぞれに大きな示唆を得られるに違いありません。是非にとご一読をお奨めする所以です。

はじめに

藤岡孝志

「不登校」のかかえる課題性は、臨床心理学の総力を上げて立ち向かっても、越えられないほど、深刻な事態に陥っているといっても過言ではないと思います。しかし、そのなかにあって、ささやかながら実践および研究を通して、明らかになってきたメカニズム、効果を上げてきている関わり（援助）も多くあるのも事実です。本書では、不登校研究を概観し、そのうえで、心理臨床活動を通して得られた知見に、臨床心理学的概念を適用・援用し、新たな不登校臨床の心理学を構築することを試みるつもりです。また、そのことで、臨床心理学、社会福祉学の発展に少しでも寄与できればと考えました。以下各章の概略を述べます。

第一章　不登校臨床の歴史

ユングがかつて不登校であったことを書き出しとし、そのことの意味を問い直し、不登校研究が、児童期・思春期の子ども理解に重要であり、不登校を克服することが発達上非常に意義のある内的作業であるとの観点から、これまでの国内外の研究を捉え直します。そのうえで、子どもたちの「こころの世界」としっかり向きあうことの大事さを提示します。

第二章　不登校児童・生徒の理解

筆者による不登校児童・生徒の理解の観点を提示し、理解が援助を前提としたものであることを強調し、単なるレッテル貼りではないことを提示します。さらに、内外の不登校理解に関する知見を紹介し、不登校を幅広くさまざまな視点から理解することを試みます。

第三章　不登校児童・生徒に対する学校内の援助システムの構築

不登校児童・生徒への学校内援助システムの構築を論じます。特に、学校と家庭との連携という課題に対して、筆者の考える「学校刺激」「学校関心刺激」「学校無刺激」や従来使われてきている「登校刺激」を加えた段階的な「つながりシステム」の構築の重要性を概観し、その過程での学校内のシステム作りの要点を考察していきます。さらに、不登校における出席の扱いについても、詳しく論じます。

第四章　不登校児童・生徒への地域内援助システムの構築

適応指導教室へのスーパービジョン経験やフリースクールのサポート経験にもとづき、日本において実質的に始まっている不登校へのスペシャルエデュケーションの実践とその意義などについて触れていきます。そのうえで、不登校児童・生徒への地域内援助システムの構築の可能性について論じます。

第五章　絵画療法による不登校児童・生徒への援助

なかなか自分のつらさを言葉にできないことが多い不登校の子どもたちに対する援助として、絵画は有効な媒介となります。まず、絵画療法を概観し、そのうえで、不登校児童・生徒への援助の留意点を事例をできるだけ取り上げながら概説していきます。円枠感情表出法や「こころのロッカー整理法」などの筆者の工夫を通して、なかなか言語化が難しいクライエントに対してのアプローチを検討していきます。

第六章　不登校児童・生徒への動作療法の適用

不登校児童・生徒の身体症状の意味をまずみていきます。不登校児童・生徒の六、七割が、初期に身体症状を訴えるとの筆者らの調査を基に、その臨床心理学的な意味を、臨床動作法で培ったさまざまな「からだ」について得られている観点を援用して、考察することを試みます。これは、「からだ」に関する心理学の臨床適用の一つのモデルともなるべく論述するつもりです。システム論的アプローチと合わせて重要なのが、不登校児一人ひとりの個別性に着目し、その子にあった援助をすることです。それは、昨今の不登校へのシステム論的アプローチの隆盛においてつい見落とされがちです。原点に立ち返っての個別性への視座の重要性の見直しの作業でもあり、筆者の最も心血を注いできたところでもあります。筆者の「不登校児童・生徒の体験様式仮説」に基づき、他のアプローチのモデルともなりうるべく、アセスメントとトリートメントの統合を試みます。

第七章　日本人臨床と不登校

日本の教育現場で生じている「不登校」「いじめ」問題は、日本人としての成長・発達過程を抜きには考えられないことです。そこに横たわる日本文化を問い直していくなかで、日本人特有の問題に対して、どう日本人を理解しつつ援助臨床活動を進めていくのかということの試論にしたいと思います。今後の日本人臨床の発展が不登校臨床に寄与することを願っています。

第八章　不登校児童・生徒の家族への援助システムの構築

事例研究に基づきながら、家族への援助をシステム論的アプローチから見ていきます。家族への援助は、「問題のない家族」「問題のある家族」という二者択一的な幻想から、「問題があっても、課題解決志向で変化しうる柔軟な家族」という現実的な課題性をもつことが重要であることを提示していきます。さらに、家族が子どもたちと関わる際の留意点についても、詳しく論じます。

第九章　不登校児童・生徒に対する理解と対応のモデル構築の試み

これまで見てきたそれぞれの観点を統合すべく、不登校児童・生徒理解と対応のモデル構築を試みます。さまざまなタイプ・状態・過程にある不登校児童・生徒理解と対応の配慮点を、検討します。そして、次の研究実践の発展を視座に入れ、今後の課題を列記しながら、問題提起していきます。最後に、援助における四つの視点を提示し、体験様式仮説の試論にしたいと思います。

第十章　不登校事例の見立てと対応の要点――ケース・シミュレーション

これまでの考察を踏まえ、想定される対応点について、シミュレーションをしていきます。このことで包括的援助システムを提示し、不登校への対応を考える際に、考慮すべき点の議論の素材となることをねらっています。

不登校臨床の心理学　もくじ

不登校臨床の心理学

第一章　不登校臨床の歴史

本章では、ユングがかつて不登校であったことを導入として、そのことの意味を問い直し、不登校研究が、児童期・思春期の子どもを理解するために重要であり、不登校を克服することが子どもの発達上非常に意義のある内的作業であるという観点から、これまでの国内外の研究をとらえ直していきたいと思う。

I　不登校という言葉の意味するもの

不登校は日本において、ここ五十年ばかりのあいだに急速に増えてきている。不登校を考えることは、現在の日本の福祉、教育、医療、更正・司法、産業のことを考えることである、といっても過言ではないほどの社会現象となっている。不登校の原因究明と援助・対策のために数多くの研究が行なわれてきたものの、この問題に内在する多義性によって、複合的な現象であるといわれて久しい。その論議の根底にあるのは、不登校に至らざるをえない状況を分析すると学校要因、家庭要因、本人の要因、地域の要因等が複雑に絡み合っている、という共通認識である。その複合的な構造を考え合わせることなく、一つの観点だけを取り上げて、学校教育論、家庭教育論、さらには地域社会論まで持ち出して不登校現象を論じてみても、少なくともいま苦しんでいる子どもたちには何の救いにもつながらない。そのような弊害を避けるためにも、慎重な学際的研究が必要であろう。ここで

表 1-1　不登校の呼称に関する諸概念

「学校の病」(school sickness)
「怠け・怠学」(truancy)
「学校恐怖症」(school phobia)
「学校嫌い」(reluctance to go to school)
「登校拒否」(school refusal, refusal to go to school)
「不登校」(non-attendance at school, school non-attendance)
「引きこもり」(withdrawal)

は、その一助として、援助を前提とした臨床心理学の立場から、不登校現象を問い直す作業を試みる。

かつてよく使われていた登校拒否の英語訳は、"School Refusal" であるが、refusal には、障害物を目の前にして立ちすくむ、という意味が込められている(筆者はこのことを元・国立特殊教育総合研究所教育支援研究部総括主任研究官の花輪敏男氏から教えていただいた)が、このことはあまり知られていない。研究者のあいだで使われることの多い「不登校」という言葉は多義的な意味を含んでいる。広義の不登校と、狭義の不登校(いわゆる登校拒否)を使い分けるにしても、狭義の不登校をどう限定するのか、注釈なしでは使えないだろう。皮肉にも「不登校」は、怠学も含めた「不登校」現象の多義性を代表した最も適切な言葉なのかもしれない。かといって、「登校拒否」は、明確な拒否感の乏しい多くの子どもたちの状態を代表した概念とは到底考えられない。ここでは最近の日本でよく使われている「不登校」という言い方を使用するが、学校恐怖症といっていた時代も含めて、呼び方の変遷も時代の考え方・不登校現象のとらえ方を反映していて、大変に興味深いと思う(表1-1参照)。

II　不登校の時代背景

わが国で不登校が増えてきたのは、一九五〇年代からであるといわれている。それは、高度経済成長政策が導入され、経済力が飛躍的に発展した時期に対応している。テレビ、掃除機、洗濯機と三種の神器が広く普及し始め、生活自体が大きく変貌しようとしていた時代であった。不登校発生のおもな背景として、経済の発展に伴う人口の都市集中、核家族化、ムラ社会の崩壊、高校進学率の増加、学歴至上主義があり、さらに学校については、教育課程の過密、知育の重視、激烈な進学競争などが挙げられている（佐藤、一九八八）。そのような社会の大きな変遷のなかで、学校での居場所がもてず、不登校に陥ってしまうケースが多いように思われる。学校の体制がストレートに影響するだけでなく、プレッシャーを必要以上に感じてしまう子どもたちの感受性の高さ、および、親の過剰な期待への素直な応答であることも多いであろう。学校だけでなく、家庭も急激な変化を強いられてきた。社会のさまざまな変化に、家族そして子ども本人がたちまち巻き込まれてしまうのである。平田（一九八〇）は、不登校をはじめとする子どもたちの問題は、「急激な社会変化」「社会変化に対応しきれない学校」「社会変化に対応しきれない家庭」の三つ巴が混乱・葛藤を引き起こし、その渦中で子どもたちが生きていかざるをえないことから発生している、と指摘している。このような見解は、不登校を考えていく際、本人、学校、家庭のどこに問題点があるのかということを問う以前に、現代社会における構造的な現象であるという社会学の立場からの見解とも一致している。森田（一九九一）は、社会構造の変化に伴って、不登校そのものの意味が変化していくととらえ、不登校はプライバタイゼーション（私事化）が進行する現在の社会状況にあってむしろ当然の現象である、と述べている。また、佐藤（一九八八）は、「凝集因子」「葛藤対象」「置き換えの対象」「進学による心理的圧迫感の対象」「とらわれの対象」という五つの学校の役割を見出し、そのなかで、特に「とらわれの対象としての学校」に臨床的な意義を認めて、次のように考察している。すなわち、子どもの人格形成過程で、学校教育の占める位置と役割が肥大化し、学校を通過できないと一人前になれないといった、「学校へのとらわれ感情」がわれわれを支配している。また、子ども自身の側にも、学校から離れることは脱落者になることだという恐怖感さえも生む結果になっている、と指摘している。

　また近頃は、テレビはもとよりパソコンの普及により、在宅で充分に情報が手に入るようになったことや、電子メール、チャットなどの普及により、家に居ながらにして人間関係を構築できる（その内容に関しては諸説あるが）時代にまでなってきており、人間の心理的な世界、あるいは発達観、「人間としての成長」観をも揺るがしてしまう現象として無視できない状況になっている。不登校問題を考えるためには、このような経済、社会の変動、および学校教育のもたらした功罪にまで考察を加えることが必要であろう。このように考えてくると、「なぜ子どもたちは学校に行かないのか」を問うことは、実は、「なぜ子どもたちは学校に行くのか」ということを改めて問うことにつながるのである。

さて、このような時代背景の影響を受けざるをえない不登校現象であるが、不登校という言葉自体が、よく使われるようになったのは一九八〇年代に入ってからである。それ以前は、登校拒否という言葉が使われ、現在も不登校・登校拒否などと使うことがある。さらに以前には学校恐怖症という言葉が使われ、類似の言葉として、怠学という言われ方もされていた。次に、言葉の変遷に見られる不登校観を概説することとする。

III　不登校研究の歴史

1．黎明期

不登校の研究についてはどのような歴史があるのだろうか。最初に本格的な報告があったのは、一九三二年のブロードウィン（Broadwin, I. T.）のものである。しかし、それ以前にもいくつかの報告がある。歴史的に見て最初の報告は一九一一年にユング（Jung, C. G.）によってなされたと考えられている（稲浪ら、一九七八）。十一歳の少女が頭痛とか吐き気という身体的症状を訴えて学校に行くことを拒んだ。それをユングはその時の担任教師に対するコンプレックス、心理的なわだかまりとして対応していった。これが、初めての報告であると考えられる。またこのことは実はあまり知られていないことであるが、ユング自身もかつて不登校であった。『ユング自伝1』（河合隼雄ら訳、一九七二）のなかにみずみずしく書かれている。彼が十二歳の時のことである。

十二歳の時は私にとって実に宿命的な年であった。一八八七年の初夏のある日、私は同じ道を通って帰る級友を待って大聖堂の広場に立っていた。十二時で、朝の授業は終わっていた。ふいに別の少年が私を一突きしたのである。私はたたかれて足をすべらせ、舗道のふちの石で頭をしたたか打って倒れ、ほとんど意識を失わんばかりであった。その後約半時間、私は少し目がくらんだ。その瞬間、「もうお前は学校へ行かなくてもよい」という考えが私の心にひらめいたのを感じた。私は半ば意識を失っただけだが、主に敵に復讐するために、厳密に必要なよりは少し長い時間、横になっていた。その時、人々が私をみつけて、近くの独身の伯母二人が住んでいる家まで連れていってくれた。

それ以来、学校の帰り道とか、両親が宿題をさせようとする時にはいつでも発作を起こすようになったのである。半年以上もの間、私は学校を休んだが、それは私には一種のピクニックであった。私は自由で数時間もの間、夢想にふけることもできたし、森の中や川のほとりや谷間など好きなところへはどこにでも行けた。私は戦闘の絵や、戦争や、襲撃され焼き払われている古城のすさまじい光景を再びかきはじめ、あるいは幾ページもマンガをかいたりした。

（『ユング自伝1』五三頁）

普段われわれカウンセラーが面接している不登校の子がまさにここにいるという感じである。自伝はさらに続く。

同じようなマンガが、今日までずっと眠りにつく前に時折浮かんでくる。たえず動きまわり変化する仮面が歯をみせてにこっと笑っていながら現れて来、その中にその後すぐに死んだ人の親しみ深い顔があるのである。なかでも私は、神秘の世界に没頭することができた。その領域には木・水たまり・沼・石・動物・父の書斎などが属していた。

（『ユング自伝1』五三－五四頁）

ユングは、その後も野山を駆けまわり、半年以上ものあいだこういうふうに過ごすのである。これは、思春期を迎える小学校の子、早い子で四、五年生、あるいは六年生ぐらいの子どもたちが自我に目覚める頃に共通しているエピソードである。「自分を発見する」——そのものすごい瞬間がこの頃訪れる。ユングにもそういう瞬間が訪れたのである。そのなかで、思春期の時期を過ごしながら自分を見つめ直したり、あるいは大人に対する批判的な目を育てていったりする。その突き上げるエネルギーを予感させるような瞬間である。こんなふうに半年以上ものあいだ遊びまわっていたわけであるが、このユングの状態を両親が非常に心配して、医者に相談する。医者は、親戚宅で休日を過ごすようにアドバイスするが、その後も変わりはなかった。ある日、友人にユングのことを話した父親は、「もし自分で生計をたてることができないとすれば、あいつは一体どうなるでしょう」という。聞き耳を立てていたユングはそれを聞いて、びっくり仰天し、「じゃあ働くようにならなくっちゃ」とついに考えるようになるのである。

「その時以来、私はまじめな子どもになった。私はこっそりと出ていって父の書斎に行き、ラテン語の文法書を取り出して、一心不乱に詰め込みはじめた。」それから時々、発作で気が遠くなることもあったが、数分間経つと気分がよくなって、「こん畜生、発作なんか起こすもんか」というふうに独り言をいって勉強を続けた。「その日以来ずっと、私は文法書と他の学校の本を毎日勉強してすごした。二、三週間後に私は学校に戻り、そこでも二度と発作に襲われることはなかった。……」

（『ユング自伝1』五五頁）

いま、不登校で苦しんでいる子どもたちや保護者の方々、教師の方々はぜひ『ユング自伝』をお読みになることをお勧めする。のちのユングの人生に時々訪れる真摯な「生きることへの問いかけ」がこのエピソードに暗示されている。

このようにユングの名をまず最初に挙げなければならない。そして、その後、学校に行かないということが文献に登場するのは、トレイノール（Treynor, J. V., 1929）による「学校の病」（school sickness）の記載である（和田、一九七二：若林、一九八〇参照）。さらに、不登校についての明確な問題意識が出てきたのは一九三二年、ブロードウィンの報告である。このときは登校拒否とか不登校とかいう言葉は使っていない。怠け・怠学（truancy）のなかに、神経症的な、学校に行きたいけど行けないという葛藤をはらんだ子どもたちがいることを初めて報告している。一九三二年、世界が激動の時代を迎えようとしている時期で、アメリカでの話である。イギリスでも、一九三九年にパートリッジ（Partridge, J. M.）が、怠学について述べたなかで、同様に神経症的なタイプがいるということを報告している。不登校の研究史に残る年代である。さらに、一九四一年、ジョンソンら（Johnson , A.M. et al.）が、怠けとはまったく異なる子どもたちとして学校を欠席する子どもがいるとして、初めて「学校恐怖症」（school phobia）という言葉を使っている。不登校についてのテキストなどではこの研究を最初に取り上げることが多いほど、これは画期的な報告であった。六歳～十四歳の八人の子どもたちについて報告し、彼らに共通するものとして、母親に対する分離不安をメカニズムに挙げている（母子分離不安）。学校に行きたくても行けない子どもたちがいるということだけでなく、それを学校恐怖症と名づけ、しかも、どうして学校に行けないかというそのメカニズムを母子分離不安としている。母子関係は相互作用であるから、母親が子どもと離れられない分離不安も、子どもの不安感をさらに誘発する。分離不安は、母子相互作用がある意味で持続しているということである。しかし、母子のつながりは当然のことであり、むしろ分離不安を感じないような親子関係のほうが母子の課題としては大きいのではないか、と感じている。問題は分離不安をどう解決していくかである。幼稚園の先生と話をすると、昔はお母さんと離れられずに泣く子もたくさんいた。最近は子どものほうが「じゃあね、バイバイ」という子がいて、お母さんのほうが戸惑っているという話を聞くことが多い。分離不安自体はとても大事な感覚である。分離不安の克服は、親のほうの課題でもあり、むしろ不安を感じたら、それはいま子どもが離れる、子どもが自立していくのを見守る、そういう時期なんだと考えることが大事であろう。

2．展開期

一九四〇年代～一九六〇年代に至ると、不登校という言葉が精練されて使われている。たとえば、一九四五年に「学校嫌い」(reluctance to go to school) という言葉がクライン (Klein, E.) によって使われている。かつて文部省（当時）の学校基本調査では、「学校ぎらい」という言葉を使っていた。学校側は頑張っているが子どものほうが嫌っているという、学校側に立った用語ともとられかねない。一九四八年にはウォレン (Warren, W.) によって、「登校拒否（あるいは、登校すくみ、と訳せるか）」(refusal to go to school) という言葉がすでに使用されている。その後、一九五八年にカーン (Kahn, J. H.) が、一九六〇年にクーパー (Cooper, M. G.) が、「登校拒否」（あるいは、登校すくみ）(school refusal) という言葉を使っている。またハーゾフ (Hersov, L. A.) も一九六〇年に、時代を先取りして、「不登校」(non-attendance at school) という言葉を使っている (Hersov, L.A., 1960a)。それらの変移のなかで、「学校恐怖症」(school phobia) と「登校拒否」(school refusal) という言葉も一九六〇年代に入って併用されるようになるが、「登校拒否」(school refusal) のほうがこの時代にはより多く用いられるようになってくる。最近では、「不登校」(school non-attendance または non-attendance at school) が使われることが多くなってきている。

3．日本における不登校研究

日本で不登校の問題意識が生まれたのは（少なくとも文献上は）、一九五〇年代であろう。高木（一九七七）は、厚生省監修の事例集（一九五七）において、登校拒否児の指導記録が登場したと記述している。さらに、斎藤（一九五九）は、児童福祉司の担当した「長期欠席児童」の実態と指導結果を報告している。そこには、一九五三年からの取り扱いケース数が記載されている（岡林、二〇〇四参照）。また、一九五九年に高木隆郎は、「長欠児」についての研究を行なっているし、同じ一九五九年に佐藤修策は、「神経症的登校拒否行動の研究」として報告している。日本では五〇年代後半から、不登校問題がにわかに注目され始めたのである。それ以前の日本の歴史や時代背景（江戸時代の寺小屋や明治時代の学制等）の観点からの、不登校研究が待たれるところである。

一九六〇年に入ると、「学校恐怖症」という言葉（日本語訳）も使われ、鷲見たえ子ら（一九六〇、一九六二）は「学校恐怖症」という用語を用いている。鑪（一九六二、一九六三）も「学校恐怖症現象」として扱った。さらに、すでに学校恐怖症について報告していた高木隆郎ら（一九六五）は、「登校拒否」(school refusal) の用語を提案した。これを受けて、七〇年代以降は、登校拒否という言葉が一般化していった。言葉の使い方は研究者の立場で違うものの、この頃から、日本でも「登校拒否」が使われ始めたといってよいであろう。

しかし、近年は、「不登校」という言葉が定着してきている。一九八〇年代に入ってから、不登校という言葉を用いる文献や実践者、研究者が増えてくる。不登校という言葉は、行きたいけど行けない、あるいは、状況が安心して行けるようになっていないのであって、本人が拒否しているのではないという、本人の人権に立った立場である。法務省関係などでは、意識的に他の省庁に先行して、この不登校という言葉が使われ始めた。また、このことはすでに述べたが、もう一つの理由として翻訳語の問題がある。この点は不登校研究における一つの盲点である。日本語の感覚では「拒否」は語感として非常に強い拒絶を表現している。しかし、英語におけるレフューザル (refusal) は障害を目の前にしてすくむ、立ちすくむという意味を含んでいる。登校拒否と日本語にしてしまうと、rejection of going to school と新たな意味が付加されてしまう。このようなことから、大きな意味を含めて不登校 (school non-attendance または non-attendance at school) という言葉を使ったほうがいいと考えられるようになってきている。ただ、いまも登校拒否と敢えて使う研究者がいるが、これはレフューザル（refusal）の語感をしっかりと意識して使っているのかは知る由もないが、なかにはそのことを意識しながら使用している研究者・実践者もいるのかもしれない。また、葛藤が前面に出る事例ばかりではなく、怠学や無気力、あるいは非行と混在した事例も多く出現するようになり、このようなことから、多くの研究者・実践者は、スクール・レフューザルと限定するよりは、やはり不登校として広く取り上げたほうがより現実の状態をとらえやすいであろうとの立場になってきている。

分類のところで見ていくが、歴史的に見ると、もともとは怠け、怠学（truancy）との鑑別で不登校を用いてきたが、最近では、怠学との鑑別が非常に難しい。学校に行けなくて悩んでいるのだが、家でテレビゲームなどをして遊んでいることもある。また平気で外にも出て遊んでいる。これは傍から見て怠けているのではないかと思いがちである。しかし、話を聞いてみると、深い所でその子は葛藤を抱えている。なかなか前面に出てこない、だけど子ども自身は非常に苦しんでいる。そういう事例が相対的になのか絶対的になのか、増えてきているという印象がある。家に引きこもってしまった場合、「引きこもり」（withdrawal）、「閉じこもり」という言葉も使うようになってきている。このような事例では、不登校状態が昂じて、「社会的引きこもり」（social withdrawal）へとつながっていくこともある（不登校と社会的引きこもりとの関係については、なお慎重な議論が必要である）。あまりにも、その心理的な世界は複雑である。これまで見てきたように、不登校臨床の歴史を振り返ると、いわゆる登校拒否と怠学を鑑別することが重要と考えられてきている。しかし、昨今の不登校現象を考えるに、怠学と不登校の境界も無視できない。どう理解したらよいのか、どう関わったらよいのかは、別のところで詳しく触れることにする。

以上見てきたように、不登校臨床、不登校研究の歴史を辿ると、不登校をどうとらえたらよいのかということの模索と混乱が露呈されるといってもよいかもしれない。時代を反映しているといえなくもないが、このことは、不登校研究が時代に追いついていないことの表われなのかもしれない。現実の子どもたちとじっくりと接し、彼ら、彼女らの「こころの世界」としっかり向き合うことの大事さがここにある。

第二章　不登校児童・生徒の理解

本章では、不登校児童・生徒を理解するポイントを示し、理解が援助を前提としたものであることを強調した上で、単なるレッテル貼りではないことを提示する。

Ⅰ　学校に行きたくないという「感じ」――不登校状況の特徴

学校に行く・行かないということに限って考えてみると、明確に登校意欲がある子のほうが珍しいのではないだろうか。むしろ、何となく学校に行っている、親が行けというから行っている、学校に行くと○○さんに会えるから行っている、部活が面白いから行っているというように、日常生活体験が、登校を前提に進行していることのほうが多いだろう。では逆に、どのようにして、なんとなく行きたくない感じが生じてくるのであろうか。不登校の子どもたちと面接をしていると、不登校状態を次のように語ってくれることが多い。「行かなくてはいけないのは頭ではわかっているのに体がついていかない」「行こうとすると、それを押さえるような衝動が自然と沸き上がってくる」「行こうと思えば思うほど、行かないほうへと自分が動いてしまう」「行かないことで自分がますます苦しくなるのはわかっているのに、気持ちが自分のいうことを聞いてくれない」「明日こそと思って寝るが、目が覚めると布団から出たくなくなり、登校の時間が早く過ぎればよいと思っているうちに、また寝てしまう。これを繰り返している」。

表2-1に、初期に表現される不登校の子どもたちの言葉を整理してみた。これらは、登校にまつわる不適応状況であり、行こうという意欲があればあるほど、それと矛盾する動きを気持ちがしてしまうことを意味している。ちょうど、催眠の葛藤暗示で、手を離そうとすればするほど手が離れなくなる現象や、スポーツ選手が心を落ち着けようとして却って焦って緊張してしまうのと似ている。本人の課題達成のための努力が、却って有害なほうの努力を引き出してしまうのである。このように、本人としても精一杯の努力が報われない体験をしているにもかかわらず、登校に向けての外からの働きかけが強すぎる場合、葛藤の誘発要因は、自己の内外から生じることになり、本人をますます苦しめることになる。最近では、不登校についての理解が深まり、善かれと思ってする援助が却って本人を苦しめる結果になるような対応もほとんど見られなくなった（と期待したい）が、適切な課題達成のための努力への援助は、まだまだ充分とはいえないであろう。

II　不登校の長期化と予後

不登校が長期化する際の特徴に昼夜逆転がある。これは必ずしも、すべての子がというわけではないが、夜中起きていて、朝方就寝し、昼ごろ起床するという生活のリズムができてしまうことである。単にリズムが崩れるというだけでなく、夜中という静寂で学校に行かなくてもよい時間を自分なりに過ごすということを意味している。それはそうせざるをえないその子なりの適応行動と考えられる。また、寝ることは、そのまま起床すると学校に行くべき朝を迎えることになり、それを避けるために夜更かしをしてやむをえず起きられない状況を自分でつくりだすということでもある。生活のリズムがなかなか回復しないのは、そのような心理的な意味合いを有しているからである。逆に、それほど生活のリズムが崩れていない子どもの場合、学校へ行く時間がすぐにつくれること、時間の自己管理ができていることなどから、再登校に向けての工夫がしやすい。生活のリズムの保持は、予後が良い。

表 2-1　不登校状況の言語記述

(1)　曖昧な表現
「べつに。わからない」

「ただ、なんとなく、行きたくない」
(2)　登校葛藤の表現
「あしたこそと思って寝るが、目が覚めると布団から出たくなくなり、登校の時間が早くすぎればよいと思っているうちに、また寝てしまう。これを繰り返している」

「学校に行かなくてはいけないのはよくわかっているのにどういうわけか、咳が出てしまって、苦しくなってしまう」

「行こうとすると、それを押さえるような衝動が自然と沸き上がってくる」

「行こうと思えば思うほど、行かないほうへと自分が動いてしまう」

「行かないことで自分がますます苦しくなるのはわかっているのに、気持ちが自分の言うことを聞いてくれない」
(3)　対人不安・対人恐怖表現
「教室のなかの○○（特定の人）が気になって、教室に入れない」

「授業であてられるかもしれない、と思うと心配で教室には入れない」

「久しぶりに登校してみんなが自分のことをどう思っているか心配」

「教室や集会のときの大集団のなかにいると、自分が消えてなくなりそうで怖い」

「教室（部活）でいじめられていて、学校に行きたくない」

「教師の叱責が怖くて学校に行けない」

「教師が自分に対して否定的な感情を抱いており、教室にいるだけで自分に対する自信がなくなる」

「休み時間が怖い。みんなのなかに入っていけない」
(4)　身体的な表現
「行かなくてはいけないのは頭ではわかっているのに、体がついていかない」

「体の調子はいいはずなのに、なぜか熱が出てしまう」

「学校に行くときになると、不思議とおなかが痛くなってしまう」
(5)　起床時の不安・抑鬱表現
「朝起きても学校に行こうと思うと憂鬱になる」

「何となく体がだるく、おっくうで何もしたくなくなる」
(6)　就寝時の不安・抑鬱表現
「明日登校するために、寝なくてはいけないと思えば思うほど目が冴えてしまってなかなか寝付けない」

「あれこれと明日の学校でのことを思うと落ち込んでしまって、つらくなる」
(7)　食事のときの不安表現
「何となく食事が喉を通らない。自分でも不思議と食欲がわかない」

「ご飯を食べていても学校でのことを思うと、味がわからなくなる」
(8)　家族への感情表現
「自分のつらさを家族のみんなはわかってくれない」

「家族（父親、母親、祖父、祖母など）は、学校に行くことしかいわなくて、顔を合わせたくない」

「家族の顔を見ると学校に行けといわれているみたいで嫌だ」
(9)　学校への感情表現
「学校が面白くない」「先生がえこひいきをする」

「先生が自分のことをわかってくれない」

「学校での勉強が無意味なものに思えてくる」

前述のような巣ごもり、閉じこもりの時期に、不登校状況に合わせた学校と家庭（あるいは、家にいる本人）の連携の観点から、学校との関係を切らないことが大事である。この点を前提として、本人に前向きな姿勢が出てきたり、自発性や自己決定感が向上することで再登校に向けての努力が始まる。そして、不安定な登校を経て、安定した登校へ展開する。このような経過はあくまでも一つのモデルであり、事例によっては当然異なる経過をたどることもある。初期状態からいきなり登校に至ることも、対応が進んできた今日にあっては、よくあることである。また、筆者の知る限りでは、予後も良好である。中学校から高校へと進学したり（中学時代の出席日数について寛容な高校も増えてきている）、就職したりするにしても、そこでのフォローが予後を考える上で重要である。また、福祉臨床・心理臨床・精神科医療の領域に入り、自分自身の体験を生かしながら、いい仕事をしている人もいる。ただ、町沢（一九九三）が指摘しているように、不登校の類型には、発達障害圏、神経症圏、精神病圏、感情病圏、適応障害圏、人格障害圏、心身症、個人的・環境的条件により不登校が生じているものの特に精神障害レベルには至っていないものまで、多岐にわたっており、予後もその見立てと当然関連してくる。精神医学的観点も考慮しながら、心理学的・教育的・福祉的観点から不登校への対応を考えていかなくてはならない。まず、不登校の子どもたちの状態を理解する上で、子どもたちのつらさ、きつさがどのように表現されるものであるのかということについて記述していく。

Ⅲ　不登校状況の表現

表2-1に、さまざまな子どもたちの表現のありようを列記してみた。これですべてではないが、このように、現象記述的な言語がさらに増えていくことで、少しでも子どもたちのつらさ、きつさが理解されていくことが望まれる。

(1) 曖昧な表現

子どもたちと関わる際に、「今どんな気持ちがしている?」と聞いても、「べつに。わからない」「ただ、なんとなく、行きたくない」という答えが返ってくることがある。こうした曖昧な表現は、不登校の子どもたちに、特徴的なもののひとつかもしれない。もし、言語を通してのみ関わろうという姿勢が援助者側に強すぎると、こうした応答によって、もうこれ以上は関われないという無力感をもたらすことさえある。しかし、このような曖昧な表現は大きく二つの意味を有しているのかもしれない。一つは、まだ関係がうまく築かれていない誰かもわからない相手に対して自分の心の奥底のつらい気持ちなど話せるわけがない、話したところで心が掻き乱されるだけで、気休め程度の言葉掛けをもらって終わってしまうだろう、という見通しをかすかな感じで子どもたちはもっているのかもしれない。これには、これまで誰に相談し、どのような援助を受けてきたかということも影響する(「被援助の歴史性」と筆者は呼んでいる)。もう一つは、言葉にすることさえもつらい気持ちを有していたり、感情的なきつさ・つらさが先立ち、うまく整理して言葉にする段階まで行っていないということがあるのかもしれない。本当に本人にとっても、「わからない」のである。関係性に対する感受性と、この「わからなさ」が、むしろ、子どもたちと関わる際の手がかりとなる。言葉で返ってくることを求めすぎないで、むしろその向こう側にあるつらさ、きつさを感じ取ろうとする姿勢があれば、相手にはっきりとではなくても、この人は何か自分にそっと近づいてくるかもしれない、という思いをもってもらえるのかもしれない。「曖昧さ」を曖昧なまま共有することで、曖昧な関係性が少しずつはっきりとしてくる。

(2) 登校葛藤の表現

葛藤は、不登校の子どもたちへの関わりのなかで、昔からのテーマである。心と体、気持ちと言葉、思いと行動。これらが密接に関係していることをこの葛藤は示してくれる。「明日こそと思って寝るが、目が覚めると布団から出たくなくなり、登校の時間が早く過ぎればよいと思っているうちに、また寝てしまう。これを繰り返している」「学校に行かなくてはいけないのはよくわかっているのにどういうわけか、咳が出てしまって、苦しくなってしまう」「行こうとすると、それを押さえるような衝動が自然と湧き上がってくる」「行こうと思えば思うほど、行かないほうへと自分が動いてしまう」「行かないことで自分がますます苦しくなるのはわかっているのに、気持ちが自分のいうことを聞いてくれない」などの葛藤表現が語られることがある。後で述べるように、これは子どもたちの心のなかで緩やかな解離が起きているといえなくもない。解離を一つの適応のスタイルとするならば、「統合」に向けてどのような関わりが必要となるのか、援助者は考えることになる。

(3) 対人不安・対人恐怖表現

対人関係におけるつまずきや一時的な対人不安の昂進は、かろうじて保っていたかすかな学校と家庭とのつながりを、容易に絶ってしまうことがある。「教室のなかの○○（特定の人）が気になって、教室に入れない」「授業であてられるかもしれない、と思うと心配で教室には入れない」「久しぶりに登校してみんなが自分のことをどう思っているかが心配」「教室や集会のときの大集団のなかにいると、自分が消えてなくなりそうで怖い」「教室（部活）でいじめられていて、学校に行きたくない」「教師の叱責が怖くて学校に行けない」「教師が自分に対して否定的な感情を抱いており、教室にいるだけで自分に対する自信がなくなる」「休み時間が怖い。みんなのなかに入っていけない。授業を受けているときのほうが却って安心する」などで表現されることがある。

(4) 身体的な表現

自分で抱え込めないほどのつらさは、言葉にすることで和らぐが、それもできない場合、あるいは言葉では充分でない場合、身体に表われることがある。後で見るように、不登校の初期状況では特に身体化が起きることが多い。これも緩やかな解離が起きている現象ともいえ、今後この解離と不登校の関係は検討されなければならないだろう。「行かなくてはいけないのは頭ではわかっているのに、体がついていかない」「体の調子はいいはずなのに、なぜか熱が出てしまう」「学校に行くときになると、不思議とおなかが痛くなってしまう」などと表現されることが多い。

(5) 起床時の不安・抑鬱表現

朝は不登校の子どもたちにとって特別な時間である。すなわち、学校に行くべき時間である。朝の目覚めは本来さわやかなはずだが、登校について何らかの不安や葛藤がある場合、とても憂鬱な時間となってしまう。「朝起きても学校に行こうと思うと憂鬱になる」「何となく体がだるく、おっくうで何もしたくなくなる」など、朝に表現されることは体のことだけではない。抑鬱気分で占められることもあり、場合によっては、精神科受診が勧められるときもある。

(6) 就寝時の不安・抑鬱表現

「明日登校するために、寝なくてはいけないと思えば思うほど、目が冴えてしまってなかなか寝付けない」などと表現される。夜も不登校の子どもたちにとって特別な時間である。夜寝るということは、そのまま学校に行くべき朝が来ることを意味している。また、夜は学校に行かなくてよい時間でもある（もちろん、定時制・単位制学校、夜間課程では、夜、学校に行くこともある）。また、朝と違って、学校に行かなくてはいけないというプレッシャーのかかることが比較的少ない時間帯である。ただ、「あれこれと明日の学校でのことを思うと落ち込んでしまって、つらくなる」などの理由で、夜眠れなくなることもある。

睡眠が不規則になってしまうのは、この夜眠れない、あるいは意識的に夜の安息な時間のほうを朝や昼間よりも優先させてしまうことから来ることが多い。昼夜逆転は、結果であり、そのきっかけはきわめて心理的なもの、あるいはやむをえず取ってしまう生活習慣的なものである。

(7) 食事のときの不安表現

食事も、不登校の子どもたちと密接に関わっていることが多い。「なんとなく食事が喉を通らない。自分でも不思議と食欲がわかない」「ご飯を食べていても学校でのことを思うと、味がわからなくなる」など、摂食行動も心理的な側面が多い。学校での給食時に対する不安の高さや、給食を食べると気分が悪くなるなどして、午前中までしかいられないこともある。子どもたちが給食を食べ、午後までいられるというのは、それだけ適応力の高さを示していることになる。また、教室で食事をするのか、適応指導教室あるいは相談学級などの校内の特別教室や保健室で、一人で食事をするのか、クラスメートとするのか、ほかの不登校の子どもたちと一緒にするのかなど、食事をきっかけにして、ほかの子どもたちとの交流をはかることも対応の一つである。安心して、食事ができる。食事をしていて楽しい。これは家庭の食卓でも学校の食事場面でも、共通していえることである。

(8) 家族への感情表現

家族への感情表現はそれまでの家族関係を反映しており、それを聞くだけで、家族の様子がわかることもある。「自分のつらさを家族のみんなはわかってくれない」「家族（父親、母親、祖父、祖母など）は、学校に行くことしかいわなくて、顔を合わせたくない」「家族の顔を見ると学校に行けといわれているみたいで嫌だ」など、さまざまな感情表現で表わされてくる。

(9) 学校への感情表現

対学校への感情表現は、あまりはっきりした形ではなく、「学校が面白くない」というひと言で表現されてしまったりする。この言葉には多くの意味が含まれているが、その感情表現の向こう側にある学校生活に対する不満足感は共通しているかもしれない。前述した友達関係かもしれないし、教師への感情かもしれない。「先生がえこひいきをする」「先生が自分のことをわかってくれない」「学校での勉強が無意味なものに思えてくる」など、教師に対する期待の裏返しであることもある。学校という存在がどのように子どもたちに重くのしかかっているのか、考えるきっかけとなる表現である。

以上見てきたように、子どもたちの表現にはさまざまある。時期によっても出てくる言葉は異なることがあり、子どもたち一人ひとりの言葉に耳を傾ける姿勢が必要であろう。

Ⅳ　不登校の定義――長期欠席についての観点

これまで見てきたように、もともと、個別性の高い不登校状態を分類すること自体に無理がある。しかし、さまざまな様相の組み合わせとして、理論上の典型を検討することは個別性を理解する上で重要と考える。まず、どのように不登校状態を限定するのであろうか。理由が明確でなく、登校できない状態になるのは、学校現場ではある意味で日常的である。病院に行ったり、あとで理由がはっきりしたり、結局理由がわからないまま、再登校することも多い。

まず、欠席の日数が指標のひとつとなる。かつて文部省（当時）は、特に病院にかかっているのではなく、年間五十日以上の何らかの理由による不登校児童・生徒の人数を昭和四十一年度から平成十年度まで調査していた。時代を先取りして、年間三十日以上の不登校について、調べていた県もあったが、文部省（当時）では平成三年度から三十日以上の欠席を調査するようになった。不登校の子どもたちと話をしていると「もうすぐ三十日になるから学校に行く」ということを語る子がいてびっくりしたことがある。その情報をどこから仕入れたのか不思議である。その子によれば、「だから、僕は不登校にならないんだ」と。操作的な定義を、不登校の子ども自身が理解しているという不思議な感覚である。

現在では、文部科学省も不登校状態の児童生徒の調査を欠席日数三十日以上にしている。さらに、平成十年度からは、「学校ぎらい」という言葉を使用せずに、「不登校」という言葉を使用するようになっている。文部科学省の調査では、「不登校児童生徒」とは、「何らかの心理的、情緒的、身体的あるいは社会的要因・背景により、登校しないあるいはしたくともできない状況にあるために年間三十日以上欠席した者のうち、病気や経済的な理由による者を除いたもの」と定義している。この指標以外に不登校と不登校でないという境はないわけで、何らかの理由で欠席、しかも病気などではないということで不登校状態となった場合でかつ三十日以上が不登校となるわけである。極めて操作的な定義である。ただ、統計的にとらえるときは、そういう日数が重要になってくるわけである。その点に関して、見落とされていることとして、欠席が一週間とか二週間、あるいは三週間とか、三十日に満たない不登校傾向にある児童・生徒に対する対応がある。不登校臨床における重要な盲点である。保健室に出入りする子どもたちに、このような傾向をもつ子どももいる。

いわゆる広い意味で、長期欠席の一番の理由は、身体的理由である。病気とか障害をきたして学校に行けなくなってしまった場合である。義務教育においては、その子を進級させるかどうかは、出席日数も勘案されるが、最終的には校長の裁量に任される。学校側の教育的配慮の考えである。それから、不登校に至る経緯のなかで経済的理由がある。日本ではほとんどなくなったが、家の稼業を経済的理由により手伝わなくてはいけない、つまり、働き手として期待されていて、そのために学校に行かないで働いていることがある。日本では、親が一定以上子どもを働かせている場合は、児童福祉法に触れて、親であっても罰せられてしまうが、たとえば日本が支援しているある南米の国では、学校をたくさん建てているものの、実際の学校の在籍規模に対して、子どもたちが集まってこない。それはなぜかというと、子どもたちが親の仕事の手伝いをして働かなければならない、そういった意味で就学率が大変低くなっているためである。また、ヨーロッパのある国では、ストリートギャングが非常に問題になっている。街で子どもたちが物を盗ったり、脅したりといったことで稼いでいて、学校に行かない。これも、ある意味で経済的理由といっていいと考えられる。それも狭い意味での不登校としては扱わない。

さらに、家庭的事情による長期欠席がある。子どもが学校に行っているかいないか、親が全然感知していない。しかも、学校に行くことの意義を親が見出していない。それと地域のなかで孤立していて、しかも、学校に対する不信感が強い。だから学校に行かなくていいんだということなのかもしれない。これは狭い意味での不登校ではあるが、本人が最初から不登校状態なのかというと、むしろ親がそうさせてしまっている。それから、これも経済的理由になるのかもしれないが、下に兄弟が生まれて、その子の子守をしなくてはいけないので学校に行けない、というのもある。これもかつての日本にはあったが、現在は福祉の充実によって個別的な対応ができている。しかし、現在でも児童相談所の介入など、児童福祉の対応を迫られるケースがあるのも事実である。なお、戦後日本における経済的、家庭的事情による長期欠席についても文部省（当時）などによって調査がなされている。不登校との関連については、今後のさらなる研究を待たねばならない。

以上の側面を踏まえて、かつて登校拒否といわれてきた、狭い意味での不登校について検討していく。

V　不登校の分類——いくつかの定義

代表的な分類に、小泉（一九七三）の分類がある。長期欠席を、身体的理由、経済的理由、家庭的理由、心理的理由の四つに分け、心理的理由を広義の登校拒否としている。そのなかをさらに、狭義の登校拒否（神経症的登校拒否）と一過性のもの、精神障害によるもの、怠学傾向によるもの（無気力型と非行型）、発達障害を伴うもの、積極的・意図的登校拒否に分けている。次に、小泉（一九七三）の分類にもとづきながら、狭義の不登校・登校拒否について触れていく。ただ、内容にあたっては、すべて筆者に責任があり、理解の仕方については、小泉との多少の違いがあることをあらかじめお断わりしておく。

1．分離不安型

まず、分離不安型である。分離不安は、幼稚園・保育園・小学校の低学年に多い。幼稚園・保育園の場合は、園からバスが来てもなかなかそれに乗れないことなどがきっかけで、不登園状態になっていく。お母さんから泣いて離れないこともある。この場合、母子の分離は、母親という安全基地からの分離・離脱を意味し、離脱しても帰ってくれれば基地はしっかりと確保されているという、心理的な安心感が解決の前提となる。親の側でそのような場をしっかり提供できるという安全感の確保は、驚くほど子どもにも伝わる。そういう両者にとっての離れがたさということがある。最近ではほとんど幼稚園か保育園を出て小学校に上がる。また、分離体験の時期として、零歳児から三歳児と、早期の分離体験を余儀なくされる場合もある。この場合、分離不安は、どの子にも起こりうると理解し、家庭内での安心感・安全感の確保はとても重要である。また、子どもにとっての分離不安だけでなく、母親にとっての分離不安は、母親自身のサポート・システムとも関わっている。幼稚園や保育園、あるいは近隣の母親グループから孤立したりしている場合、父親からのサポートをはじめ、祖父母など家族の理解と支援は、母親の分離不安を低減させる上でとても重要である。いずれにせよ、親にとっても子どもにとっても、分離不安を感じる時期は大切である。問題は、その時の過ごし方ではないだろうか（藤岡、二〇〇一c参照）。

2. 挫折葛藤型

小泉の分類では、優等生の息切れ型といわれる。これは、急に不登校になってしまうパターンである。たとえば、小学校の五年生ぐらいまではずーっと友だちもたくさんいて勉強もできて、どうしてこの子が、というような場合である。担任としてもほとんどノーマーク、頼りにしていたのに、という子どもが不登校になってしまう。それから、中学校に入ってから急に学校に行けなくなってしまう。これには、いろいろな事例がある。小規模の小学校から、複数の卒業生が一緒になる中学校に入るときに、人の多さとか人の動きとかに圧倒されてしまい、学校生活を送ることそのものへの不適応感をもつ子もいる。だから、中学校の不登校では、入学式くらいから来られなくなった子をみ（診）ていくときには、小学校のときの様子も知ることが大切である。優等生の息切れ型というのは、それまでの自分のイメージをあまりにも強固に描いていて、自分自身に対しても、周りとの関係性においても、自分は周りからこういうふうに思われているのではないかというふうに、自分を締め付けていることがある。他者評価に過敏なのである。それがずっと自己像を保持できればいいが、たとえば、ずっと頑張ってきた勉強が急にできなくなったり、わからなくなったりする。この場合、勉強ができない自分を晒している学校はいたたまれない場となってしまう。あるいは、友だちと仲良くやっていたのに特定の子とケンカしてしまって、クラスの子全員と敵対したかのように感じてしまう。自分のなかではクラスの子みんなと仲良くしなくてはいけないという気持ちが強くて、一人とでも人間関係のつまずきがあると、それは良くないことのように思われてしまって、クラスのみんなに対して距離が取れなくなってしまう。部活動のなかでも、人間関係で苦しんだり、思うように体が動かなかったりしてスランプに陥ることがある。これまで築いてきた（対友人、対部活動に関する）自己像との折り合いが難しい。自分のなかでそういう自己像が保持できなくなることでの葛藤とか、挫折感とかが非常に強い。これは急に不登校になるケースである。保護者の話を聞いていると、小さな頃から全然心配なくて、手がかからなくて……、とおっしゃる。手がかからないということは、すでに大人の視線とか思いを感じ取ることによって、また、大人に手がかからないという思いをもたせることによって、その子なりに適応していったことになる。本人との話や両親との話のなかで、少しずつ「苦しくなってきた」自己像を「生きやすい、不都合でない」自己像に徐々に変化していく援助をすることになる。このようなタイプの場合、不登校になってしまってもそれを克服することによって、すごいエネルギーを出す子どもが多い。たとえば、中学校にはほとんど行っていないのに、素晴らしい成績を修めて高校に入ってしまうことがある。あるいは、高校のときには不登校状態であったけれども、頑張り始めてからはぐっと伸びていって大学に入学したりする。そういう子どもたちに近い存在でいたいと、教師や精神科医師、臨床心理士、社会福祉士、精神保健福祉士を目指そうとする子どももいる。このような挫折葛藤型は、小学校高学年から中学生・高校生に多い。急激に不登校になってしまうので、急性型ともいわれている。

3．不安・フラストレーション場面回避型

小泉の分類では、甘やかされ型（甘え依存型ともいわれる）である。フラストレーションが起こりそうな場面や困難な場面に遭遇すると、それを回避する。学校に行かないことで、自分のフラストレーションの高まりを抑えたり、自分のなかの不安を回避するのである。たとえば、月曜日に限って不登校になってしまう。あるいは、特定の教科のときに不登校になってしまう。体育や国語のときに急に不登校になってしまう。ただ、その後長期化しても、修学旅行だけは行くことを目指すことが多いようである（もちろん個人差はあるが）。旅行とか遠足とかに対しては、前向きになることができるのである。学校でそういうイベントがあるとそれに向けて登校し始めるとか、いきなり行くと変な目で見られるからと、イベントの一カ月前から徐々に行き始める。ただ、その子にとってつらいのは、その行事が終わるとまた不登校になってしまうということである。そうすると、周りの子

どもも、結局あの子はイベントのためだけに来たんじゃないかと思うし、周りがそう思っていなくても、本人がみんなはそう思っているんじゃないかと考えて、二、三日の欠席で行けばいいのに、また、ずるずると登校できなくなってしまうことがある。ただ、修学旅行は登校のきっかけにはなる。それをきっかけに復帰する子もかなりいる。それから、自分で気づかないうちに、自分にストレスをかけてしまう。これは、優等生の息切れ型にも共通するが、自分では知らないうちに「学校に行かなきゃ」という強い思いがあったり、「学校に行ったらみんなからなんていわれるかしら」と思ってしまう。そう思ったことが、その子にとってのストレスになってしまって、身体症状化してしまう。腹痛が始まるか、あるいは、発熱する。実際に体温計で測ると熱がある。それも、午前八時になると決まって体温が上がり、十時か十一時になって、もう学校に行かなくてもいいという時間になると不思議と治まってしまう。それを毎日繰り返す。どの子もそうというわけではないが、そういう心の状態をつくってしまう。子どもによっては回避する部分もあるし、一生懸命頑張る、両方複合している場合もある。頑張ろう、と思っても、打ち込めることがなく、または打ち込み方がわからなくて頑張れないのである。そのようなわけで、一概に不安・フラストレーション場面回避型と断定するのは避けなければならない。

4．怠学傾向

不登校を考える上でもう一つ大事なものとして、怠学傾向がある。これはなかなか手ごわいし、難しい問題である。最近では、狭義の不登校のなかにも一部入れたほうがいいのではないかと思われる。これも小泉（一九七三）によれば、無気力型と非行型の二つに分けられている。

(1) 無気力型

無気力型は、非常に疲れてしまって何もする気になれない。あるいは、もう学校の正規の授業に対してはやる気がなくなってしまって、無気力状態になる。しかし、友だちと遊んだりとか、釣りとか、スポーツ少年団だと頑張る。本分の領域では頑張れないけど、その周辺では頑張れる。そういう無気力タイプがある。それから、学校に行きたいけれど行けないという葛藤が前面に出ないで、ただ、何となく行きたくないというような閉じこもりタイプがあり、こういう無気力的側面から不登校になってしまう子もいる。相対的にこういう子が少し増えてきているのではないかと思われる。なんらかの不適応感が高まってきたときに、頑張らなくてはと思えば思うほどに、その本分（たとえば学業）のところで頑張れなくなる。その周辺なら辛うじてなんとかできるのである。しかし、筆者の見方からすると、周辺のところでもやれる力があるとポジティブに評価しなくてはいけないし、そのことをきっかけに、本分のほうに水が向けばいいと思われる。たとえば、大学生であれば、授業には出られないがサークル活動には出られるとか、アルバイトは頑張っているけれど、肝心の授業には出られない。それがわかっているけれど、繰り返してしまう。大学生のアパシー（無気力・無関心）傾向として、三十年くらい前から、五月病ということがいわれてきている。筆者が学生の頃は、五月早々（入学して間もなく）に五月病になる人が多かった印象だが、最近は、一年生の終わりから二年生の始めにかけてアパシー傾向になりやすい時期で、どうもずれてきているようだ。四、五、六月、夏休み明けまでは頑張ったけれど、秋口ぐらいから無気力状態になる。登校や生活に関しての不全感が緩やかにやってくる。そういう大学生におけるアパシー傾向が、だんだんと低年齢化してきているのは不思議な話である。そういう閉じこもり、あるいは引きこもりの子どもたちとつながろうとしても、こちらと会ってはくれない。非常に深いところで葛藤を抱えていて、それを表現できない。（悩み始めると、きつくなり、つらくなるということを直観し）すぐに解決できるレベルよりもっと深い所で悩んでいるといえるかもしれない。「悩めない『悩み』」といってもよいのかもしれない。悩めるということは悩みを抱えていられるので、悩みに対して向き合っていけるが、自分が何を悩んでいるのかわからない悩みはもっと深刻である。そういう場合は、悩みに直面するより、つながり、人間関係のほうから入っていくということが大事である（下山、一九九六）。この点に関しては、第三章以降でも触れることにする。

健康さのレベルや自我の活動性のレベルでいうと、無気力タイプより生き生きしているということがある。たとえば、クラスのなかで、主導権を握っていたずらをしているときはいいが、そのうちに力関係が変わってきて、乱暴さゆえにクラスのなかで浮いてきてしまう。そうすると、もともと反社会的傾向を呈していて、そういうところを示すことによってある程度の自分の居場所があったわけだが、そうすることによって、却ってクラスや学校のなかで居場所がなくなって不登校になってしまう。ただ、そういう子と話をしていると、しっかり悩んでいる。「クラスのみんなからおいていかれるのは困っている」とか、「おれが何をやっても先生から叱られて、目をつけられていてつらい」と話してくれたりする。こういった生徒の場合、非行から不登校に移行していってしまう。

⑵　非行型

この型は、エスケープしてゲームセンターで遊んだりして、エネルギーが外に向かう。そういった意味では、以前は、非行型といわゆる不登校はかなりはっきり分かれていて、生徒指導の教師も、対応の仕方を使い分けていた。非行の子どもたちには、厳然と壁になってしっかりと向き合って対応していくことで、彼らは改善されていく。一方、不登校の子どもたちにとっては、言葉にならないつらさやきつさに向き合っていくことがまず出発点となる。そのように、子どもの不適応行動の現われ方の違いによって分けて対応することができたのだ。しかし、最近は、その混合型というか、非行なのか不登校なのかよくわからないタイプが見られる。「現われた形態としては、非常に対応に困る、どう関わっていったらいいかわからない子が増えてきている」とおっしゃる生徒指導の先生がおられる。先生のほうで、非行か不登校かがわからない、あいだを揺れるケースが増えてきている印象がある。実際にそのようなタイプの子どもと触れるときには、非行なのか不登校なのか分けるということより、その子特有の不適応感に個別に関わっていくという姿勢がますます重要となってきている。

5．精神疾患（障害）への配慮

さらに、広義の不登校としての分類として、精神疾患（障害）への配慮がある。これには、狭義の不登校からは分けて、統合失調症とか気分障害（鬱病、周期を繰り返す躁鬱病など）、それから、強迫神経症などの心因性の障害などがある。神経症等の理解のなかで触れておかなくてはならないのは、対人恐怖、不潔恐怖、自己臭恐怖、醜形恐怖、転換ヒステリーなどの症状が主となって登校できなくなる場合である。また、気分障害や統合失調症、あるいは摂食障害や自傷行為などによってやむなく登校できなくなる場合もある。このような症状が見られた場合（特に、統合失調症とか気分障害のときは必ず）、精神科にかかっておいたほうがいいし、薬を投与してもらうことで状態を落ち着けていくことがとても大事である。ただ、医療と教育の連携ということでは、どうしても病気に対する医療が主導権を握っていくが、不登校というのは、医療における疾病概念というだけではない、極めて教育的、あるいは福祉的な側面をはらんだ現象である。たとえば、「統合失調症でもなく気分障害でもないが、あるいは不安障害傾向があるかもしれないから、福祉現場や学校のほうでこういうところに留意して対応していきましょう」というように、ケースとして話題にしてもらうことが大切である。なかなか微妙な問題を、このことは含んでいる。たとえば、試験を前にして夜眠れないという症状ひとつとっても、Aさんは、友だちに相談したり、近くにいる先生に相談したりして、対応していくとうまくいく一方で、Bさんは、友だちに相談しないで精神科に直接行くと、睡眠障害と診断され薬を投与される。こういう違いというのは、非常に微妙なところである。医療は診断名を下すことで対応をしていく疾病モデルであり、学校は、人を育てる場であり、教育モデルあるいは発達モデルを主たる前提としている。そのモデルの違いを理解しながら、連携していくことが大事となる。医療の側でも診断名を下すということは大切で、病院に行ったら病気だといわれる可能性があるのは当然である。だが、非常に匙加減が難しい。精神科にかからなかったために、統合失調症が進行することがある。あるいは、鬱が強い場合には、精神科にかかったほうがつらい思いをしないで済むということもある。その辺のバランスは難しいところであり、専門領域に任せることは、教育・福祉の専門性を行使する上でもとても重要である。信頼できる精神科医、小児科医（ほかにも場合によっては、内科医、外科医、眼科医などの専門医）との連携が非常に重要である。この点について、門・高岡・滝川（一九九八）は、多くの重要な指摘をしている。たとえば、精神障害の可能性があるかどうかの診断は、不登校児童・生徒に対処する上で非常に重要であり、留意すべき点であると述べている。

6．積極的、意図的登校拒否

これは、いわゆるボイコットである。授業をすべてボイコットしたりするのは、この積極的登校拒否ともいえる。高校生で、授業を抜け出してコーヒーを飲みに行ったりする。これも怠学といえるし、理由が明確であれば、積極的、意図的登校拒否といえるかもしれない。

7．発達障害・学力遅滞

発達障害にも触れなければならないだろう。軽度の知的障害や広汎性の発達障害（ＰＤＤ、自閉性障害を含む）、ＡＤＨＤ（注意欠陥多動性障害）、ＬＤ（学習障害）が間接的な原因で登校できなくなったり、学習の遅れによって登校できなくなる場合である。個別指導が妥当であるが、それらがうまくいかないケースもある。学習障害ということや、ある教科はできるが別の教科はできないなどの場合がある。また、ＡＤＨＤによって、友人関係に行き違いを招き、不適応感が高まることがある。また、アスペルガー症候群の事例の場合には、対人関係における微妙なニュアンスを読み取ることが難しく、その結果として、対人関係においてトラブルにまで発展してしまって、子ども自身が傷つくことがある。自分の正当性を涙ながらに語るアスペルガー症候群の事例に立ち会い、「障害をもつがゆえの生きづらさ」への「理解」ということの重要性を感じるのは筆者だけではないだろう。

以上、小泉の分類を参考にして分類を概観してみた。不登校を理解する上でもっとも基本的な視点と考えられる。

以上のこと以外に考慮すべきことがある。いじめなどの学校生活に起因する場合である。同じいじめを受けても、これらのケースではダメージを受けやすいということもある。また、感受性の強さがある。さらに、いじめが助長される原因としての、打たれ強さがあったりする。その心の傷を生涯引きずることもあり、「心的外傷性不登校」といってもよいのかもしれない。この点に関しては、解離についての考察に際しても触れる。

VI　文部科学省の定義

参考までに、文部科学省の定義を挙げておく。文部省（当時）の「登校拒否（不登校）の問題について」（一九九二）によると、不登校の状態について次の七つの型に分けている。

（1）学校生活に起因する型。明らかに学校生活に問題があって登校できない場合。
（2）遊び・非行型。遊ぶためや非行グループに入って登校しなくなった場合。
（3）無気力型。無気力でなんとなく登校しない場合。
（4）不安など情緒的混乱の型。登校の意志はあるが、不安や情緒的で登校できなくなった場合。
（5）意図的な拒否の場合。学校に行く意義を認めず、進んで登校しない場合。
（6）複合型。上記の型が複合していて、いずれが主であるか決めがたいもの。
（7）その他。上記のいずれにも当てはまらないもの。

その他を入れるなど、網羅的な分類である。

さらに、文部省（当時）の「生徒の健全育成をめぐる諸問題」（一九八三）には、発生の仕組みから見た分類として、以下の四つを挙げている。

（1）分離不安型。母親との依存関係における問題が基本的にある場合。

（2）抑鬱型。抑鬱性の精神障害が起きてくるなかで不登校が起きた場合。

（3）逃避行動型。学校場面での不適応を起こし、家に回避しようとするタイプ。

（4）性的役割葛藤型。思春期の発達課題として、性同一性の確立の課題を両親のあり方やその関係の持ち方などに問題があるためにクリアしにくくなっている場合。

また、対応を前提とした分類として、同じ「生徒の健全育成をめぐる諸問題」（一九八三）のなかで、以下のように分類している。

（1）不安を中心とした情緒的混乱によって登校しない神経症タイプ。

（2）精神障害によるもので精神的な疾患の初期の症状と見られるタイプ（鬱病や統合失調症などで精神病の初期症状の一つとして登校を拒否するもの）。

（3）怠学、いわゆるずる休みによる拒否で、非行に結びつきやすいタイプ。

（4）身体の発育や学力の遅滞などから劣等感を持ち、集団不適応に陥り、学校を拒否するタイプ。

（5）転校や入学時の不適応、嫌がらせをする生徒の存在など、客観的な理由から登校を拒否するタイプ。

（6）学校生活の意義が認められないという独自の考えから、進路を変更する、または変更したいために登校を拒否するタイプ。

対応を前提としているだけにわかりやすいが、(1)などについては、もう少し細かな記述が必要であろう。ほかにも分類についてはたくさんあるが、視点の違いが分類に反映されている。詳しくは、他書に譲る(稲村、一九九四：永井、一九九六)。

これまで見てきたように、これらはあくまでも参考であり、不登校状態の個別性は極めて高い。怠学傾向も敢えて狭義の不登校に含め、挫折葛藤型、不安・フラストレーション場面回避型、分離不安型、無気力型、非行型と大きく五つの観点を視野に置いておき、さらにいずれの場合も、精神疾患、発達障害、学校生活に起因する不登校の可能性を常に頭の片隅に入れておくとよいのではないだろうか。

Ⅶ　発達的な観点からの理解

さらに、以上の包括的な観点を補足するものとして発達的な理解がある。不登校状況は発達的な観点によって強調点が違う。

発達課題として、分離不安の克服、同胞・友人集団への参加、社会(学校)への自己投企(自分という存在を世界の中へと投入させること、「主体性の獲得」と置き換えてもよいだろう)が不登校の発達課題として重要である(杉山、一九九〇)。幼稚園、保育園、そして小学校低学年の園児・児童に対して、重要な観点は、親子分離である。昨今、このような発達課題が幼稚園、保育園、そして小学校に限らず、中学校・高校どころか成人を過ぎても持ち越されてしまっている事例が報告されている。分離不安の克服とは、親離れをし、さまざまなことをある程度自分でできるようになることである。心理的な離乳を果たさなければならない。そして、同胞・友人集団への参加を通して、社会的なルール、集団内での自己主張など、親から安心して離れられるように知らず知らずのうちに訓練されていく。そして、思春期を迎え、他者との比較のなかで自分を客観的に見直したり、自他の区別をはっきり意識するようになると、孤独を好むと同時に集団への帰属感を求めるようになる。すなわち、社会（学校）への自己投企を開始する。その結果、他人のちょっとした言動に一喜一憂するくらいに自己評価も揺れる時期を迎える。チャム（心理的な支え）と呼ばれる仲間集団への帰属は、思春期でのこのような不安定な自己を支える、よい受け皿となる。遊び仲間としてのギャングエイジを過ぎ、チャムを支えとして、秘密の保持を前提に大人との距離を取るようになっていく。社会（学校）への自己投企は自己実現の第一歩であり、自分は何に向いているのかとか、これからどう生きていったらよいのかという、実存的な問いを感じたり、発するようになる。

最近の思春期研究では、欧米より日本人のほうが、他者との比較のなかで自己像を形成していく傾向にあるということが報告されている。すなわち、仲間というものを意識しながら、その位置付けのなかで相対的な自己の確立を目指すのである。それに対して欧米では、自己の確立がここである程度進み、自己主張や他者と距離を取った上での自己確立が図られる。日本人のなかでも欧米のような個人主義的な傾向が進むなかで、ここに、目指すべき日本人像、個人像に一種の混乱が起きているのかもしれない。はからずも、精神文化の過渡期を中学生や高校生が身をもって体験することにある。

Ⅷ　経過による理解

不登校の子どもたちがいつも同じような経過をたどることはないが、以下のような経過は一つの目安であり、参考になる。いま子どもたちがどの時期にあるのかということは、経過や予後を見通す上で重要である（小野、一九八五他参照）。

表 2-2　不登校の初期状態
（北海道教育委員会の作成した不登校の初期状態を参考に筆者が修正）

＜親から見て＞

①朝なかなか起きられない。②教科書やノートの用意、パジャマから洋服に着替えるなど、朝のしたくに時間がかかる。③体がだるい、頭が痛い、おなかが痛いなど、身体症状を訴える。④すぐに怒る、不機嫌になるなど、情緒不安定になる。⑤友達と一緒に遊ぶなどの、外出が減る。⑥宿題をしようとしないなど、勉強意欲が低下する。⑦こだわりが強くなる。⑧登校しようとしないなど、登校をしぶる。

＜教師から見て＞

①遅刻、欠席、早退の増加。②友達関係のなかで孤立してくる。③保健室への出入りが増える。④すぐに怒る、ふくれるなど、情緒不安定になる。⑤成績が急に低下する。⑥給食の際などの、食欲が低下する。⑦忘れ物が増える。⑧部活やサークル活動に対して消極的になる。⑨いじめられているという話を子どもたちから聞く、あるいは、教師自身がそれを目撃する。⑩先生に相談することが増える。

1．初期の状態

まず初期の状態であるが、学校と家庭においてさまざまな状態を呈することがある（表2－2）。

このなかで特に、身体症状を訴えるというのは不登校では多く、筆者らの研究では六割の子どもたちが初期にこのような身体症状を訴えている。そのために日頃から、子どもの示すサインを見落とさないように心配りを忘れない、心の感受性を磨いておく、子どもたちとのラポール（信頼関係）の形成を心掛けることで自由な自己表現のできる素地をつくっておく、などが大事である。

このように、登校しているが、給食を食べない、遅刻早退が目立つ、身体症状を訴える（頭痛、腹痛、疲労感、体がだるい、吐き気など）、朝の訴えが多い（午前八時の腹痛など）などがあり、家庭と学校との連携も大事である。言葉にできないからこそ、身体症状化しており、無理に言葉にさせることもない。むしろ、自分は支えられている、周りから心配されているという、自己存在感、自己肯定感を高めるように配慮すべきである。また、体に出すことで、自分を苦しめている人たちに対しての無言の抗議をしているような場合、受け身的・攻撃的な心情を理解しておくことも大事である。何事もないような表情の陰に、凄まじい攻撃性をはらんでいることもありうる。言葉にできるのであれば言葉を通して、しかしそれにはこだわらず、一緒にゲームをする、あるいは一緒に体を動かすなどを通して支えていく。また、家庭のなかで本人のストレスを助長しているようなことはないか、あるいは学校で受けてくるストレスを解消できるような家族機能が備わっているかどうかも、見立てることが必要である。出てきていることは不安定登校であったり、身体症状であったりするが、この機会に家庭での機能回復、あるいはその子の相談できる力（自分のつらさに向き合える力、ともいえる）、他人に甘えることの大事さなどを身に付けるよい機会ととらえることが必要である。その意味で、保健室は身体を通して訴えてくるさまざまな悩みやつらさを受け止める格好の場となる。また、クラスにいることが何となく面白くない、つまらない、居場所を感じないというときに、保健室に行くことでかろうじて学校とつながるということもある。これらのことをよく理解し、保健室に行く児童・生徒が増えるのは、クラス運営とも関わっているかもしれないとの仮定も考慮して、担任は養護教諭との連携をさらに深めることも大切なことであろう。

初期の症状は、不登校生徒が自分を保持するための工夫であるととらえるわけである。すなわち、言葉で言えないことを体で表現している。身体症状を訴えないほうが要注意である。たとえば、いじめられっ子は打たれ強いので、身体症状が出にくく、いじめがエスカレートすることがある。登校へのプレッシャーをかけ過ぎると、身体症状が強くなり、長引く。保健室が利用できる生徒は、学校のなかで適応しようと努力しているととらえることも重要であろう。

2．展開期

前述のような初期の状態から、不登校に向けて展開していく。どのように展開するかは個人差があり、一概にはいえないが、かつてはこの時期に、登校への無意識的な圧力が教師あるいは親などの保護者からかかり、反応性の暴力を示すこともあった。母親や祖母に対する暴力は甘えの裏返しであることも多く、自分をこのようにしたのは親だと自分自身のなかに抱え込めないつらさの責任転嫁をはかることもある。すなわち、身体的暴力は、自分を責めるように親を責める、お母さんならなんとかしてくれるはずだという甘えの裏返し、母親や祖母と子・孫の一体化（融合化）を意味していると考えられる。また、親に対する暴力について強い抑止力が働く子は、どうしようもない怒りを器物破損に向けていく。挫折葛藤型に多い。また、「くそばばあ……死んでしまえ」などの言語的暴力も、反応性のものとして出てくる。最近では、登校刺激（学校に行くことをさまざまな方法でうながすこと）は慎重に、ということが一般的に理解されるようになってきているので、かつてのような不登校による家庭内暴力は少なくなってきている。身体的あるいは言語的暴力は、前述のような反応性のものととらえるとともに、攻撃性や焦燥感（イライラ感）を解消するすべととらえる。家族が登校への強い誘いやプレッシャーを与えると、どうしても前述のような暴力に訴える。反応性のものとして暴力が出てくる。父親は最後の砦である。子どもが父親を殴って父が負けると、家庭内で、自分より（少なくとも体力的に）強い者がいなくなる。家族構造が混乱し、子どもの側の理屈がすべて正当化されてしまうこともある。一番困るのは本人である。家族で一番偉いと思われている人はけんかの場面には出さない配慮も必要となるが、登場せざるをえない場面に追い込まれることはよくあることであり、父親としての真価が問われるときでもある。いきなり登場するのではなく、日頃からの関わりが、こういうときにこそ生きてくる。このような経過を辿らず、学校場面でのさまざまな葛藤が解決されない場合、不登校傾向が長引くことになる。

3．苦悶期

この時期は、「巣ごもり」ともいわれ、登校ということよりも、じっくりと自分自身を見つめる時間が必要となる。ただ、この時期でさえ、登校への圧力がかかると、子どもたちは、一見何事もないように過ごしていながら、実は内心、いらいら、焦燥感、自己嫌悪感、自己罪責感にさいなまれていることも多い。まず、そのような気持ちから解放してあげ、本来の目的である「自分自身を見つめる」ということに専念してもらうとよい。この時期に昼夜逆転してしまうことも多いが、それは、夜の静かな時間が安息のときで、（学校に行くべき）朝が来るのが怖いので寝ないのだ。寝るということは悲しいかな、学校に行くべき朝があっという間に来ることを意味している。そのようなことが習慣化し、昼夜逆転となってしまう。このような心理的な理解が重要である。けっして、不規則になろうと思ってなったり、だらしがなかったりするわけではない。深夜放送やテレビゲームなどをして夜更かしするが、周囲が思っているほどのんびりしているわけではない。焦りを常にもっており、焦りが時間を追い越しているといえるのかもしれない。日中をどう過ごしてよいかわからないということもあり、結果として、夜寝る時間が遅くなる。夜寝ないのは、葛藤を回避する防衛反応であるととらえる。朝起きるのがつらい気持ちをわかってあげた上で対応することが大事である。そのような心理的状況を理解しないで、ただ、「夜、早く寝なさい」というのは不適切である。子どもには自分のことをじっくり考えられる時間であることを伝える。ただ、漫然と待つことのみを大切にしてはいけない。

4．回復期

心理的な安定とともに、生活リズムが元に戻ってくる。そのリズムとは、朝起きる時間、食事の時間、夜寝る時間という時間的なものであることが多い。バイパスを通って成長の時期を過ごしているととらえる。そして、行き当たりばったりだったのが、一日の見通しをもった生活をするようになる。「今日は、何と何の勉強をする」などと、主体的自己決定をすることもある。ほかにもさまざまな自己決定があり、何時に起きて何時にご飯を食べる、手伝いをするなど、生活習慣の改善がそれに伴って回復していく。子どもたちは次第に朝起きることから夜寝るということを決めるまで、毎日は自己決定の連続であることを実感するようになる。

5. 不安定登校期（「フリースペース」「心の居場所」などへと行けるようになることを含む）

このような時期を経て、保健室登校、適応教室、教室へ通うなど、不安定ながら登校への努力が始まる。このときも、行きたい気持ちはあるけれど体が動かない、あるいは、気持ちがきつくなるという独特の心理的な状況への理解が必要である。一時間だけ登校するという、「時間的な部分登校」も功を奏することが多い。また、保健室登校だけという「空間的な部分登校」も有効である。時間的・空間的部分登校への配慮である。

一週間ぐらいかけてセーブしながら、「まあ、ぼちぼちね」という感じで、焦りを助長しないように心がけながら関わっていく。最初から丸一日は期待しない。全国的にこのような対応がかなり浸透してきており、登校刺激しかしなかった時代に比べて隔世の感があると感じているのは筆者だけではないだろう。

また、学校以外の「フリースペース」「心の居場所」などへと不安定ながらも行けるようになることも含んでいる。子どもたちが行くところとして、さまざまな選択肢があることが望ましいと筆者は考えている。学校という学びの場を否定するものではないが、登校ということが本人につらさや苦しさばかりを引き出すならば、本人の主体的な選択を前提に、「フリースペース」や「適応指導教室」へと行くことを考えてもよいと考えられる。ただ、それはあくまでも本人の選択肢の一つであり、周りが必要以上の学校批判、担任批判を前提に、これらの場所に行くことを執拗に勧めるのも問題があろう。

また、一部で試行的に始まっている家庭学習を通したサポート（「ホームスタディ」）も、今後さらに検討すべきで課題であろう。義務教育の段階での通信教育、インターネットやテレビを活用した学習（高等教育において、「放送大学」などで大きな成果を上げている）なども選択肢の一つとして検討されなければならないだろう。

6．安定登校期（「フリースペース」「心の居場所」などへと安定して行けるようになることを含む）

このような経過を経ながら、安定した登校へとつながっていく。ただ、あくまでも、毎日登校するということについては、無理をしない。また、学習の面でも、いま習っているところを補充することや、とにかくいま習っているところから遡るということ、基本からやり直すことなど、個別学習計画を作っていくことが重要である。

以上のような経過はあくまでも一つのモデルであり、すべてのケースがこのような経過をたどるわけではない。事例中心主義を採りつつ、このような経過モデルを参考にするとよいだろう。

Ⅸ　解離と不登校

1．短期的な発達への支援と長期的な支援の重要性

不登校に至らざるをえない状況を考えるときに、発達という観点があるのはこれまでに触れてきた。これは、不登校状態をきたしているのは、本来超えていくべき発達的な課題がうまくクリアできていないという見方である。不登校を克服することによって新しい生き方を見つけていく、不登校になることが成長のきっかけになるという考え方であり、筆者もそのように考えてきた。基本的には、子どもが発達するのを援助することが大事であるということを、多くの教師、心理臨床家、精神科医師、小児科医師などが強調してきた。このような視点に立って関わるなかで、見違えるように元気になっていく子どもたちがいるのも確かなことである。

一方で、不登校状態が長期化してしまうことがあり、結果として社会的な引きこもりに至るような重篤なケースが問題となっている。どうもこれまでの発達論だけでは理解できない子どもたちがいるのも事実であると筆者は考えている。この点は、回避性人格障害も念頭に置きながら、「悩めない」「悩みを悩みとして抱えていけな

い」というとらえ方で、アパシー（無気力）行動を見ていこうという観点にもつながる。

2．解離現象と不登校状態

学校に行けないというところでは不適応であるが、そこを抜きに見てみると、ほかの子どもたちとなんら変わらない。友だちと一緒にも過ごせるし、家族ともうまくやっている。しかし、学校には行けない。家のなかで見せている顔と学校で示す顔とにギャップがある。このような子どもたちのことを、「明るい不登校」といったりする時期もあった。家のなかではまったく普通に振る舞っているにもかかわらず、学校には行けない。不登校であれば葛藤を抱え、もっと苦しそうに日々を過ごしているだろうと思うが、家庭訪問をしてみるとそうでもない。とても楽しそうに過ごしている。家庭訪問に行った教師ともよく話をするが、パソコンとかテレビゲームをしたり、通信教育で勉強したりしている。学校に行かないという設定のなかではそれなりの適応力を示している。そういう子どもたちがいる。そういう子どもたちを理解していく突破口が見出せなかったなかで、不登校が増えてきたり、長期化する状況があると考えられる。不登校は回復の道筋がわかってきているところもあるが、一方で、多くの子どもたちが不登校状況にどんどん陥ってしまっている。そういうことを理解する上で、筆者が最近注目しているのが、トラウマ理論を前提とした「乖離」（あるいは、「解離」）という概念である。

3．解離とは

古来、催眠という状態からさまざまな心理現象がわかってきている。催眠と乖離（解離）現象は、催眠研究が本格的に行なわれるようになってから、とても密接に結びついている。「右手がどんどん軽くなって挙がってくるよ」という暗示で、手が不思議と挙がってくる。本人は手を自分で挙げている意識が乏しい。にもかかわらず、手は挙がってくる。本人が挙げているに決まっているのにもかかわらず、である。そこではジャネー

（Janet, P.）のいう「乖離」（最近では「解離」という言葉をあてることが多くなってきている）が起きていると理解されてきた。自分で挙げているにもかかわらず、その意識が極めて乏しい。手が勝手に挙がってきていると受け止めてしまう。それを催眠では、「自動感」という。挙げているにもかかわらず挙がったと受け止めてしまうのだ。

ジャネーが、十九世紀末に「乖離」という概念を強調した。催眠を研究しながら前述のような現象を乖離（解離＝dissociation）ととらえた。乖離と不登校がどうして結び付くか不思議に思われる人もいるのかもしれない。筆者は、そのことをすでに不登校現象の病理を考えていくなかで指摘した（藤岡、一九九八ａ）。学校に行きたいと思えば思うほど行けなくなるというのは、催眠下で起きてくる葛藤に近い。たとえば、離そうと思えば思うほど、手に力が入ってくるという葛藤暗示は、力を抜きたいという意志と、力が入ってきてしまうという自分の意志に反した動きとの葛藤を生み出す。一方では離そうとする。離そうとする意志をもてばもつほど、手は離れなくなる。それと同じで、不登校状況は、学校に行きたいと思えば思うほど学校には行けないという心の動きが働き、苦しく、結果として不登校に至ってしまう。不登校の子どもたちをみていくときにそれを怠けという人がいるが、それは不登校の子どもたちの葛藤というのを理解できない心ない見方である。

前の晩から準備してランドセルに教科書を入れて寝るけれども、翌朝になると自分の行きたいという気持ちに反して、学校に行かなくなるようなほうへと心が動いてしまう。行かなくてはと思えば思うほど、頭が痛くなったり、おなかが痛くなったりして、行けなくなってしまう。力を抜こうと思えば思うほど力が入るという現象に近い。意識と無意識が乖離してしまっているのである。思いと行動が分断されてしまっている。統合されていない（統合の重要さについては、第九章で改めて触れる）。そこを見ていくと、どうして前の日はあんなに張り切っているのに、翌朝にはこんなふうになってしまうのか。元気なのに、どうして学校では元気がないのか。このような従来では不可解と思われてきて、さまざまな説明がなされてきた不登校特有の現象が理解しやすくなる。どの不登校にも共通しているわけではないのかもしれないが、登校にまつわる不適応状況を理解する鍵概念となるわけである。

4．解離とトラウマ

解離現象は急激なストレスに晒された際にも起こる。トラウマとなりうるような出来事に遭遇した際に、自己防御のシステムとして解離が作動することが、虐待研究やＰＴＳＤ研究から明らかにされてきている。不登校という現象が、学校生活にまつわるさまざまなストレスやいじめ、親や教師による叱責、友人関係における傷つきなどをきっかけとすることが多くあることは、このことを裏付けているといえよう。

5．解離性障害と不登校

解離とはどうことかということを見ていくときに、最近とみに注目されている「解離性障害」が参考になる。解離を起こしている人が全部解離性障害を起こすかというと、そうではない。ある不適応状況、あるいは病的な状況を理解するときに、解離という言葉を使うと理解しやすくなるというのである。

解離性健忘はある期間のことが記憶から完全に抜け落ちてしまう。心のなかに保っておけないことを忘れることで、つらかったりきつかったりしたことへの対処をしていく。たとえば、婚姻問題、自殺企図、返済できない借金、犯罪に関するもの、近親者の死亡などの外傷性、あるいはストレスの強い性質の出来事と関係しているといわれる。このような場合、部分的あるいは全部を忘れてしまう。どうしてこういう「忘れる」という現象が起きるのだろうか。それは、嫌な記憶を忘れてしまうことで不都合な感情に触れなくてもすむし、心のなかにしまって、しかも遮断して、統合しないでおこうとするからである。

解離性遁走というのもある。ある日突然遁走する。気がついたらどこかの海岸にいたり、どこかに行ったりしてしまう。その期間の出来事は一切忘れてしまう。忘れざるをえないつらい思いがあったのかも知れないし、遁走前の状況に戻ってきたときに、戻った後の状況と統合できないのかもしれない。

また、多重人格障害は解離性同一性障害ともいわれている。人格レベルまで発展した場合に取り上げる概念である。過去の記憶を断片に分離するか、孤立させてしまって自己の統合ができなくなった病態をいう。別の人格を生きているときは、そのことを主たる人格が把握していたりいなかったりする。別の人格に変わると、その前の人格のときの記憶がないこともある。一般に最も高度な解離性障害と認識され、特に幼児期の虐待との関連が力説されている。広い意味での複雑性外傷後ストレス障害（複雑性ＰＴＳＤ）との見方もあり、特に幼児期の虐待の既往が強調される虐待型と、それを除くストレスに重点がおかれるストレス型に分類が可能といわれている。

人が、解離という極めて極端な形で記憶や感情などを分断するようになってしまうのはなぜだろうか。たとえば父親から身体的な暴力を受けると、優しい父親と虐待者としての父親は心のなかでは同居できなくなる。母親と一緒のときは優しい父親が、母親がいない場面では豹変してしまう。そうしたとき、子どもは、いま虐待を受けている自分は本当の自分ではない、虐待を受けても仕方がないくらいに悪い子なのだと、そう思うことによって虐待という事実を受け入れざるをえなくなる。虐待を受けても仕方がない自分と、みんなから可愛がられていることを願う自分が、別々に育ってしまう。それを無理やり統合しようとするため、虐待されているときの自分は忘れてしまう。そうしないと、もう一人の微かに健康に暮らしている自分さえも、危うくなってしまう。いい子の部分と悪い子の部分が統合できないのである。

どこからが虐待で、どこからが虐待でないのかということは、非常に難しいところがある。虐待をせざるをえなくなっている親は、しつけの一環として（気づかないうちに）虐待しているということがある。自分もそうしつけられてきたので、子どもにもそうするということもある。だから自分のやっていることはしつけであると思いこんでしまう。そう理解することで、自分が行なっていることは虐待ではないと思ってしまう。結果として、子どもは心身ともに傷ついてしまうのである。たとえば、アメリカでは、虐待がひどい場合には子どもと一緒に住まわせないという判決を裁判所が下し、執行することがある。その間、親はグループセラピーに参加して、同様に虐待経験をもつ親との共同セラピーを受け、虐待をしないでも済むようになるまでそれを続けることになる。

以上、解離という現象を、解離性障害を手がかりにして見てきたが、不登校状態にある子どもたちは、心のなかで、解離性障害というレベルまでいかないにしても、ソフトな解離、緩やかな解離が起きているかもしれない。心身の解離から解離性同一性障害まで、解離という現象を一連のスペクトラム（連続体）でとらえる考え方がある。学校や家庭・地域でのストレス、さらには学校・家庭・地域において何らかのトラウマ体験をしてしまった子どもたちが、結果として不登校になってしまった場合、その状態を理解するために解離という概念は非常に重要なものとなると考えられる。

6．今後の課題としての「解離と不登校」という問い

前述のような解離と不登校を結びつけることは、これまであまり積極的には考えられてこなかった。しかし、昨今の複雑な不登校、そして、不登校から引きこもりへと発展してしまう事例を見ていくにつれて、解離という現象が、ある不登校の子どもたちのなかで顕著なのではないかと筆者は考えるようになっていった。

たとえば、小学校低学年でひどいいじめを受けて、それが心的外傷となって同様の体験を予感すると、不登校状況になってしまう。教師からしつけの一環として、また指導の一環として行なったことが、子どものなかで心的外傷となってしまう。同様の場面に遭遇すると一気に不安感に陥ってしまったり、体が震えてしまったりして、結果として不登校になってしまうのだ。そのような解離性の不登校の子どもたちを、これまではきちっと

らえていなかったのではないだろうか。それは、従来から、不登校を成長発達モデルから見ていこうという、発達論をベースにしているところがあったからではないだろうか。もちろん、そのような見方で功を奏したケースもたくさんあったが、そうではなくて、成長モデルだけで見ていくことではあまりにもつらすぎる事例もあるのではないだろうか。不登校をきっかけとして成長発達していくという見方だけでは、あまりにも楽観的過ぎるのではないだろうか。

以上のような観点から、筆者は、不登校を、心理臨床モデルにおける癒やしという観点から見ていくことが必要だと考えている。まさに、心理療法が必要な子どもたちである。そういう子どもたちは、自分では一生懸命登校しよう、あるいは適応しようとするが、どうしても解離という現象を起こしてしまい、家のなかの自分と学校のなかでの自分が解離してしまう。全然違った別人のようになってしまう。気がつかないまま、そうなってしまう。ちょうど、催眠で手を挙げるプロセスが解離するのと同様のことが起こっていると理解することができる。そのような子どもたちには、発達モデルだけではなく、癒やしモデルという観点から、もっと心のなかの傷に対してじっくり時間をかけてサポートしていくという試みが必要なのではないだろうか。落ちてしまった自己評価や自尊感情を高めてあげることや、心の傷への癒やしが必要ではないだろうか。その心のなかに受けた傷というものは、消えないものかもしれないが、それを抱えながら生きていける、この世の中はそう捨てたものではないのだということを、周りの大人や友人がその子に伝えていくことが必要ではないだろうか。結果として、長期の引きこもりや不登校は克服に時間がかかるかもしれないが、発達的に未熟だから時間がかかるのではなくて、その癒やしのために時間がかかるということがあるのではないだろうか。そういう見方で関わることでしか救えない不登校の子どもたちがいるのではないかと、筆者は考える。また、発達モデルでみていくことで功を奏する子どもたちのなかにさえも、このような解離というメカニズムにもとづいてまなざしを向けたほうが、より理解できるようになるということも、もしかしたらあるのではないだろうか。

第三章　不登校児童・生徒に対する学校内の援助システムの構築

不登校児童・生徒への学校内援助システムの構築を論じる。特に、学校と家庭との連携という課題に対して、筆者の考える「学校刺激」「学校関心刺激」「学校無刺激」や従来使われてきている「登校刺激」を加えた段階的な「つながりシステム」の構築の重要性を概観し、その過程での学校内のシステム作りの要点を考察していく。

Ⅰ　学校内援助システムの構築

文部科学省の報告（平成十三年度）によれば、公立・私立の小学校・中学校合わせて不登校児童生徒の数は、十三万八七二二人（全児童・生徒の一・二三％）で、前年度と比べて三・三％増加している（文部科学省、二〇〇二ａ）。そして毎年、小学校と中学校では中学校の方が不登校児童生徒の数が多く、その差が大きい。平成十三年度は、小学校で、二万六五一一人（全児童数比〇・三六％）であるのに対して、中学校では、十一万二二一一人（全生徒数比二・八一％）である。

また、公立小・中学校に限って学年別に見ていくと（表3-1と図3-1参照）、小学校六年生（八四四二人）から中学校一年生（二万四二九三人）、中学校一年生から二年生（三万八九五七人）、中学校二年生から三年生（四万六九六六人）にかけて、急増している。特に小学校六年生から中学校一年生への時期の増大が大きい。さらに、それぞれの学年の一年前（平成十二年度）と比較してみると、小学校五年生からは約二千人増、小学校六年生からが約一万六千人増、中学校一年生からも約一万六千人増、中学校二年生からは約一万人と、同じ年代の子どもたちのなかでも、学年が一つ上がることで不登校が増えていることがわかる。特定の学年集団（平成X年四月からX＋一年三月までに生まれた学年）というより、日本の学年集団（小六・中一・中二・中三など）の一般的傾向と見ることができる。中学校における不登校の数に大きく歯止めがかかるのかどうか、長期化した不登校に対してどのように対応するのかが急務といえる。また、学校復帰を一つの（あくまでも一つではあるが）進展と考えた場合、約二六％が学校に復帰している（文部科学省、二〇〇三a）。小学校で二七・八％、中学校で二五・一％である。二〇％台の学校復帰をどう考えるか議論の分かれるところであろうが、七〇％台の不登校継続は、結果として、不登校の総数が大きくは減少しないことにつながっているであろう。ただ、同報告は、二十数％が、登校には至らないものの好転が見られたとしている。また、復帰にあたって、学校と家庭の連携を密にしたことが理由の割合として上位を占めている。「家庭訪問を行ない、学業や生活面での相談にのるなど、さまざまな指導・援助を行なった」「登校を促すため、電話をかけたり迎えに行くなどした」などである。これは、以下に述べる対応策と一致していて興味深い。

さらに、文部科学省の報告（平成十四年度）によれば、小学校・中学校合わせて、不登校児童生徒の数は十三万一二五二人（全児童・生徒の一・一八％）で、平成三年度以来初めて前年度と比べて減少している（文部科学省、二〇〇三c）。小学校で、二万五八六九人（〇・三六％）であるのに対して、中学校では、十万五三八三人（二・七三％）である。小学校での比率は前年度と変わらないが、中学校で若干比率は減少している。しかし、その数は、いまだ大幅に減少する様相を呈していない。

そこでまず、学校のなかで、教育相談体制をどのように構築していくかが不登校への対応の要点となる（伊藤、一九九七）。ここでは、そのポイントを押さえておこう。いうまでもなく、不登校対応のための学校内の体

表3－1　学年別不登校児童生徒数

【小学校】　（公立小・中学校）

区分	小学1年	小学2年	小学3年	小学4年	小学5年	小学6年	計
11年度	1,330	2,181	3,129	4,520	6,531	8,213	25,904
12年度	1,381	2,153	3,214	4,453	6,509	8,552	26,262
13年度	1,414	2,180	3,200	4,633	6,545	8,442	26,414

【中学校】

区分	中学1年	中学2年	中学3年	計
11年度	22,416	36,020	44,091	102,527
12年度	23,460	37,677	44,950	106,087
13年度	24,293	38,957	46,966	110,216

（文部科学省「今後の不登校への対応の在り方について」報告書，2003 a）

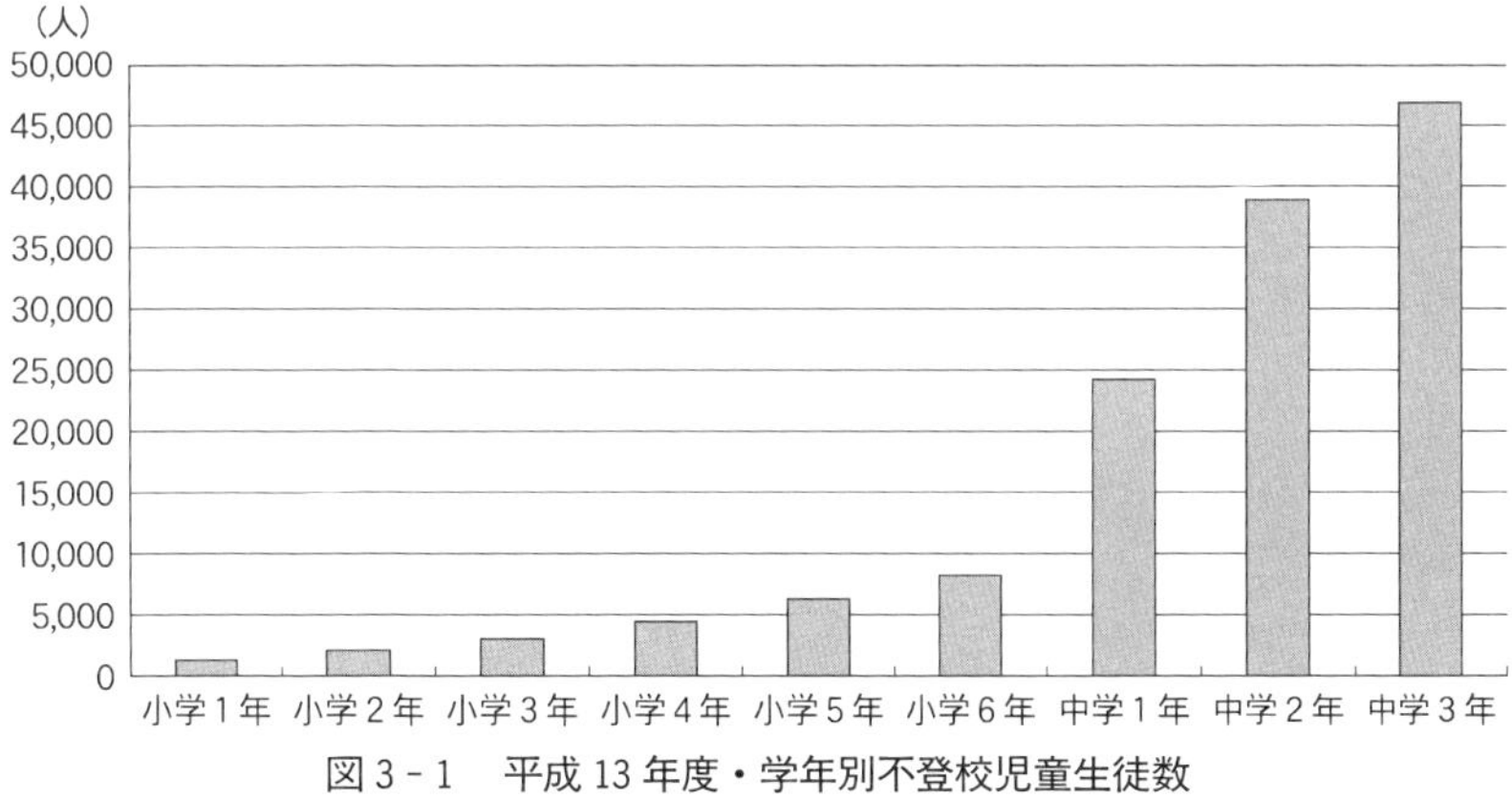

図3－1　平成13年度・学年別不登校児童生徒数

（文部科学省「今後の不登校への対応の在り方について」報告書，2003 a）

制は、生徒指導部や教育相談部を中心に進んでいく。学校内の教育相談体制は、長い伝統と蓄積をもっている。ただ、それらの知見がすべての学校で生かされているわけではなく、課題も多い。以下、藤岡（一九九六b）を参考に、学内体制について考察していく。学校内の教育相談は以下の四つの機能をもっていると考えられる。①「システムとして機能する」という側面、②「安心感を提供する」という側面、③「知恵を出し合う」という側面、④「課題解決する」という側面である。

1．教育相談体制の多義的な意味について

(1)「システムとして機能する」という側面

不登校やいじめの問題が解決の方向に向かわずに硬直状態を引き起こしているときは、もともとの事例特有の複雑さもあるが、問題を解決するように動くこと自体が問題を複雑化させていく、システム自体の硬直という呪縛にあっていることが多い。たとえば、不登校児童・生徒を抱え、担任一人にその責任がのしかかっているときには、問題を何とか早く解決しようとするあまり、子どもの気持ちより、登校に向けての対策のほうに気持ちがいき、関わる対策がことごとく徒労に終わることが多い。そして、そのようにしか関われないことで、子どもと担任を結ぶ糸は関われば関わるほど細くなり、保護者の担任教師（ひいては学校）に対する不信感を誘発し、問題の解決に向けての努力が不統一でちぐはぐなものとなっていく。それはたとえば、保護者が学校の方針とは無関係に専門機関に行くという、学校の関与抜きには解決しない「不登校」という問題に、学校抜きで臨むという偏った援助を受けざるをえなくなるのである。こうした傾向は、担任が学級内のさまざまな問題を一人で抱えざるをえない構造であればあるほど強くなる。そのようなことから、教育相談では、システムとしての視点を入れることは今日半ば常識となってきている。担任は、教育相談のための能力を磨くだけでなく、システムの一員として動いているのだという認識をもつことが、その資質を生かす上で重要なこととなる。

システム論的なアプローチの視点では、校長・教頭、教務主任、学年主任、担任、養護教諭など教師一人ひとり、そして事務職員、給食職員、図書館司書、技能技師、スクールバス運転手などの学校関係者すべてが、どのように個々の子どもたちに関わっていくかという視野の広がりをもたらす。そのため、関わりの幅が、担任一人で孤軍奮闘していたときに比べてはるかに大きく拡がる。最近では学校関係者として、教育相談専門担当教師、児童生徒相談員、不登校児童・生徒専門員など多くの人間が加わるようになり、開かれた学校になるにつれ、ますますこのような観点は重要となってきている。学校システム、家庭（家族）システム、地域システムという、大きなシステムのまとまりのなかで子どもたちは成長している。このようなシステムを有効に機能させる上で、変化のきっかけを起こす教育相談体制は重要な位置をもっている。また、このような認識で体制づくりをすることが重要であり、その認識がないと、ただ集まるだけの集団、報告事項の確認をして終わる会合になってしまう。また、その目的によって集まるメンバーは変わってくる。ちなみに、不登校対策であれば、生徒指導・教育相談担当者、学年主任、養護教諭、不登校児童生徒を抱えた担任が必ずメンバーに入るべきであろう。時に応じて、校長、教頭、クラブ活動の顧問、特定の教科の担当者（音楽、体育など）、教務主任などが加わることも必要になってくる。

(2)「安心感を提供する」という側面

教育相談体制をつくる目的は、システムとして動いていく、あるいはシステムを動かしていくということのほかに、問題を抱えている担任や養護教諭をしっかりサポートするためでもある。学校のなかで多くの仕事をこなし、その上で、不登校やいじめの問題にも向き合っていく。誠実な教師であればあるほど、悩みは深くなっていく。教師の精神衛生をいかに守っていくのかは、今日の教育問題を解決する上で、最も重要な視点ではないかと筆者は考えている。教育相談担当者の役割が、不登校・いじめの問題に直接向き合っていくだけではなく、教師の健康さを保つことにあるというのは、日本において特有のことのように感じる。また、教師専用の「いのちの電話」の開設も、本気で考えていかなくてはいけない時代になってきているようにも思える。すでにその試みを始めているところがあるが、まだまだ拡がりを見せていない。教育相談のチームを組んでいくということには、「教師の健康さを保つ」という多義的なメッセージが含まれているといえるだろう。

その意味で、教育相談チームの会合では、「じっくりと、焦らないで」問題に向き合っていく態度をメンバーがつくれるような工夫が必要であろう。会合に出席した担任のほうに緊張感や自己嫌悪感が誘発され、硬直した、融通のきかない心理的構えをもって会合を終えるようでは、その後の子どもへの関わり方がどのようになっていくかは容易に想像がつくことである。深刻ななかにもゆとりのある（いつもというわけにはいかないが、できれば笑いもこぼれるような）会合を設定することで、深刻な教育相談上の問題を抱えた担任は、安心して、しかもポジティブな視点を自分自身にも子どもたちにももって向き合えるようになるだろう。

(3)「知恵を出し合う」という側面

「三人寄れば文殊の知恵」を実践していくためにも、チームやプロジェクトをつくることは重要である。事例検討会で実り多いのは、それぞれが何気なく思ったことをふと言葉にできる雰囲気があるときである。決まりきったマニュアルどおりに問題を解決しようとする姿勢では、せっかくの試みも頓挫することが多い。その心理的な構えが、子どもの気持ちから離れることにもなりかねないからである。事例に合った「適切な課題」を設定するためにも、さまざまな人たちのアイデアをもち寄ることが必要となってくる。教育相談担当者や学校コンサルテーション担当者がその真骨頂を発揮するのは、この場面である。心理臨床の専門家は、さまざまな事例に関与してきた経験から、自然と事例に適合する課題の選択肢を用意している。教育相談担当者の考えや方略を、事例検討会のなかで「そっと置く」ことで、事例への関わりが解釈可能な形で「開けてくる」ようになることが、専門家に最も期待されるところであろう。

(4) 「課題解決する」という側面

不登校という「問題」を直接的に解決しようとすると、却って問題を複雑化させることが多いことは、すでに知られている。「学校に行かない、だから行かせるようにしよう」、という問題のとらえ方で出てくる方策は、「学校へ行きたくないわけ」に直面させすぎるがゆえに、また学校に行けなくしている心理的な構え（たとえば、学校に行こうと考えただけで緊張してしまう）を誘発するがゆえに、徒労に終わることが多い。よかれと思ってやっていることが却って、問題解決から遠ざけてしまっているのである。問題を、変化を起こせる課題へと読み換えていくことで、さまざまな困難な「問題」は「解決可能な課題」へと変化していく。たとえば閉じこもりタイプの不登校に対して、担任にできる課題を設定することが、担任をサポートする上で重要である。改めてこの章のなかで詳述するように、段階的に、家庭訪問を設定することなどが、この場合の参考になる。学校無刺激（家庭訪問そのものを控える、「そっとしておくからね」というメッセージ、何もしないことで何かをするということ）、学校関心刺激（足しげくその子の家庭に通うことで、「心配しているよ」というメッセージを伝える。会う、会わないにこだわらない、会っても学校のことを話題にしないで雑談をする）、学校刺激（学校のことや友人のことを話題にする。学校に行く、行かないということは話題にしない）、登校刺激（学校に行くための具体的な方策を一緒に考える。空間と時間のスモールステップが功を奏することが多い。たとえば、「学校のどこかに五分間だけいて、帰ってくる」という練習をしようか、というように、上手に登校に向き合わせる）など、関わり方を次第に変えていくことで、不登校という「問題」は、担任と生徒との関わりの深化という「解決可能な課題」に置き換えられていく。教室に入るときに思い悩んでしまう子どもに、「右足から入るか、左足から入るか、決めてから行ってみよう」などと提案してみるのも、解決志向の一つのアプローチである（筆者は、このアイディアを前出の花輪敏男氏から教えていただいた)。

2.校長のリーダーシップ――教育相談体制の促進者として

教育相談体制をつくり運営していく上で、校長の存在は大きい。何より、不登校の子どもたちを何とかしなくてはいけない、いじめを問題解決の対象課題としてとらえる、という危機感と見識がどのくらい校長にあるのかが、取り組みの機動力になることが多い。ある小学校では、校長が強力なリーダーシップを発揮して、生徒指導担当教師のほかに、「不登校対策担当」教師を敢えて決め、ほかに、学年主任、養護教諭、教務主任、教頭が不登校対策プロジェクトに入り(教務主任、教頭はいつも出席できるわけではないが、時間がとれたときにはいつも顔を出すという姿勢が重要のようである)、不登校生徒を担任している教師をサポートしていった。校長もときどきその会議に出席し、大局的な考えを示し、校長として何ができるかを積極的に提示し、またプロジェクトからの要望に応えていった。具体的には、不登校生徒一人ひとりに手紙を書くことなどがある。その中身は、学校に来ることを望んでいるということが直接的に伝わらないように配慮し、じっくり自分のことを見つめていくことのほうがいまは大事であるというメッセージが伝わるように配慮された。学校経営の責任者の言葉の意味は大きく、保護者への安心感も提供することになる。このことは、間接的に担任に対するプレッシャーを軽減することにもつながり、担任はじっくりと不登校の子どもと関わることができた。

3.教育相談担当者の役割――雑談のできる健康さ

教育相談体制を整えていく上での促進者として、校長や教頭とともに、担当者はまずその体制の目的を明確化する作業を始める。不登校対策なのか、いじめ対策なのか、それとも、反社会的問題行動も含めて予防的な側面を強調するのか。実際にはすべてを含んでいるのであるが、そのどこに重点を置くかを検討する必要がある。それぞれの目的に合わせて、いつもいてもらいたい人、ときどきいてもらいたい人に分かれてくる。養護教諭、スクールカウンセラー、心の教室相談員、不登校対策専門員、教育相談・生徒指導担当者などは、当然どの目的でも顔を出すことが望ましい。また、日頃から各教師とのコミュニケーションをよくしておくことで、「ちょっと気になる」レベルの問題とも向き合うことができる。ある学校では、職員室の隣りに教師の集まる場所(談話室)があり、コーヒーを飲んだりしながら、「ちょっと気になる子ども」のことについて話題にできていた。忙しさにかまけて、せっかく湧き起こった「ちょっと気になる」ことが心の隅に押しやられないための、工夫の一つであろう。また、各自が何気ないことを話すことで、教師間の信頼関係も育っていく。「雑談の効用」である。「雑談のできる健康さ」は「問題」との距離の取り方をうまく測る上でも重要である。外部の機関とも、日常的に連携しておくことで、いざというときに紹介がしやすい。研究会や研修会などで、さまざまな専門家の教育相談についての見識・技能を「人となり」も含めて把握しておくことも重要である。内部の調整だけでなく外部との調整も大切であり、その際、このような情報が有効に働くことが意外と多い。

4．今後の教育相談体制に向けて

これまでは主として、教師による教育相談体制のことを考えていったが、児童・生徒も巻き込んだ教育相談体制を考えている学校も増え始めている。ある小学校でのスクールカウンセラーによる「なんでも相談室」などは、日常的な側面から、いじめや不登校の事態を大きくしない工夫ともいえる。いじめ・不登校についての児童会・生徒会活動による支援もその一つである。アメリカではすでに、ピアヘルパー、コンフリクト・マネージャーなどの役割のなかで、教育相談の機能を子どもたちが行なうようになっている。スクールカウンセラーがそれらの養成とマネージメントの中心的な役割を果たしている。日本では、スクールカウンセラーが担うべき役割のかなりの部分を教師(特に担任)が引き受けてきたという歴史的な経緯・事情があり、ただちに展開することは難しいが、一つのヒントにはなるであろう。今後ますます開かれた学校にするという学校側の努力とともに、教師の精神衛生の保持も含めて、学校側の努力を認めて応援する家庭や地域のポジティブな支えも併せて必要になってくるであろう。その両方のための窓口として、教育相談体制が担っていく役割は今後ますます大きくなっていくものと思われる。また、児童虐待や薬物依存、小・中学生、高校生などによる重大犯罪の増加など、昨今の社会事情を考えると、家庭と地域、学校をつなぐ専任のスクールソーシャルワーカーの制度化も是非とも必要になってくるだろう。ちなみに、アメリカでは、スクールカウンセラー、スクールソーシャルワーカー、児童・福祉・登校監督官、スクールサイコロジストが、それぞれの専門性を駆使して、互いに協働（コラボレーション）しながら、不登校の予防と対策にあたっている。

II　学校と家庭の連携の観点から——学校無刺激・学校関心刺激・学校刺激・登校刺激

1．学校と家庭との連携

さて、前述のような教育相談体制を踏まえ、子どもが不登校状態に陥ったとき、教師は家庭訪問をすることになる。その際に参考になるのは、登校刺激を一つに限定しないで細かく見ていくことである（藤岡、一九九三b）（表3-2参照）。

2．連携の視点

本人と会えれば良いが、会えない場合でも家族と話をし、不登校状態について細かく訊いていく。もし本人と会えた場合には、学校に行く行かないということよりも、関係性の形成を心掛ける。ここさえできていれば、いつでも再登校に向けての援助ができる。何回かに分けて少しずつその関係を形成することも大事である。一緒にテレビゲームをしたり、雑談をしたりして過ごし、あまり長い時間いないようにする。筆者はこのような関わり

表 3-2　学校と家庭との連携

1．学校無刺激

情緒的に不安定な時期に学校側は家庭訪問・電話などを控える。何もしないことで何かをするということを実践する。担任が来たというだけで家族に当たり散らしてしまう時などは必要となる対応である。ただ、その際も家族とはつながっていることが大事である。

2．学校関心刺激

本人と会えれば良いが会えない場合でも家族と話し、不登校状態について細かく訊いていく。もし本人と会えた場合、学校に行く、行かないということよりも関係性の形成を心掛ける。ここさえできていればいつでも再登校に向けての援助ができる。何回かに分けて次第にその関係を形成することも大事である。一緒にテレビゲームをしたり、雑談をしたりして過ごし、余り長い時間いないようにする。家庭訪問し、家に行くが、本人に会う、会わないにこだわらないということである。学級通信などのプリントを渡したりしながら、事例によって頻度を工夫しながら通うことが大事であり、「関心を向けているよ」というメッセージを伝えることになる。会えても学校のことは話題にしない。いわゆる登校刺激とは明確に区別する。クラスメートによる家庭訪問もこの点が配慮されていれば工夫として功を奏する。

3．学校刺激

登校刺激を送る前に学校のことを話題にしたり、学校での友人のことを話題にしたりすることである。学校に行く、行かないということは決して言わないことが大事である。学校側の対応を見ていると、学校刺激から一気に登校刺激になってしまい、すくみ反応を再度引き起こすことが少なくない。学校関心刺激から一気に登校刺激に行かないための配慮である。

4．登校刺激

学校に行く、行かないということを話題にしたり、そのための工夫を考えたり実行したりすること。再登校の際の留意点を含んでいる。登校への意欲が高まってきたときには、子どもと一緒に登校に向けての工夫を考えていく。

を「学校関心刺激」と呼ぶ。家庭訪問し、家に行くが、本人に会う会わないにこだわらないということである。学級通信などのプリントを渡したりしながら、事例によって頻度を工夫しながら通うことが大事であり、「関心を向けているよ」というメッセージを伝えることになる。本人に会えても学校のことは話題にしない。いわゆる「登校刺激」とは明確に区別する。ここでいう登校刺激とは、学校に行く行かないということを話題にしたり、そのための工夫を考えたり実行したりすることを意味している。それはあくまでも再登校の瞬間に取っておくのである。また、クラスメートが家庭訪問するのも、学校関心刺激となる。ただ、充分な動機づけを抜きに、順番に行くなどの機械的対応になったりして、心無い言葉が不登校児童・生徒に対して投げかけられてしまうこともあり、留意が必要である。また、行ってくれたクラスメートへのフォローも大事である。負担にならないよう、充分な配慮があってこそのクラスメートによる家庭訪問である。

ほかに対応の要点として、学校関心刺激の前に学校無刺激があり、学校関心刺激の後に学校刺激があり、最後が登校刺激である。「学校無刺激」とは、情緒的に不安定な時期に学校側は家庭訪問・電話などを控えるということである。何もしないことで何かをするということを実践する。担任が来たというだけで家族に当たり散らしてしまうようなときなどは、必要となる対応である。ただ、その際も、家族とはつながっていることが大事である。少なくとも家族には、学校関心刺激を送っておくのである。本人と会えなくても家庭訪問を繰り返す、担任以外の生徒指導担当者、教育相談担当者などがつながったり、学年主任がつながったりと、いつまでも学校無刺激を続けることがないよう留意が必要である。「学校刺激」とは、登校刺激を送る前に学校のことを話題にしたり、学校での友人のことを話題にしたりすることである。学校に行く行かないということは決して言わないことが大事である。学校側の対応を見ていると、学校刺激から一気に登校刺激になってしまい、再度すくみ反応を引き起こすことが少なくない。以上のように、対応のプロセスを重視するのも、ひとえに不登校を発達・成長モデルとしてとらえているからである。

III　多様な援助機能の活用の観点から——教室に行く前に

1．多様な援助機能

すぐに教室に行けたらよいが、それが難しい場合、多様な援助機能の活用を考えていく。保健室、相談室、適応指導教室、技能技師室、校長室、職員室などの活用がそれにあたる。

学校のなかでの援助機能を有する場所である。教室にいきなり行ける子どももいる。大集団のなかにいるだけで不安が高まる子、特定の子との関係性が悪化して不登校になっている場合、担任との関係の悪化によって不登校になっている場合などでは、教室を学校復帰の唯一の場所とすると援助が進まなくなる場合がある。友だち関係がうまくいっている、少なくとも悪くはない、担任とうまくいっている、などの場合には、学校に復帰する場合、教室に直接行けることがある。教室に直接行けない場合、保健室が多く活用されてきた。「保健室登校」という言葉があるくらいである。保健室というのはありがたい場所であり、養護教諭は、保健などの一部の授業を除いて教科を担当していないので、児童生徒にとって行きやすい場所でもある。また、身体症状を訴えることの多い不登校の子どもたちにとっては、体のことで相談に行きやすい場所である。相談教室や学校内の適応指導教室は、子どもたちにとっての学習の場となっていることもある。不登校の子どもたちにとってのスペシャルエデュケーション（特殊教育、特別支援教育）がすでに実質的に始まっているといってもいいのかもしれない。もちろん、相談室が学習という場になっていると、居場所として感じられない子どものために、「第二相談室」を用意しているところもある。技能技師室（技能技師の人が仕事をしたり、休憩したりする部屋）への登校も考えられる。学校の建物の修繕などについて回って、学校内での居場所をもつことができる。校長室登校もある。校長が不登校の子どもに直接的に関わる。学習を見てやったり、話し相手になったりする。校長も本来は教師であり、不登校児童生徒の気持ちを汲む細かなセンスが問われるところである。職員室登校は、誰か職員室にいる教師が話し相手になったり、勉強を見てやったりする。さらに、そこから教室にも行ったりする。

これらには大きく三つの機能があると考えられる。止まり木としての機能、育つ場としての機能、シェルター（避難場所）としての機能である。止まり木として、準備段階を学校のなかに用意することで、教室へ入っていく抵抗感も少なくなる。ただ、小学校高学年、中学校、高校では、保健室登校が固定してしまう恐れもあり、登校したことで固定化せずに、様子を見ながら教室に向けて、担任と学年主任、養護教諭等の協力がぜひ必要である。ただ、保健室は、止まり木としての意味だけでなく、育つ場としての意味もある。これは、保健室登校を続けながら、自立あるいは自己認知・他者認知を少しずつ変えていく努力をすることである。小学校の低学年では、保健室登校が成功することが多いが、小学校高学年、中学校では、保健室登校が定着してしまうことも見られる。これは、友人関係の成立に時間がかかることを意味しており、不登校児の対人認知の複雑さを表わしているといえよう。友人関係の様相が顕現化しやすい休み時間だけ保健室で過ごし、その後、教室等での授業に出るのが、シェルター（避難場所）としての機能である。

2．保健室の養護教諭と担任との連携

小学校高学年より上だと保健室登校が固定・定着してしまうということは、筆者が経験的にそう感じていることであり、一概には言えないのかもしれない。おそらく、高学年に行けば行くほどすでに対人関係が固定化していて、新たな対人関係をつくりづらいということと、すでに触れたように、対人スキルも特徴が固定化されていて、新たな対人関係を構築しながらクラスに入っていくということに対して、非常にハードルが高いということもあるかもしれない。それはどの子どもも、というわけではなく、しっかりと教室に入っていける子どももいる。保健室登校を長びかせない配慮も必要である。保健室で安定化することで登校の日にちを増やしていくという考え方より、保健室から教室に行くということに課題設定を置いてサポートする発想のほうが、むしろ子どもの対人スキルを発達させ、クラスの皆が自分をどう見ているか、あるいは自分が自分をどう見ているかなどの、クラスのなかにおける他者認知・自己認知を話題にしていくことを目指すなど有益な点が多い。何よりも大きいのは担任の存在であり、担任との関係性がうまくいっている子は、再登校を始めても定着することが多い。しかし再登校しても、担任とうまくいっていない子は、サポートを受けているという感じがなかなか強くもてない。非常に簡単に学校とのつながりを切ってしまう。担任とつながっているかどうかは、再登校における戦略を考え

る上で非常に重要である。逆に、担任とつながっていない子どもたちについては、学校のなかのどの人間であればつながることが可能なのか、選択することが必要になってくる。たとえば、養護教諭、技能技師、校長、教頭、生徒指導の担当教員、教育相談担当教員、教務主任、いろいろな人間がいる。どの人とならつながるのか、一番つながりやすいところを探していく。そうすると、その人とのつながりのなかでは学校に行ける。その辺のところも理解しておかないと、とにかく担任とうまくいかせようと考えるが、アプローチすればするほど子どもがつらくなるということがある。担任はよかれと思って関わろうとするが、根底に教師が使った言葉の一言にひどく傷ついていたり、その積み重ねがあったりで、周りからはなかなか理解できない教師とその子どもとの人間関係が尾を引いていることがある。そのようなときは、無理をしない。むしろ、ほかの誰とつながることができるかということを考えていく。そうすると、教室には行けないけれど、保健室、校長室には行くというように、学校のなかに居場所ができる。問題は、その次のステップとして、担任がいかにそことつながっていくかということである。たとえば、保健室登校の場合、養護教諭と担任がうまくいっていないとなかなか先に進めない。しかし、そういうこともありうるので、その場合は、教室内のどのクラスメートとつながるかということを模索していく。校長が担任を低く評価していたりしても駄目である。大人同士がうまくつながっていくと、そこからのつながりで、担任ともうまくつながっていく。養護教諭と担任がつながっていくと、養護教諭とのつながりで担任とその子がつながっていく。学校へは行くけれど、養護教諭のところから教室へは行けないというケースでは、基本的に担任の先生がほかの先生方とあまりうまく連携が取れていなかったりしていることもあり、担任への好意的、肯定的なサポートが必要である。

Ⅳ　再登校の留意点

夜には、次の日は学校に行こうと思うものの、翌朝になると、起きられないとか、登校に向けての意欲を一気になくしてしまったり、発熱・頭痛・腹痛などの身体症状を呈してしまったりする。夜にはまず、寝ることに専念してもらうよう配慮する。お風呂にゆっくりと入り、リラックスする。小学校低学年くらいであれば、保護者が一緒に入り、楽しい入浴時間とする。また、入眠時も無理に寝かせるようにはせず、臨床動作法、肩もみなどをしたりして、リラックスタイムを無理なく設定する。中学生・高校生になっても、寝る前は好きな時間を過ごすなどして、心のなかにあれこれと気になることを思い浮かべる隙間をつくらないようにする。眠れなくてもよいというくらいの、開き直りが却って功を奏すこともある。

朝が来たら、まず何も考えずに体を起こす。目覚し時計をかけ、鳴ったら自然に起きるように習慣づけるのもよいかもしれない。なかなか自分で起きられないときには、あらかじめ家族に声をかけてもらうように頼んでおいてもよいかもしれない。食事も普通どおりに取る。できるだけ日常のことを淡々とこなし、何も考えず過ごすようにする。このときの周囲の言葉がけは、本人に切迫感を誘発することのないように留意が必要である。この配慮は、震災後のＰＴＳＤに対してもなされた。もし周りの人がどうしてもそばにいると口出ししてしまうという場合は、散歩に出かけたり、庭掃除を始めたりして、適度な距離を取るとよいのかもしれない。特に、（すぐに怒ってしまう、急かせてしまうなど）なかなか自分の感情を制御できない祖父母の存在が切迫感を誘発する場合有効である。

保護者が学校に送っていく場合には、急かしたり焦らせたりしない配慮が必要である。再登校では、一人で学校に入るのが難しい場合が多く、保護者が送っていくことになるが、学校側がどこで迎えるのか、あらかじめ打ち合わせが必要である。また、自分で歩いて学校に行く場合には、対人恐怖感情が高い生徒については、途中でほかの生徒と遭遇した際、べつに挨拶を交わさなくてもよいとか、目を合わせなくてもよいなどという「自己防衛を許容する設定」をあらかじめ用意しておいてあげることが大切である。ほかの生徒と「目と目を合わせることができなかった」といった生徒に対して、「自分をよく守れたね」といってあげることが大事である。数カ月ぶりに再登校する場合には、そうした配慮が特に重要であり、それによって、学校に身を置くという第一関門を通過することが容易になる。

再登校して、教室にすぐ入れるか、相談室に行くか、保健室か職員室に行くかは、あらかじめ打ち合わせておくことが必要である。また、受け入れた教師は、特に多くの会話を交わそうと思わなくてもよいであろう。一方通行的な会話であっても、登校したことの努力を労い、きつければそこに居れるだけで帰ってよいことを告げる。このような「会話を通してわかろうとしすぎない」配慮が大事である。また、再登校するとどうしても、「明日から毎日来られるかなあ」とか「やっぱり学校に来てくれてうれしいし、ずっと来れるといいよねえ」とかの言葉によって、期待をかけてしまうことが往々にしてあり、これがせっかくの再登校を長続きさせないきっかけとなってしまうことがよくある。「期待をかけすぎない」配慮が重要である。

いきなり教室に入る場合は、友人関係の回復が前提になることが多いが、最近では友人関係が希薄であっても、パッと教室に入れる子もいる。関係が希薄だからこそ、教室で圧迫感を感じないのかもしれない。しかし、このような場合でも、生徒のちょっとした言葉に深く傷つき、再度不登校状態になることもある。

保健室を活用する場合は、休み時間などにほかの子が保健室を多用する時間帯の過ごし方が大事になってくる。何か仕事の手伝いをするという名目で居場所を確保したり、担任や教科の教師から課題を出してもらったりすることで、居場所を確保する工夫はできるだろう。保健室登校をしている子がほかの子を保健室に引き留めてしまうことがあるが、そのあたりの保健室での過ごし方のルールは、あらかじめ（急激に伝えすぎない配慮をしつつ）子どもたちに伝えておくことが必要であろう。

再登校が少し定着してきたら、相談室で何か課題を提供していくことで、学校で過ごす内容に慣れていく。ただ、やったやらないという結果にこだわらず、まずは何からできるかという課題設定で、自己決定を促す方法を採るとよいだろう。

いよいよ相談室から教室へ行くときには、友人や担任の役割は大きい。教室に居場所がもてるには、人間的なつながりが大切である。相談室などで徐々にそのつながりを醸成していく。給食を教室に取りに行く、あるいは教室から友人に給食をもってきてもらうなどは、一つの方法であろう。特定の教科だけ出席するという工夫も功を奏することが多い。そのような配慮を前提に、再登校のきっかけとして適応指導教室がよいか、教室がよいか、保健室がよいか、相談室がよいかを判断をすることになる。

V 不登校における出席の扱いについて

さて次に、地域内援助について触れる前に、義務教育との関係で、出席についてどのように考えられてきたかを整理してみる。このことは、「学校は行くのが当然」という大前提を問い直すことを意味している。この大前提が子どもたちをいかにつらくさせているかは、いうまでもないことである。

1．不登校と出席・欠席について

文部科学省（二〇〇三c）の調査では、小学校・中学校合わせて、平成十五年度に三十日以上の不登校状態にある児童・生徒の数は、十二万六二二六人となっている（平成十四年度間は十三万一二五二人、平成十三年度間は十三万八七二二人、平成十二年度間は十三万四二八六人）。この数は、現行の日本の教育制度のなかでの数字であり、諸外国と比較して、多いのか少ないのかは判断の難しいところである。なぜなら日本では、年間を通して三十日以上の欠席が不登校の定義となっており、義務教育は学校に行くことが前提となっているからである。もし仮に、自宅での学習が出席扱いになったならば、前提が大きく崩れることになり、日本からいわゆる「不登校」は激減するであろう。学校という場所に行くことを前提とした「不登校」は、各市町村の教育委員会が出席扱いとして認可する適応指導教室（教育支援センター）やフリースクール、フリースペースに通学（あるいは参加）している「不登校」児童生徒の数、在宅学習のサービスを受けている「不登校」児童生徒の数、認可していないフリースクールに通学（あるいは参加）している「不登校」児童生徒の数、一切の教育・福祉サービスを受けない「不登校」児童生徒の数などに、統計の取り方が変わっていくであろう。

また、学校に行っていても教室に入らず、保健室や適応教室、相談教室などを利用する児童・生徒もいる。不登校を考える場合、これらの不登校傾向の子どもたちのことも視野に入れなければならない。不登校状態からの復帰の過程や不登校状態に至る過程のなかで生じる現象である。予防や早期対応を考える場合、無視できない対象領域である。以下、不登校と出席扱いについて、さらに考察を加えていく。

2．就学指定と就学義務

小学校、中学校の義務教育の場合、仮に出席日数が充分でなくても、最終的には、校長の判断・裁量で卒業を認定することができる。学校教育法施行規則第二七条（及び第五五条）をみると、修了・卒業の認定には、「小（中）学校において、各学年の課程の修了又は卒業を認めるに当たっては、児童の平素の成績を評価して、これを定めなければならない」となっている。このことは、出席が不充分であることを理由に、いつまでも義務教育の修業年限を延ばすことはできない、ということも意味していると考えられる。またさらに、学校教育法施行規則第二六条（履修困難な教科の学習）には、「児童が心身の状況によって履修することが困難な各教科は、その児童の心身の状況に適合するように課さなければならない」となっている。不登校状況による子どもたちの履修困難に対して、なんらかの対応をすることが求められることの法的根拠がここにある。

以下、文部科学省法規研究会（二〇〇一）の論文を参考に、この点を考察する。わが国の義務教育制度は、「学齢に達した児童生徒に関し、普通教育を受けさせるための学校で教育を受けさせることを、保護者等に『義務』を課すことをもって強制する仕組み」と定義することができる。その骨格をなすのが以下の三つである。

①教育委員会による就学すべき学校を指定する（「就学指定」）。

②保護者等に「指定された学校」に就学・出席させることを義務付け、それを最終的には罰則をもって強制する（「就学義務」）。

③これに対し、一定の合理的な事由がある場合に、「就学義務」を免れることができる。それには、以下の二つがある。

（1）合理的な理由がある場合に、就学義務を免除することができる（「就学義務免除」）。

（2）合理的な理由がある場合に、一定の期間「就学義務」の履行を延期することができる（「就学義務の猶予」）。

不登校状態にある場合、行政上、右記の（1）（2）の二つを判断の前提にすることになる。就学義務を免除したのだから、修業年限内で卒業を認めることができるのである。このように、義務教育とは、「就学義務」の制度であるということができ、不登校の子どもたちをなんびとたりとも強制的に学校に行かせることができない法的根拠となっている。

最初に触れたように、学校教育の範囲をどこに設定するかによって、不登校の定義や対応は大きく異なってくる。そこで、問題となるのが、「普通教育を受けさせるための学校」における、教育の定義である。学校教育制度をどのように制度設計するかによって、内容が変わりうるからである（文部科学省法規研究会、二〇〇一）。その「普通教育」の終わりを、年齢その他の修業期間にするのか、内容の達成の程度によってするのか、それによって「義務」の内容は変わり、履修の形態も変わりうるのである。適応指導教室（教育支援センター）などの学校以外の教育の場を義務教育履修として認めるのか、家庭における履修（ホームスタディ、ホームスクール、訪問教育、在宅学習など名称はさまざまであるが）を制度上義務教育履修として認めるのかという論議は、不登校に関わる場合、常になされてきた。このような義務教育の仕組みをどう考えるのかということが、就学義務とは別の「教育義務」の内容設定である。アメリカでは、義務教育の場を学校に限定しない「教育義務」の制度を、日本に先駆けて採り入れている。

3．就学義務と「欠席」に対する対処

学校教育法施行令一九条、二〇条によれば、児童生徒が長期に欠席するなど、就学義務が円滑に施行されていない場合には、校長は、休業日を除き七日間欠席したり、その他出席状況が良好でなかったりした場合、正当な事由がなければ、その旨を市町村教育委員会に通知することとされている。さらに、学校教育法施行令二一条によれば、市町村教育委員会は、この通知を受け、あるいは独自の調査により、就学義務を怠っていると認めたときには、その保護者に対し児童生徒の出席を督促しなければならない。督促にもかかわらず、保護者が児童生徒を出席させない場合には、教育委員会が就学義務不履行を告発し、罰金により、義務の履行を強制する仕組みになっている（文部科学省法規研究会、二〇〇一）。

このような仕組みになっているものの、不登校による欠席は、行きたいのに行けないという状況からきており、罰金を科して無理に登校させるような性格のものではない。それゆえ、この制度はなじまないし、教育委員会による督促さえも、苦しんでいる本人や家族をさらに苦しめることになるだけであろう。

4．平成四年の文部省（当時）による通知

平成四年九月、文部省（当時）は、指導要録の取り扱いに関し通知を行ない、一定の要件を満たす場合に、適応指導教室等において、「相談・指導」を受けた日数を出席扱いとすることができるようにその取り扱いを改めた。一定の要件とは、次の三点である。

（1）保護者と学校の間に十分な連携・協力関係が保たれていること。
（2）教育委員会が設置する適応指導教室等の公的施設とし、これらに通うことが困難な場合で、適切と判断される場合には民間の施設も考慮されてよいこと。
（3）当該施設に通所または入所して「相談・指導」を受ける場合を前提とすること。

さらに事務的には、不登校の児童生徒が学校外の施設で「相談・指導」を受け、そのことが学校復帰のために適切であると校長が認めた場合には、指導要録に「出席日数」の内数として記載し、出欠の記録の備考欄に出席扱いとした日数及び施設名を記入することとされている。これは、あくまでも特例的な取り扱いであり、施設への通所、入所が学校への復帰を目指すものであり、不登校児の自立を助ける上で有効、適切であると判断される場合に、とられる措置であるとしている（文部科学省法規研究会、二〇〇一）。

ここで重要なのは、この「出席」の扱いをめぐる校長の裁量である。さらに、学校以外の施設での履修が、就学義務の不履行にならないばかりでなく、指導要録という実質的な出席・欠席の原簿に正規の記録として載るということである。これは、不登校対策としては画期的な施策であったが、この「学校外の施設」とは、あくまでも家庭以外の、しかも、施設への通所が学校への復帰を目指すものであり、不登校児の自立を助ける上で、有効・適切であると判断される場合にのみ、認定されるのである。その意味で、不登校児童生徒のニーズにあった場所づくりをし、不登校児童生徒への重要な「居場所」になっているとしても、学校教育そのものに否定的であったり、学校への復帰を目指していないと判断された場合には、教育委員会あるいは校長の裁量が入りづらくなるのは否めないことであろう。さらに、家庭での履修は、除外されている。上記通達によれば、適応指導教室等とは、公的施設あるいはそれに代わる民間施設となっているからである。

折しも、後に触れるように、二〇〇二年四月から、S県S市において、自宅で授業を受けた場合にも出席扱いとすることが全国で初めて打ち出され、注目されている。これは、学習意欲がありながら引きこもっている不登校児の自宅に、S市教育委員会が任命した教育ボランティアを派遣し、自宅で授業をする「ホームスタディ制度」と呼ばれるものであり、学ぶ権利を保障し、小中学校に復帰させることが目的であるという。計画では、この制度は、不登校児の担任、臨床心理士らで構成する「教育相談チーム」を市教育委員会に設置し、不登校になった理由などについて一人ひとりに確認し、個別に学習プログラムをつくる。すぐに学習することが困難な子どもには、カウンセリングや遊びを通じて勉強できる環境を整え、一日に一～三時間程度の授業を行なっていくという（朝日新聞、二〇〇二）。

このような自宅履修制度が、これまで見てきた就学義務、教育義務という法的かつ教育行政上のいかなる根拠にもとづいているかについて、また、実際に行なってみて明らかになるさまざまな困難点についても、きちっとした評価がなされることが必要であろう。今後これらの点について、不登校対策の画期的な第一歩としての位置付けを明確にし、さらに、これに続く全国の市町村教育委員会の動きを確実なものとしていくことが必要となるであろう。

5．ビジティング教育の法的根拠

さらに、不登校の子どもたちの「教育を受ける権利」の実質的な保障をどうするのかということについての議論も、多くなされてきた。日本国憲法二六条には、「教育を受ける権利」が謳われている。教育を受けるということは、学校に登校するという形に限定しないで、なによりも、子どもたちの状況に合わせて、成長と発達に合わせて保障されなければならないだろう。渡部（二〇〇二a）は、教育を受ける権利を、形式的な保障（就学権保障、教育機会の保障）と実質的な保障（学習権保障、成長発達の保障、自由・幸福追求の保障）という二つの次元からとらえる有効性を述べている。さらに、S県S市の「ホームスタディ」の法的根拠として、学校教育法七五条二項の教育派遣規定を挙げている。それは、「小学校、中学校、高等学校及び中等教育学校は、疾病により、療養中の児童及び生徒に対して、特殊学級を設け、又は教員を派遣して、教育を行うことができる」という規定である。渡部（二〇〇二a）は、これを踏まえ、以下のように述べている。「かつて、一九七〇年代に不就学障害児への教育保障として〈訪問指導〉の試みが活かされてきたが、一九七九年の養護学校教育の義務化に際して、七一条の盲・聾・養護学校教育の一環に訪問教育が組み込まれて以降は、病院内等の特殊学級に教員を派遣する形でわずかに利用されているにすぎない。この条項は、〈第六章特殊教育〉のなかにあり、障害児教育分野で若干の馴染みがあるものの、一般的には看過されてきた」。

特殊教育あるいは特別支援教育において、通学が困難な障害児に対して、自宅あるいは病院、療育センターなどへの訪問教育が行なわれてきたことは、よく知られていることであるが、不登校への対応のなかでは勘案されつつも看過されてきたといえる。このように、学校教育法は、義務教育就学を、学校に行く（スクーリング）という形態だけでなく、教員を派遣したり、訪問教育をしたりすること（ビジティング）も含んでいるのである。このことは、学校に行くことが何らかの原因でできなくなっているという状態をもって、不登校といってよいのか、という問題も含んでいる。すなわち、現状での不登校状態の操作的な定義は、義務教育は学校に行くことである、という考えにとらわれているということを意味している。引きこもり状態にある子どもたち及び保護者の気持ちをおもんばかれば、「スクーリングという形態において、〇〇日以上の不登校状態である」という限定的な表現をすることが適切であろう。適応指導教室など実質的な機関が機能し、これまでのスクーリング、あるいはビジティングの代替えとなる制度が進行しているからである。これまで見てきたように、S県S市は、適応指導教室に代わる場所として、児童生徒の自宅を挙げている。これは、文部省（当時）の通達にもとづく自治体の独自の運用ということを越えて、日本国憲法、教育基本法、学校教育法などの運用や法解釈を、さらに検討する必要があるという問題を提起しているといえる。

第四章　不登校児童・生徒への地域内援助システムの構築

適応指導教室へのスーパービジョン経験やフリースクールのサポート経験にもとづき、日本において実質的に始まっている不登校へのスペシャルエデュケーションの実践とその意義、さらにスクールソーシャルワークの日本独自の展開の可能性について触れていく。

I　適応指導教室、フリースクール、フリースペース、居場所

1．意義と留意点

近年、主として教育行政の対応のなかで、適応指導教室（教育支援センター）を通して不登校児に関わっていこうという試みがある。ここへの出席は、上述のように、文部省（当時）の通達により、出席扱いになった。フリースクール、フリースペース、居場所には、このような形で出席扱いになっているところもあれば、そうでないところもある。また、考え方もそれこそ多様であり、ひと括りでフリースクールやフリースペースのことは語れない。そこで、ここでは特に、教育委員会が所管する適応指導教室に限って、検討していくことにする。

地域での不登校の子どもたちの居場所は、それぞれさまざまな関わり方があるが、学校と家庭をつなぐ媒介として優れた効果を上げている。教育委員会所管であれば、適応指導教室に行くことが出席（扱い）となるのが大

きな利点であり、適応指導教室と学校とを交互に行きながら卒業していった例もある。ただ、よかれと思って、適応指導教室に行かせることが表に出過ぎてしまうと、ここにも行けなかった場合に挫折感を抱かせてしまい、いわゆる「二重の挫折感」につながりかねないことは留意する点である。あくまでも不登校への対応の一つの方策であって、学校側も、ここに通っていれば安心ということにはならないようにしなければならない。適応指導教室には通常、小学生も中学生も一緒に通ってきているが（小学校と中学校を分けているところもある）、対象となる子どもたちによって、その目指すところは違ってくる。集団活動を通した対人関係の改善・形成、心的エネルギーの向上を狙いとする場合と、学習を中心として学力の遅れを補充し、かつ学習を通した自己効力感（やればできるという、自分の能力に対する肯定的な見通し）の向上、自分の興味関心の再発見、自己像の肯定的側面への気づきなどを狙いとする場合とでは、当然関わりも違ってくるであろう。また、ここで形成される仲間集団への留意も必要である。同世代、あるいは、かつては当然のようになされていた上下世代との関わりが、不登校児の自己像の形成、確認に、有効であるのは当然といえよう。

2．構造の柔軟さ

適応指導教室やフリースクール、フリースペースのありようは、当然のことながら、通ってきている（あるいは参加してきている）子どもたちのありようを最優先にしなければならない。空間と時間という構造の枠をきわめて効率的に限定し、集団としての行動を暗黙のうちに期待する学校生活とは違い、その「構造」をどのように設定するかは、企画・運営に関わる人たちにとって、とても重要な問題である。子どもたち自身がその企画に参加することもある。ある程度、プログラムが決められていることによって、却って安心する子どももいれば、それを強い束縛として感じる子どもたちもいる。集団を前提としたプログラムには、つねに個別対応を可能にする配慮もなされなければならないだろう。たとえば、みんなで一緒にスポーツタイムを過ごすプログラムがあるとすると、それに出られない子どもたちへの配慮、居場所、関わりも常に考慮しなければならない。また、学習が前面に出ることに抵抗を感じる子がいれば、科学実験や工作、草木観察、散歩、山歩き、テーマを設定しての検索など、総合的な学習が促される工夫などもなされていくとよいだろう。学習への向き合い方は、それだけで臨床的な配慮が求められる領域である。挫折経験、失敗経験、傷つき体験などを、対人関係だけでなく、学習面でもしている子が意外に多いと感じるのは、不登校の子どもたちと関わる者に共通の感覚ではないだろうか。

II　適応指導教室へとつなぐ場合の留意点

不登校状況が長引き、引きこもり状態が固定化してきた場合、考えることは、家庭訪問の充実とともに、地域に設置された適応指導教室やフリースペース、フリースクールの活用である。家庭訪問については別のところでも触れているので、ここでは、適応指導教室の活用について考えていく。

不登校の子どもたちと面接していて、ときに、「適応指導教室に見学に行ってみたが、自分の行くところではないような気がする」と本人が語るときがある。その理由に、本人にとって、疑似的な学校と映る、ということがある。時間が決まっていて、みんなが同じ場所に集まり、課題をこなしていく。そのように受け取ってしまうのである。実際には、そのようなことはなく、柔軟に対応していても、である。このことは、学校のなかの相談教室、適応指導教室でも、同様である。自分にとって必要なところだと内心感じているのに、そこに行くことを潔しとしないのである。自分の状態や願望に対する自己認知や、現実認知のずれが見て取れる。また、行くとしたら自分は教室から、と堅く心に決めている不登校の子たちもいる。これは、自分のなかの完全主義的な傾向や、自分を実際以上によく見せようとする「自我肥大感」などによっているところもある。過剰な頑張りによって自分を縛ってしまうという傾向は、ここでも顔をのぞかせるのである。適応指導教室を勧める際には、ただ、そこの様子を見学させたり、説明したりするだけでなく、このような子どもたちの受け止め方への配慮が必要となる。たとえば、自分のペースでまず通学できること、いつ帰るかは自分で決定できること、必要に応じて集団場面だけでなく個別的な対応もしてもらえること、また、その際に（必要以上に関わられることのないように）そっとしておいてもらえることもあること、勉強は自分のペースでできること、様子を見て課題が提示されるということ、（もちろん適応指導教室によって違いはあるが）などをていねいに説明していく。適応指導教室のなかで「いかに子どもの心理的な世界を保証してもらえるか」「介入され過ぎない安全感への配慮があるのか」ということが、適応指導教室への通学の際に保証されると、子どもは安心して通学（あるいは参加）を開始することになる。その際、最初は保護者が送り迎えをするなどの配慮が必要な場合もある。ただ、これが固定化すると、却って子どもの依存心を助長しかねない。また、適応指導教室で新たな出会いが生ずることも結構多い。あの子が来ているならば自分も行く、と教室への通学と同様のことが起きてくる。子ども同士の支え合いのすごさと素晴らしさを実感する瞬間である。

III　自然キャンプの意義

キャンプへの参加は、子どもたちにとって非日常的な空間である。そこで新しい自分を発見することで、日常が意味を変えて立ち現われてくる。送り迎えの際に、担任や養護教諭、教育相談の担当の先生が来てくれることがあるが、再登校に向けて、これ以上のつながりのきっかけはないようにも感じる。

適応指導教室、フリースペース、フリースクールなどでは、不登校の子どもたちのための自然キャンプを導入しているところが増えてきている。三泊四日ほどの泊まりこみの自然キャンプである。そこでは、山歩きをしたり、絵を描いたり、スポーツやゲームをしたり、一緒に食事を作ったり、臨床動作法を通して関わったりしているところもある。そこに参加した学生に感想を訊くと、この子たちは明るくて、とても不登校とは思えないということがある。不登校の子どもたちに実際に接することの大切さを、そのときに痛感する。学生たちも、学校に行きたくなくてつらい思いをしたことは一度ならずあるはずなのに、つらい思いをしている子と寄り添う感性を、なぜか心の隅に押しやってしまっているのかもしれない。

不登校児童・生徒との自然キャンプでは、始める前に、スタッフを対象に「カウンセリング実習」を特別に組む込むこともある。ただ、カウンセリング技法にこだわることはない。あくまでも、子どもの微かな自己表現を感じ取り、そのときに湧き上がるさまざまな自分の心のなかの感情と向き合い、自分なりの工夫をして関わるという、外界志向性（人との関わりのなかで試行錯誤する、など）と内界志向性（自分を振り返る、自分をじっくり見つめる、など）とのバランスを保つ資質を高めることを目標としている。臨床家としての素質は、特定の技法や考え方を通して磨かれていくが、あまりに若いうちから一つの立場にこだわると成長できなくなるという考えからである。拠りどころはあくまでも自分。そのことを徹底して伝える。スタッフは実に誠実に真摯に、不登校児童・生徒との時間と空間を共有してくれる。ある不登校生徒は、集団のなかで皆と過ごすことが難しく、自然キャンプそのものへの参加が危ぶまれていたが、少しずつ関わりの場を拡げ、最終日の夜のキャンドルサービスのとき、寄り添うスタッフと一緒に踊りの輪のなかに入ることができた。確実に何かが動き始めた、そんなことを実感した瞬間である。毎年続けていると、常連となる子もいた。不登校であることが参加条件であるとすると、続けて参加することでその子たちとの再会ができるのは、うれしいような、つらいような、複雑な気持ちにさせられる。

Ⅳ　ホームスタディの試み

先に見てきたように、これまで、家にいて勉強しても出席にはならなかったが、平成十四年度から、S県S市で、家にいる不登校生徒・児童に勉強を教えに学校の関係者が行き、しかも、それが出席扱いになるという画期的な施策（ホームスタディ）が行なわれることになった。まず、ここで、これまで見てきた出席と不登校について、どのような工夫がなされたかを整理してみたい。

1．ホームスタディの試み

Ⓐ　当該児童生徒における教室以外の授業実施及び指導方法

学校に行くことで出席となる。この原則は、本制度でも大きく変わっていない。もちろん、養護学校などにおいて、児童生徒の家庭における訪問教育は行なわれてきた。通常の学校では、学校が学習の場所である。ただ、これまで見たように、平成四年から不登校への対策のなかで、指導要録上の出席という形で学校以外の場であっても出席が認められるようになった。

S市では、従来の平成四年の文部省（当時）通達にあった、適応指導教室またはそれに代わる民間施設という場所以外に、児童・生徒の自宅が盛り込まれた。それには、「当該児童生徒に対して、市教育委員会は、学習支援（通常の授業）をする施設を市就学指導委員会内の審議を経て指定し、当該児童生徒在籍校の学校長に通知しなければならない」とあり、以下の施設が挙げられている。

（イ）　学校内にある教室で学校長の指定した場所

（ロ）　市の指定する公共施設

（ハ）　教育に適する民間施設

（ニ）　特に希望する児童・生徒の自宅

Ⓑ　出席（学習活動に対する校長の認定行為）等の取り扱い

学校長は、指定施設における児童生徒の出席及び学習状況を常に把握しなければならない。平素の記録は出席同様の取り扱いとし、学校復帰を目的とするが、結果として登校が困難な場合においては、学校長はこれを、進級及び卒業の認定の重要な資料とする。これは、出席同様の取り扱いとするということであるが、「出席簿」上は出席にならない。適応指導教室などは、市の施設とはいえ、学校では、自己欠席扱いとなっている。そのような（ロ）（ハ）（ニ）の出席は、『指導要録』上は、出席日数をⓉで表現する（ツは、通級。㊜と表現するところもある。適は適応指導教室を意味している）。すなわち、学習の記録上では、出席扱いになる（これは、従来、（ロ）（ハ）に対してとられていた各地の教育委員会の方法と、まったく同じである）。

これらの制度によって、不登校の子どもたちの進級や卒業に関わって、一日も出席していないのに進級や卒業を決定せざるをえない校長は、職務怠慢ということを免れる（この言葉は校長にとってはつらい言葉かもしれないが）。また、校長のみならず、担任も救われるのではないだろうか。不登校児童・生徒を抱えた担任は、授業や会議の合間に家庭訪問をするなど、過重な負担を強いられている（そう感じていない教師が多いことを誰しも願うところではあるが）。いま学校に来ている生徒をまず担任は見ながら、不登校の子どもたちについては、担任を含めるのは当然としても、担任だけでなく、もっと別のシステムでも対応していきますよ、というのがこの制度の大きな趣旨である。以上が、この制度に関しての大枠である。

S市では、ほかに以下のような工夫もされている。

Ⓒ プロジェクトチームについて

このような制度を実現するにあたって、特別なスタッフ構成が考えられた。

●市費臨時職員（週五日十時間範囲内）

校務分掌（学校事務を分担して受け持つこと）に就かなくてよいので、空き時間を使って家庭訪問をすることができる。

●当該制度のために登録した市費非常勤職員及び有償ボランティアで、教員免許をもっている者

こちらは、全国から応募する。ボランティアで支えようという工夫である。子どもおよび保護者の意向を尊重して、家庭訪問する頻度が決められる。自宅から外に出て子どもと直接会うことは難しいが、なんとか子どもたちの役に立ちたいという人もいて、そういう人はメールでの関わりを主とするボランティアとなる。

●プロジェクトチーム

これらのスタッフを取りまとめるプロジェクトチームをそれぞれのケースでつくっていく。基本的には、レギュラー構成員として、学級担任、教育サポートセンター職員、教育ボランティア二人（一人は担任の指示により教科学習を担当、もう一人は学習意欲高揚のための教育相談を担当）、保護者専用相談員、である。それらに、ケースによって、以下の構成員などが加わる。

（1）（障害児、自宅療養必要）リハビリ・ボランティア（自宅および校内で機能訓練補助）、医療ケースワーカー

（2）（不登校、学校生活起因型）メル友カウンセラー、○○相談員

（3）（不登校、分離不安型）ピアカウンセラー（青年相談員、遊び中心に派遣）、養護教員

（4）（不登校、非行遊び型）警察少年相談員、生徒指導担当教員

（5）（長期入院型）関係病院担当医師、養護教員

（6）（帰国生徒、学校不適応型）教育サポートセンター国際理解ボランティア

（7）（不登校、思春期型）教育ボランティア（農業）

（8）（学校内適応指導教室通学）教育ボランティア三人

（9）（教育サポートセンター適応指導教室通学）教育ボランティア五人

2．ホームスタディ制度の周りの反応及び制度上の工夫・要点

当然のことながら、自宅での学習には賛否両論がある。以下は、S市の担当の方からお聞きした話である。この制度に対して、子どもを甘やかすなという電話があったり、このことで家庭に引きこもっている子どもを追い詰めるなと批判されたり、いろいろ反応があったという。もちろん、担当の方々は、追い込むことは考えていない。あくまでも、申請がない場合は先方には出かけないことを強調されていた。また、追い詰めないように、学習の場といいながらも、子どもによっては一緒に遊んだり、カウンセリングをしたりする。ただ、制度であらかじめ対応までも細かく決めるとそれに縛られてしまう、ということへの危惧も同時にもたれていた。たとえば、「一人の子どもに一日二時間」というふうに細かく決めてしまうと、具体的に個々のケースで対応が柔軟にできなくなる。三十人不登校児がいたら、三十通りのミニプロジェクトが生まれるのが望ましいと考えている。

以上がお聞きした概略だが、子どもを中心に考えられており、あくまでも自宅での学習は、再登校を大きな目標とした上でのことではあるものの、子どもの自己決定を最大限尊重しているという印象を強くもった。

筆者らは、この施策が開始される前に、S市に赴き、その考えを伺った。不登校の子どもたちと関わる者の一人として、選択肢の一つに子どもたちの自宅が入ったことは、画期的なことであると考える。学習の機会は最大限保障されなければならないからである。なお、以上のことは、施策の開始前であるので、その後の状況に合わせた調整は含まれていないことをあらかじめお断わりしておく。

V　ホームスクーリング・ホームエデュケーションの試み

ホームスクーリング・ホームエデュケーションの試みについて、山本（二〇〇二）を参考にしながら、以下に詳述していく。

1．ホームエデュケーションとは

自宅学習という名称についてはさまざまあり、例を挙げれば、ホームスクール、ホームエデュケーション、ホームスクーリング、などがある。先に見てきたS市のホームスタディは、自宅学習を全面的に肯定しつづけるのではなく、あくまでも学校復帰に向けての道筋の選択肢の一つととらえている。その点、ホームエデュケーションやホームスクーリングは、自宅学習そのものを学校における教育に代わるものとしてとらえていると考えられる。もちろん、このような同じ名称を使っていながら、目的はそれぞれ異なるのはありうることである。ここでいっているホームエデュケーションに共通していえることは、①学校という場における教育ではないこと、義務教育の一つの方法として選択すること、②家庭が基盤となっていること、③親が責任をもち、子どもの学習・成長を支えること、である（山本、二〇〇二）。

不登校状態の場合、子どもは、「学校に引っ張ってでも行かせたいが、子どものことを考えるとそうはできない」と悩んで不安のなかにいる親と、向き合わなければならないこともある。しかし、ホームスクーリングの場合、家庭をベースとして育つことを親が受け容れているのだから、子どもの側からすると、心や情緒の状態において、かなりの違いがあろう。

アメリカ、カナダ、オーストラリア、ニュージーランド、南アフリカなどでは、ホームスクールは、（元々人間に付与された）自然権に保障される親の教育権にもとづき、子どもの最善の利益を考慮して広く行なわれている教育形態である。これらの国々では、ホームスクールを選択する理由として、学校よりも親のほうが子どもの能力に見合った教育を提供できると考えたり、学校への宗教的な考え・いじめ問題・学習スタイルなどへの疑問に端を発しているなど、さまざまであるが、いずれも積極的に学校へは行かず、ホームスクールを選択している（山本、二〇〇二）。

2．民間団体の支援例

山本（二〇〇二）は、ホームスクールを支援する団体に調査を試み、日本におけるホームスクーリングの可能性を検討している。ここでは、A支援団体とする。ここでは、ホームスクーラー（在宅学習者）を支援するために、ホームスクール実践者の方々とホームスクールを支援する方々が手と手を取り合っていただくことを第一の目標としている。ホームスクーラーが学習しやすい環境や社会的に認められるための手段を、会員一人ひとりが考えて、みんなで実現させるために活動したいと考えているという。

そして、基本的にどんな考え方のホームスクールも支援する考えである。宗教観によるホームスクーラー、学校反対派のホームスクーラー、学校と連携を取りながらのホームスクーラー、不登校等でホームスクールをしているホームスクーラーなど、分け隔てなく支援していることが特徴である。つまり、壁をつくらない純粋な支援団体である。また、仮に子どもが学校へ行ってみたくなったら、その声に耳を傾けるように親へアドバイスを行なっている。必ずしも、学校反対派のホームスクール支援者ではない。

3．ホームスクーラー数

山本（二〇〇二）の調査によると、Aホームスクール支援団体では現在、会員数三〇〇人、その内実践者は二〇〇世帯となっている。その他、T団体では二〇〇〇世帯、S団体では五〇〇世帯と把握している。単純計算をして日本では二七〇〇世帯である。しかし、数多くの情報を得たいという理由から重複して会員になっている世帯があるようで、明確な実践者数は把握できない。

約二七〇〇世帯の数を、多いと見るか少ないと見るかの判断は難しいが、「学校神話」にとらわれていることが多い日本の状況下で、ホームスクールをしている世帯がいることは、教育に対する考え方が多様化してきている証拠といえるだろう。「学校神話」を少しずつ抜け出してきているのかもしれない。

4・ホームスクーラーの傾向

Aホームスクール支援団体によると、ホームスクールの傾向を五世代に分別できると見ているという。

a・開拓者

宗教観や親の信念・考えからホームスクールを行なっている家庭である。五年前はホームスクールの考えは無いに等しかったことから、学校側ともめることが多かったようである。

b・前向きに楽しむホームスクールのタイプ

在籍学校側と連携しながら、親子関係も良く、そのような良好な状況でホームスクールを行なっている傾向のタイプである。このタイプの世代は、周囲からホームスクール実践を評価されていることが多いようである。

c・不登校、ADHD、LDなどで悩み続け、ホームスクールを行なっているタイプ

学校には行けない状態となってしまい、どんな教育が必要なのかを考え、ホームスクールを選択したタイプである。

d・ごく一般的な家庭が行なうタイプ

cのタイプとは異なり、学校側に不満がなく、不登校・いじめに遭っている状態でもなく、親が教育とはどんなことなのか、学校とは何かを考えて、ホームスクールを選択したようである。

e・学校教育に対する考え方が変化したことから、ホームスクールを行なっているタイプ

ホームスクールの情報を知り、ホームスクールと学校教育に対する考え方が変化して、ホームスクールを選択しているタイプである。

Ａホームスクール支援団体は、日本ではｂとｃが多いと把握している。特に、問い合わせ状況から判断するとｃが多いようである。最近では、ｄとｅの時代に入りかけている状況であるという。

５．今後の課題

以上の調査等を踏まえ、山本（二〇〇二）は以下のように考察している。「不登校のホームスクーラーが多いという結果は、今の日本の不登校現状を物語っているといえる。その対応に対して、今以上の専門家体制が必要と筆者は考える。五世代層のなかのａやｂは親子関係に関して、少なからず良い状態であるが、（ｃ、ｄ、ｅの場合は）必ずしも良い状態ではないことも考えられるからである。例えば、実践するにあたって、親は賛成していても、子どもはもしかしたら反対かもしれない、また、子どもはホームスクールをやりたくても、親が反対かもしれない。これらには親子関係の調整が必要と考えられる」。

そして、さらに、「特に、学校へ行かないで自宅で学ぶホームスクールの考えは、学校に行かせることが唯一の教育方法と考え、就学の義務を果たそうとする多くの日本人には馴染みがないといえる。そういった意味では『教育とは何か』を考え直すきっかけとなっていくのではないだろうか。調査で見てきたように、うまく学校と連携しながらホームスクールを実践している家庭もいることを忘れてはならないし、学校反対をして支援をしているというわけでもない」と考察している（山本、二〇〇二）。

ホームスクーリングやホームエデュケーションの論議は、学校に基盤を置いてきた日本の教育の根幹に触れる問題である。慎重に議論を進めていくと同時に、実質的にどのような援助が望ましいかを考えて、具体的なサポート体制を実践していくことが必要となろう。

Ⅵ　スクールソーシャルワークの導入と展開

学校内・地域内における重要な援助として、スクールソーシャルワーク活動がある。日本においてはまだ、スクールソーシャルワークは制度として確立されておらず、数も少ないが、実質的な活動は、すでに、地域の教育相談員や民生委員、適応指導教室の教育相談員・指導員、一部のスクールカウンセラーによって行なわれている。また、その活動の意義については、山下（一九九九、二〇〇三）によって詳しく触れられている。岩崎（二〇〇一）もすでに述べているように、この山下の活動が、日本における本格的なスクールソーシャルワークの実践として高く評価されている。これからの日本独自の展開については、今後の検討を待たなければならないが、スクールソーシャルワーカーが各教育委員会に設置されているアメリカなどのことを考えれば、その設置は急務といえるだろう（山下、一九九九、二〇〇三：Allen-Meares, et al., 2000）。

アメリカにおけるスクールソーシャルワークの導入の経緯から見れば、教師あるいはそれ以外の何らかのサポート職員が行なう家庭訪問によるビジティング教育も、スクールソーシャルワークのきっかけとなるかもしれない。家庭訪問することで、保護者あるいは本人と学校とのつなぎ役になったり、家庭内におけるさまざまな不安や困難点を受け止めたり、学校へと伝えるアドボケーター（代弁者）としての役割を果たすことも期待される。児童相談所によるメンタルフレンド制度も、大学生等による子どもたちへのピアサポート的な役割だけでなく、このようなソーシャルワーク機能をもたせることも可能性として考えられる。内容については、今後さらに検討されなければならないだろう。また、ホームスタディ、ホームスクーリングの展開も、このような視点が必要と考えられる。S市で行なわれているホームスタディは、学習上のサポート及びカウンセリング機能をもたせようとしているが、それだけでなく、ソーシャルワーク機能（上記のような代替機能だけでなく、地域との連携の促進、さまざまな福祉・保健・医療施策による連携・支援、さまざまな福祉・医療・教育・司法・就労サービスを受けることができるような情報の提供、サービスを利用できる力を育てるという「利用者としてのエンパワーメント」への支援など）も重要な要素となるであろう。

また、多くの地域で展開しているフリースクール、フリースペース、宿泊型の不登校（社会的引きこもりを含む）支援施設も、スクール・ソーシャルワークあるいはエデュケーショナル・ソーシャルワークの拠点となりうる。実際に地域・学校・家庭の連携を考えたり、不登校の抱えるさまざまな問題に対しての社会的なアクションを積極的に展開したりしているところもある。教育委員会などが主導する不登校対策だけでなく、このような専門的な施設（居場所）も、さらにソーシャルワーク機能を充実させていくことが期待される。これこそが日本独自のスクールソーシャルワークの展開の一つかもしれない。ソーシャルワーカー（特に子ども・家族について深く学んだ児童ソーシャルワーカー）の任用も、ぜひとも積極的に考えていかなければならないだろう。

もちろん、学校あるいは教育委員会に所属してのソーシャルワークも展開されなければならない。特に、子ども同士によるいじめや教師によるネグレクトなどによって深く傷ついている子どもたちの権利を代弁し、より過ごしやすい学校環境になるような手だてのための調整をし、さまざまな職種との協働を推し進めていくスクールソーシャルワーカーが、日本にもぜひとも必要である。そして、深く傷つき、不安にさいなまれている子どもたちやその家族の思いを学校に伝え、より当事者に近いところでの対策・対応（そっとしておくということも含めて）を一緒に考えていくことが望まれる。このことは、障害をもった子どもたちが学校で学ぶ上でのさまざまな困難を、少しでも解消するような学校の志向性を進めていく上でも重要な役割を担う。それらの活動が、結果として不登校に至らなくてすむ子どもたちを少しでも増やすことになると考えられる。

小学校・中学校の不登校の子どもたちが十二万人もの数に達している現在（平成十五年度間の不登校児童生徒数）、現在進められているカウンセラーによるカウンセリング機能の充実や教師へのサポート体制の充実、学級構成児童生徒数を減らすこと（少人数学級の推進）、教師へのさらなる研修、教員養成システムのさらなる充実などだけではなく、多様なニーズをもつ子どもたちとその保護者の権利や考えを、少しでも学校経営、学級運営などに反映させていく包括的なシステムが必要であると考えられる。

Ⅶ ソーシャルワークとカウンセリングの協働

以上見てきたように、包括的なシステムのなかにこそ、不登校支援のソーシャルワークとカウンセリングの一つの接点があるような気がする。カウンセラーはその子の自己実現なりを図りながら、結果として「学校に行く」という選択をその子がすれば、それをサポートする。どのような結果になるにせよ、そのプロセスが大事である。その子らしさをどうその子が実現するのか、じっくり見守ることが必要である。

そして、その子の権利擁護という意味で、教育を受ける権利を支援するために何ができるか、本人が自己選択する範囲を地域のなかで拡げていく努力をする。つまり、そういう機会を拡げるという活動も、実はソーシャルワークである。あるものをどうつなぐかというだけでなく、権利を行使できるような場を提供するように介入していく。それは、教育行政、教育委員会、親の動きを促進することなども含めている。もし動き始めたら、今度はそれをモニターしていく。不登校の子どもたちが、不登校であるということによって不利益を被っていないか。あるいは、引きこもり状態から、何らかの形で活動を開始し、フリースクールや適応指導教室に行くようになったとしても、それらの場所のありようによって不利益を受けていないか（たとえば、自分の希望を全く聞いてもらえない、など）。そこをモニターしていくという意味がある。そのようなことが、おそらく不登校のソーシャルワークの要点であり、そのようなことをしていきながら、スクールカウンセラーやスクールソーシャルワーカーが、不登校児が自己選択をすることができるような力のエンパワーメント（力を引き出すこと）をしていく。

家族との環境調整は、ソーシャルワーカーもカウンセラーも、関わる人が力を合わせてコラボレーション（協働）していくことだと考える。家族という部分は、カウンセラーもソーシャルワーカーも両方が関わらざるをえないし、関わるべきである。ソーシャルワーカーの強みは、経済的な状況や生活面でのケア、サポート、職業トレーニングの問題、制度的な問題、権利擁護の問題のような分野を基本的にトレーニングされている。カウンセラーはむしろ、家族内力動（家族のなかでの関係性や力関係）、家族内コミュニケーションの問題、本人の心理的な側面への直接的な支援などを援助・調整していく役割をもっていると考えられる。ゆえに、カウンセラーはソーシャルワーカーとタイアップしていくことが大事である。これらに、教育委員会、教育センター、教育相談室、学校、病院、児童相談所、保健所、精神保健福祉センター、家庭裁判所、心理臨床相談室などがネットワークとしてつながっていく。不登校臨床は、このように多職種のコラボレーション（協働）である。

不登校における、「学校に行く・行かない」の制度上のこと、地域にあるさまざまな制度上の問題、経済的な状況、それらを踏まえながら、その子にとっての最善のサービスをしていく。フリースクールがある、適応指導教室がある、というだけではだめであろう。器をつくって人を配置しただけではなく、機能するために何が必要かという視点が必要になってくる。つなぐ役割、子どもたちが社会生活に適応するようなエンパワーメントが必要である。そのようなところをチャイルド・ソーシャルワーカー（児童ソーシャルワーカー。高度の専門性が求められている）がやってくれると、カウンセラーとしてやることが逆に明確になってくる。ましてや長期化している子どもたちに対しては、地域の関係機関の連携が必須であり、両方の視野が必要だと思う。もちろん、その上に医療が関わってくる。教育、医療、福祉、更正・司法、それに心理。その連携、協働、コラボレーションが重要であろう。カウンセラーも家庭訪問をするだけでは不充分である。学校外の地域でのホームスタディ、ホームエデュケーション、フリースクール、それぞれが、どういう時期のどういう子どもたちに適切なサポートなのかも明確にしなければならない。もちろんそれは、本人の選択を前提にしている。たまたまそこにフリースクールがあるからフリースクールに行く、たまたま勧められたから適応指導教室に行くということではなく、それぞれの特徴を踏まえた上で、選択を促す。選択できる余地を一緒に開拓していくことが必要であろう。

第五章　絵画療法による不登校児童・生徒への援助

つらさをなかなか言葉にすることができないことが多い不登校の子どもたちに対する援助として、絵画は有効な媒介となる。本章ではまず、絵画療法を概観し、その上で、不登校児童・生徒への援助の留意点を、事例をできるだけ取り上げながら概説していく。

I　絵画療法の概観

1．心理治療における絵画の意義

絵画は、心理治療において以下の十の観点を備えていると考えられる。すなわち、①描線という動作、②色という無限の感情誘発・沈静刺激、③抽象性から具象性への表現の無限さ、④絵を描く、あるいは色を塗るという過程（プロセス）・動的志向（時々刻々と動いていること）、⑤出来上がったものを見ることができるという結果・静的志向（静止していること）、⑥見ることができるということは、出来上がる過程と結果を、クライエントとセラピストが共有できる可能性をもっている、⑦紙と鉛筆（必要に応じて、色エンピツ、クレヨン、クレパス、水彩絵の具など）があればできるという簡便性、⑧変化への介入、⑨相互作用のしやすさ、⑩人生の創造への寄与、である。

(1) 描線という動作

まず描くという動きがある。動きを通してクライエントの内面世界に触れていく。結果をもたらすものとしての動きといってもよいのかもしれない。自己の内面世界に触れながら、外の世界に働きかける接点としての絵画動作があるといってもよいのかもしれない。外の世界と内の世界の接点である。描く速さ、勢いなどに、クライエントの「時間という軸」に見られるさまざまな心理的側面を見ることができる。焦っているときは、線は粗くなり速くなる。何もしたくないときには、絵を描くことすら楽しいことではなくなる。「まず最初に、動作ありき」である。観察する対象として、動きや姿勢に注目する。生き様を見ていく素材としての描画・描線動作がある。力を入れて描いたりするか、微かに面と接するか、という筆圧も重要である。

(2) 色という無限の感情誘発・沈静刺激

絵の素晴らしさに色がある。『色々な色』（近江源太郎監修、光琳社出版、一九九六）には、地球上のありとあらゆる色が、その各国の名前と由来とともに紹介されている。この本によれば、人間が見分けることのできる色の数は、およそ一千万といわれているという。「この色ともう一つの色は同じですか、違いますか」という弁別実験からの推測値らしいが、すさまじい数である。その弁別の手がかりは、色み（色相）、明るさ（明度）、鮮やかさ（彩度）である。色立体は、これらの組み合わせによる三次元の構成体である。また、色の名前も、空や水や火の色（曙《あけぼの》色、スカイ・ブルー、水色、ファイア・レッドなど）、鳥や虫や獣の色（鴇《とき》色、鶯《うぐいす》色、玉虫《たまむし》色、セピア色など）、花の色（桜《さくら》色、桃《もも》色、山吹《やまぶき》色、バイオレットなど）、草や木の色（萌木《もえぎ》色、若草《わかくさ》色、紅葉《もみじ》色など）、実と実りの色（オレンジ、橙《だいだい》色、レモン・イエローなど）、染め色（紅《べに》色、茜《あかね》色、茶《ちゃ》色、藍《あい》色など）、土や石の色（朱《しゅ》色、煉瓦《れんが》色、琥珀《こはく》色など）と実に多彩である。色の名前に思いを巡らすだけで、さまざまなイメージ世界が誘発されてくる。さらに、色がもつ力は、カラーピラミッド法などで検証されている。緑の木立ちが免疫力を高める効果があるとか、黄色が集中力を増大させるとかいわれているが、色の研究は深く、広い。

⑶　抽象性から具象性への表現の無限さ

曼陀羅に表わされているように、記号や色のもつ象徴性はいうまでもない。絵は表出された瞬間、精神世界と対峙し、精神世界をさらなる次元へと誘う。絵は具象であっても抽象であっても、精神世界の表出・創造を助けてくれる。

⑷　絵を描く、あるいは色を塗るという過程（プロセス）・動的志向

絵画には、そのプロセスにこそ大きな心理治療的意義があるのではないかと筆者は考えている。絵画は、写真のように一度に世界を切り取ることはできない。あるいは、一度に自分のなかにあるイメージを表出することができない。そこには必ず、「時間」という生きる場を経なければならない。そこに、クライエントが生きている時間の表出を見ることができる。「いま、ここで」の体験に向き合わざるをえなくなるのが絵画である。

⑸　出来上がったものを見ることができるという結果・静的志向

音は、消えゆく存在である。そこに、音がもつはかなさがあり、それゆえに永遠を賦活することができる。音楽のもつ絶対的な力は、その消えゆく音の宿命にこそあるのかもしれない（ただ、録音、録画のもつ力でその宿命も変化してきてはいるが）。しかし、絵画は残る。フランス・ラスコーの洞窟壁画のように、何千年の時を経てもなお、われわれにその場に生きている心を伝えている。絵画が初回面接の見立てに活用でき、しかも、終結時の面接での「やれたことと、できなかったこと」への見立てにさえ活用できるのは、この残る特性があってこ

そである。箱庭療法などでも、それまでの経過を写真を手がかりに静かに共有し合う作業は、この残るということの成しえる技である。心の変化の変遷を見る上で、絵画は非常に優れた媒体である。

(6)　出来上がる過程と結果を、クライエントとセラピストが共有できる可能性

セラピストは、絵画の制作過程に寄り添うことで、そこでのさまざまな心理的な変化に立ち会うことになる。表情、しぐさ、手の動き、視線など、さまざまな非言語の情報が（絵を描いているときの心の）プロセスを読み取ることを可能にするし、制作途中、あるいは制作後の言語による共有によって、絵画に表現されたさまざまなクライエントの体験に添うことができる。

(7)　簡便性

紙と鉛筆さえあれば、どこでもできる簡便性も大きな特徴である。媒体となる画材も、クレヨン、色エンピツ、クレパス、水彩と、実にさまざまある。色の数も十二色、二十四色、七十六色など、いかようにでも設定できる。また、紙の大きさもそのクライエントの心的エネルギーの大きさによって、B5、B4、A4、A3、模造紙と、実にさまざまである。

(8)　変化への介入

出来上がった絵画に対して、セラピストが感じたことを伝えたり、またクライエントが自分の感じを味わったりして、クライエントは自分自身のイメージを拡大、深化していくことができる。そして、そのような作業を通して、出来上がった絵に加筆したり、新たに別の絵を描いたりする面接を展開させることができる。

⑼　相互作用のしやすさ

後に触れるスクイグル法に見られるように、出来上がった絵画に対して、セラピストが描き加え、さらにクライエントがそれに描き加えていくことを通して、相互作用が生まれる。セラピストは、言語だけでなく、絵そのものを通してクライエントに関わっていくことができる。それは言語に対して言語で、動作に対して動作で関わるのと同様に、同じ感覚・認知様式を活用することを可能とする。

⑽　人生の創造への寄与

絵画は、ほかの心理治療の媒介と同様に、新しい人生の創造に寄与していく。絵を描く行為を通して、クライエントは新しい地平へと踏み出していく。セラピストはその場を提供するだけである。外の世界の描写・模倣・観察を通して、生きる場を拡大し、さらに、内なる世界の感情の感受体験・記憶の発掘・知識の関係づけなどを通して生きる場を深めていく。セラピストはその場に立ち会い、寄り添うことになる。

2. 絵画療法とは

アートセラピー（Art Therapy）とは、描画、ペインティング、コラージュ、彫塑、オブジェなどを使って、さまざまな問題を抱えたクライエントの精神的回復を助けるものである。絵画療法はアートセラピーに含まれる。さらに、日本には、芸術療法という言葉があり、音楽療法、箱庭療法、詩歌療法、ダンスセラピー、サイコドラマなどを含める。英語では、Creative Arts Therapy といったり、Expressive Therapy といったりしている。

高江洲・守屋（一九九五）は、今日の芸術療法の拡がりということを述べるなかで、以下の五つの領域に芸術療法を整理している。①絵画、箱庭、コラージュ、彫刻、粘土、②音楽、演奏、鑑賞、作曲、③文芸、連句、書道、香道、華道、④ダンス、ムーブメント、舞踏、⑤サイコドラマ、人形劇、影絵、である。日本芸術療法学会では、毎年、多岐にわたる芸術表現をセラピーの場に活用していることが報告されている。

3. 絵画療法の基礎知識

個別法と集団法（四人から六人、多くても八人くらいまでのグループで行なうもの）があり、個別法には単独法（クライエントのみが描画）と交互法（クライエントの描画行為にセラピストが参入する）があり、さらに、単独法には、その場で描く方法と事前に描き、それを持参する方法がある。具体的な技法としては、自由画法、課題画法（色彩分割、ぬりえ、バウム、人物画、HTP、家族画、風景構成法など）がある。

また、絵画療法の目的は、山中康裕によれば、①セラピスト・クライエント関係の相互理解の強化、②問題点の把握と明確化、③自覚の喚起と客観化、④昇華・象徴化・浄化、⑤内省・洞察・病識の醸成、⑥自己実現と自己完成、であるとされている。以下、岡堂（二〇〇〇）を参考にしながら、主たる技法を見ていく。

4. いくつかの導入技法

筆者が、臨床現場で多用するのは、「風景構成法」「HTPF法」「誘発線法」である。導入に際しては、大多和二郎氏（横浜心理臨床オフィス所長）から教えていただいた方法（以下a～d）や五味太郎氏の『らくがき絵本』を参考にしたもの（e）や中井氏の方法（f）を活用している。

a・描線法

導入に際して、描くことさえ困難なクライエントには、絵を描くというより、線を描くということから入るとよい。交互なぐり描き法（スクイグル squiggle／後出）を開発したウィニコットは、クライエントとの相互作用にこれを活用し、描線こそが心の動きを表現していることに気付いていた。二十四色のクレヨン（あるいは色エンピツ、サインペン）を用意し、どの色が好き？ と訊いて好みの色を取ってもらい、自由に描線してみるよう促す。もしそれでも動きがない場合は、セラピストのほうが描く。それから、再びクライエントを促すと、時間はかかるものの、少しずつ動き出していく。

b・○×△法

まずA４画用紙を縦にして、○×△を横方向に水平に描いてもらい、同じ形を縦に三つずつ描くというもの。このことで、それぞれの線を描いているときの心理に注目し、描線ということと心理的な変化を体験させる。○のときはまとまる感じ、自己完結的な感じ、肯定的な感じなど、さまざまな感情が湧き上がる。また、×のときは、直線を描くときのはっきりとした感じ、否定してしまう感じ、決着を付ける感じなどが湧き上がってくる。また△のときは、中途半端な感じ、形の均整美などを感じ取ることができる。

さらに、左端の縦に三つ並んだ○を利用して、「嬉しい顔」「怒っている顔」「変な顔」を描いてもらう。このことで、絵を描くという行為が上手下手ではないこと、自分の思いを自由に表現して構わないこと、などをメッセージとして送る。

c・名前デザイン法

自分の名前をデザインする。名前の意味を絵で表現してもよいし、漢字やローマ字で描かれた名前をデザインしてもよい。このことで、自分に対するこだわりや名字や名前に込められた家の重さや親の思いに触れることができる。

d・Tシャツデザイン法

これは、Tシャツをまず描き、そのなかを自由にデザインするというものである。中井の枠付け法の応用であり、守られた空間のなかで自由に表現が保証される。ある行為障害の子どもはすべてを黒で塗りつぶし、卍のマークを胸のあたりに入れた。また、几帳面な不登校の子は、横縞を丁寧に色を分けながら描き入れていった。

e・火山爆発法

これは、五味太郎氏の『らくがき絵本』（一九九〇）から、筆者がヒントを得たもので、A4画用紙を横にして四角い枠付けをしてから（手書き）、中央やや下のほうに「山」を描く。そして、「これが爆発したらどんな感じになるかな。自由に描いてみようか」と誘発するものである。最初は煙しか出なかった火山から、やがて石が出てきたり、溶岩が出てきたりする。一度は激しく爆発して、そして終息していく。

これは、感情を抑圧しているクライエント、自分の感情をうまく言葉にのせられないクライエントに適用できる。また、風景構成法やバウムテストで取り入れられている「枠づけ法」をここでも活用しており、描画法として安全であることがさまざまな事例から確かめられている。

f・誘発線法

これは、後藤・中井（一九九一）によって考案されたもので、スクリブル法（scribble／後出）と枠付け法を組み合わせたような性格を有している。簡単な描線（決められた四つのパターン）をまずセラピストが描き、クライエントがそこから自由に絵を創造するという方法である。遊び感覚が重要であり、言語を介さなくても関わりの形成が図られるところに優れた点がある。しかも繰り返し活用するのがよいと思われる。また、「いつものをしようか」といって、言語面接の前にこれをすることで、さりげない言語面接の準備をすることができる。さらに、柔軟な思考を誘発することもできる。

5・風景構成法（LMT、Landscape Montage Technique）

中井久夫によって考案された方法である（一九六九年創案）。A4画用紙、黒のサインペン、二十四色程度のクレヨン（クレパス）を用意する。黒のサインペンで枠付けをしてから、黒のサインペンをクライエントに渡し、以下のように教示する。「今から私のいうものを一つずつ描き込んで全体を一つの風景にしてください。上手下手は関係ありませんし、やりたくなくなったら、そういってください」。そして、描き込むアイテムを伝え、風景を構成していってもらう。アイテムは、川・山・田んぼ・道・家・木・人・花・動物・石の十である。すべて描き終わったら、「付け加えたいものや直したいところがあれば、自由にやって仕上げてください」と告げる。さらに、クレヨンで塗ってもらう。ロールシャッハ法と同じ十アイテムであるところも興味深いし、なぜ「川から」なのかいまだに議論のあるところではあるが、中井の天才的な思い付きだと評価されている。人を描いて心理的な負担を抱えた後、「花」を配置するなど配慮がされている。また、中井は、統合失調症の風景構成法描画において、構成を無視した投影中心のもの（P型）と、構成を重視し微妙に細部が乱れるもの（H型）に分類できると述べている。中井は、絵画によって誘発されるクライエントとセラピストの言語的な、あるいは非言語的な交流のほうを、内容の解釈などよりも重視している。援助を前提にしたまなざしとして、肝に銘じておくことべきかもしれない。

筆者は、風景構成法に展開的アプローチを採り入れ、より心理治療的な側面を強調している。一セッションのなかで二回の風景構成法を行なうのである。一回目の風景構成法から誘発されるさまざまなことを言語で話題とし、その後、さらに二回目の風景構成法を描く。自分の心中での変化を風景に表出することができる。道が二つに分かれていると、それがどのような感情をもたらすかに向き合ってもらい、その後の変化によって、たとえば二つに分断された道の行き先が山のほうに向かうことなどもありうる。むろん、これらは、安全な心理治療的な空間が保証されていることを前提としている。

6．HTP（House,Tree,Person）法

アメリカのバック（Buck, J. N., 1948）によって考案された方法である。紙一枚一枚に「家、木、人」を描い

ていく。もともとは鉛筆を使っていたが、ペインが彩色HTP法を始めてから、バック自身も彩色HTP法を併用するようになった。

さらに、高橋雅春が、HTPP法を開発し、最初に描いた性と反対の性の人をもう一人描いてもらうことを付け加えている。また、細木らが多面的HTP法を開発し、一枚の紙のなかに「家、木、人」を描いてもらう。その際、枠付けをしてさらに三分割したもの、枠付けのみのもの、枠付けなしのものと、三種類描いてもらうことを特徴としている。また、三上直子は、統合HTP法を開発し、「家、木、人を入れて何でも自由に描いてもらう」という教示を通して、より自由度の高い絵を求めている。どのようにそれぞれのアイテムを配置するかに注目する。最近では、「家、木、人」の次に「火」を描き、佐藤忠司の火焔描画法を組み合わせたものもある（HTPF法）。また、山中は、「動物」を加え、HTPA法を開発している。

7．バウムテスト（樹木画法）

スイスのコッホ（Koch, K., 1952）によって考案された方法である。紙に「木」を描いていく。A4の画用紙と4Bの鉛筆、消しゴムを用意する。教示は、「実のなる木を一本描いてください」という。絵画法のなかでは最も簡便でありながら、さまざまなことがわかる方法である。最近では色彩を用いる方法もある。

8．人物画テスト

アメリカのグッドイナフ（Goodenough, F., 1926）によって、知能検査の一つとして開発されていった。成長していく児童の年齢によって、人物画の身体部分の構成や比率などが異なることから、ある年齢に特有の人物画の特徴を明らかにした。彼女の方法は、DAM（Draw-A-Man）と呼ばれ、鉛筆で「男の人を一人描いてください」という教示であった。その後、ハリス（Harris, D. B., 1963）が「男」「女」「自分自身」を三枚の用紙に描かせ、基準を改正した。
今では、「紙の上に人を一人描いてください。顔だけでなく、全身を描いてください」といって、まず一人の人を描いてもらい、引き続き、「今度は、男の人（または女の人）を一人描いてください。やはり顔だけでなく、全身を描いてください」と教示する。そして、描画のあと、自由連想をしてもらう。年齢、職業、この人は何を考えたり感じたりしているでしょうか、などを訊いていく。原法では鉛筆使用だったが、色彩を用いることが多い方法でもある。

9．家族描画法（岡堂、二〇〇〇参照）

a．合同家族画法
シャーン（Shearn, C. R. & Russell, K. R., 1969）によるもの。教示は、「家族の絵を描いてください」人物が誰であるかを尋ね、描いた順番が記録される。

b．家族診断画法
ルビン（Rubin, J. A. & Magnussen, M.G., 1974）によって考案されたもの。なぐり描き（二二×三〇cmの紙になぐり描きをして、完了後にそれを展示し、他の家族に作品を説明して、質問を受けたりする）、家族の肖像画（家族画を描くよう求められる。完了後展示し、他の家族に作品を説明し、質問を受けたりする）、家族の共同制作による壁画（九〇×一八〇cmの大きな用紙が壁に貼られ、メンバー全員で一枚の絵を描き上げるように求められる。自由画。完成後その絵について話し合う）。

c．動的家族画法（KFD、Kinetic Family Drawings）
アメリカのバーンズとカウフマン（Burns, R. C. & Kaufman, S. H., 1972）によって開発された方法である。
二一×二七cmの画用紙に、「あなたも含めて、あなたの家族のそれぞれが何かをしているところ、何か動作をしているところを思い出して絵に描いてみてください」と教示する。どこの場面をクライエントが切り取るのか、臨床的に大事な意味がある。

d・円枠家族描画法

バーンズ（Burns, R. C., 1990）によって考案された、内的な家族を見ていく上で優れた方法である。動的家族画法や家族画法と組み合わせることで、家族のイメージをダイナミックにとらえることができる。

一九cm～二三cmの直径をもつ円がすでに描かれている二一×二八cmの標準紙（ほぼA４程度）を渡す。円は、A４いっぱいになるくらいの大きさである。「円の中心にお母さんを描いてください。円の周辺に、描いたお母さんに関する自由連想（子どもには、「思い付くことを何でも絵や言葉にして描いてみよう」という）を描いてください。中心の人物は、棒状や漫画風ではなく、全身像を描くようにしてください」と教示する。最初に母親。次に父親。その次に自分を描く。自由連想によって描かれたものから、その家族に対するイメージが視覚化される。

ある小学校高学年の不登校事例では、父親に対してもっているイメージを、テレビ（父親本人は後で「そんなにいつもテレビを見ているつもりはない」と絵を見て語った）、扇風機（いつも暑い暑いといいながら扇風機のスイッチを入れるという）、布団と枕（帰りが遅く、風呂に入るとすぐに寝る時間になってしまうそうだ）、バットとグローブ（父親は野球が大好きで、休みの日にはいつも早朝練習に行っているという）の絵で表現した。忙しいなかをよく関わってくれているものの、もっと積極的に自分に関わってほしいという願いが、絵に表現されているように思える。両親や自分に対するイメージを言葉にすることは難しい。そういうときにこの方法を援用することで、面接がぐっと深まっていくことを筆者は経験している。

e・円枠親子描画法

「円の中心に両親と自分を描いてください。中心に描かれたシンボルを元に、自由連想したものを円のなかに描いてください。その中心人物像は、棒状とか漫画風ではなく、全身像を描くようにしてください」と教示する。このように教示しても、身体の一部が省略されたり、円の中心にいる両親に近づけない自分がいたりする。

f．マルと家族法

岩井寛らの方法である。「画用紙に好きなようにマルを描いてください。そのマルは、あなた自身であっても、ほかのなんであっても構いません。マルを利用して、あなたと家族とほかの人、またはほかのものとの関係を描いてみてください」と教示する。家族関係が象徴的に表現されることがある。具体的な人物像を描かないために却って、家族それぞれの関わりや距離、位置関係を微妙に表現していると思われる。今後の展開が期待される絵画法である。

10．色彩分割

中井久夫・中里均による方法。画用紙を鉛筆ないしサインペンでいくつかに（四分割法の利用が多い。臨床的には九分割法も有効）分割してもらうもので、あらかじめ枠を仕切るほうが安全度が高いとされている。それに色を塗るのが色彩分割である。さらに、セラピストとクライエントが交互に色を塗っていくのが、交互色彩分割法である。この方法だと、あたかもピンポンのようにやり取りが生まれる。統合失調症患者への適用効果が期待されている方法である。

11．なぐり描き法

a．スクリブル（Scribble）法

アメリカのアートセラピーの大御所ナウムバーグ(Naumburg, M.)によって開発された方法である。サインペンで画用紙になぐり描きをしたあと、何か見えてこないかなと描線に（思い浮かんだイメージを）投影させ、見えたものを完成させる方法である。「みつけ遊び」ともいわれている。

b．スクイグル（Squiggle）法

イギリスのウィニコット（Winnicott, D. W.）によって開発された方法である。スクリブル法をセラピストとクラインエントが交互に行なうものである。

c．交互なぐり描き投影物語統合法（MSSM、Mutual Scribble Story Making）

山中康裕によって開発された方法である。八つ切り画用紙に枠付けをした上で、六ないし八コマに分割し、交互になぐり描きをして（それぞれが抱くイメージを）投影し合い、最後に、描かれたすべての絵を用いてお話を作ってもらうという方法である。

12．生活空間見取り図法（LSM、Living Space Map）

山中康裕によって開発された方法である。「あなたは家のなかのどんなところに住んでいるのかな、ものの配置や窓の位置など、わかりやすく描いてね」と教示。同様に、住んでいる街なども描いてもらったりする。家族構成や生活空間の範囲などが把握できるとともに、不登校児の家への訪問で得られる効果と同様に、クライエントの心理的な世界に寄り添える効果がある。筆者は、家の構造・機能と家族構成・家族機能との関連性が高く、その利用による家族への介入の重要さを実感している。その意味でも、このLSMは、その際の非常に有効な方法になりうると感じている。

13．「こころのロッカー」整理法

これは、五味太郎氏の『らくがき絵本』のなかの「これはロッカーです。じゅんばんに数字をかきましょう」を参考に（五味、一九九〇）、イメージ療法での「引き出しイメージ法」（増井）や壷イメージ法（田嶌）を、筆

図5-1　「こころのロッカー」整理法（例）

者が絵画療法へと適用したものである（図5－1参照）。

A4の紙に、まず、四角く枠付けをし、その上で、横を六等分、縦を四等分にして、合計二十四個（三十二個にすることもある）のロッカーをつくる。それぞれのロッカーの右端中央に小さく鍵が入る穴が描かれている。このようなロッカーの絵をあらかじめ描いておき、そこに、いま気になっていることは何かを整理していく。

二十四個と多いのは、空っぽのロッカーのもつ意味を大事にしたいからである（ちなみに、五味太郎氏のロッカーは三十二個ある）。

教示は以下のようにする。

「これは、心のなかの楽しいことやつらいこと、うれしいことや気になっていることをしまっておく『こころのロッカー』です。扉にはなかに何が入っているかをわかるように目印を付けておきます。言葉で描いてもよいし、色でもよいし、記号でも結構です。何も入っていない空っぽのロッカーもあります。そのときには、扉には何も描かなくて結構です。なかに入っているものが見たくないものだったら、鍵を掛けておきましょう（その鍵は私が預かります。次の面接のときに開けられそうだったら、鍵をお渡しします）」。

クライエントは、色や記号や絵や言葉などさまざまな方法で、なかに入っているものを表現する。その表現形態をクライエントに任せても、ロッカーのなかの内容そのものに触れる心配はない。気になっているのが具体的な人間であれば、イニシャルでもよい。クライエントはさまざまな表現形態を採ることで、気になっている内容との距離の取り方を今のその内容との関係性のなかで決定することができる。

どの場所にどのような内容の中身を入れるかも重要である。一番下の、しかも中央の場所は、その人の抱えている重い悩みが入れられることが多い。さまざまなロッカーの中身の位置関係も、援助の際の留意点を提供する。近くのもの同士を話題にする場合と、敢えて、遠くのもの同士を話題にする場合とでは、それぞれに違う工夫が必要であろう。

色も明るい色から暗い色までさまざまである。記号も、ハートマークや、音楽記号、トランプの記号、呪文のような記号であったりと、さまざまである。

これらの心の作業で、自分が今なにをどのように悩み、どのようなことが救いになっているのか、また、どのような人間が気になっており、どのような人に支えられているのかということを実感することができる。色を塗ったり、絵や言葉や記号を描いたりする短時間のうちに、その悩みの内容との「付き合い方」を体験することができる。また、これを繰り返し行なうことで距離の取り方は変わってくるし、セラピストは、そのなかのどれを課題として、話題として取り上げるかを、クライエントと相談することができる。このように、絵画による見立てが、心理療法へと直結する。

描画が終わった後、セラピストはクライエントに、それが何を表現しているものかを訊いていく。この言語的なやり取りのなかで、さらに（さまざまな自分自身の課題への）直面、明確化が進むことになる。

クライエントは、気になることやいやなことをロッカーにしまい、それを黒く塗りつぶし、しかも鍵を閉める作業をすることがある。その際、その描画はすでに終え、ほかの場所を描いているときでも、いやなものが入っている場所を気にしたりすることがある。「気になるけどしまっておける」という感じが大事である。ほかの場所を描くことで、いやなことへの折り合いをつける練習ができている。

14・円枠感情表出法

これは筆者が創案したものである（藤岡、二〇〇二d）（図5-2-a、図5-2-b参照）。A4の紙に、まず、四角の枠を描き、そのあとに大きくいっぱいに円枠を描く。A4を横にして使うので楕円になるが、そのほうが紙面を大きく使えてよい。そして、表出してほしい場所は、相談室、教室、教室（給食のとき）、教室（数学のとき）、保健室、職員室（休み時間、授業時間、放課後など）、体育館など、多様であり、こちらが参考にしたい場所を設定することができる。「ここで、感じている気持ちを色で表わしてみると、どんな感じかなあ。いろいろな色を使って、気持ちを表わしてみよう」という教示によって開始する。色で描きづらそうだったら、「言葉を書いてもいいよ」といい添える。色で表わしてみようという言葉掛けは、色で塗ってもいいし、形あるものを描いてもいいし、記号でもいいし、という曖昧なメッセージであり、選択をクライエントにゆだねることになる。色だけでいい？　などと訊いてくる子どももいるが、むしろ、色を塗っているうちに形になってくるなど、描画そのものにプロセスがあることが多い。描いているうちに、さまざまな感情が引き出されてくる。セラピストが、四角の枠を描き、さらにそのなかに円枠を描くことで、感情は二重に守られている。描き終わってから、楕円の外に、相談室などと場所をセラピストが記入する。

表現されるものは基本的に色であるが、もし具体的にいろいろと書けるならば、言葉で表わしてもよい。ただ、筆者はまず色彩で表出してもらうほうが、その子の言葉にできないさまざまな感情を表出できると考えている。

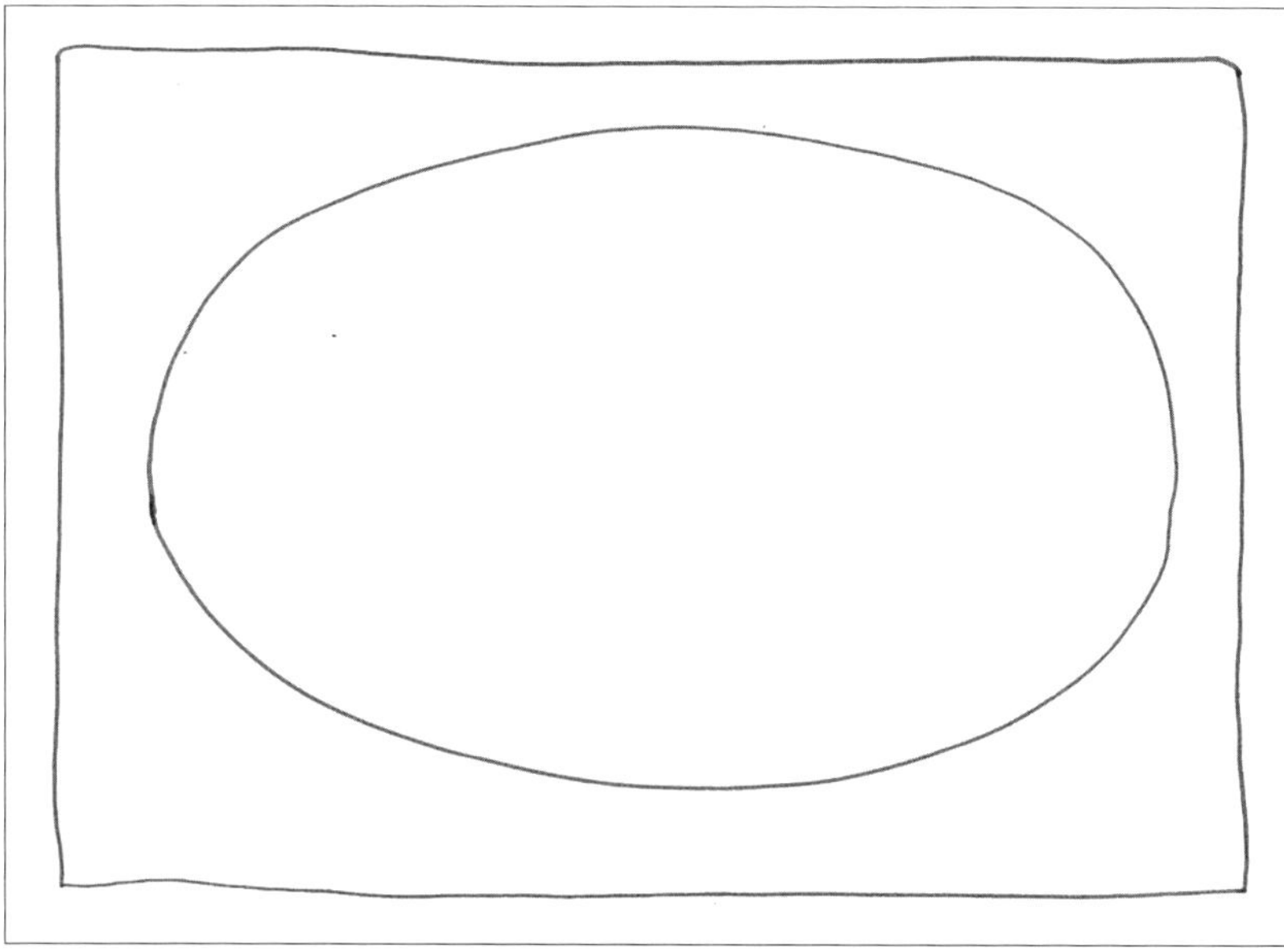

図 5-2-a　円枠感情表出法

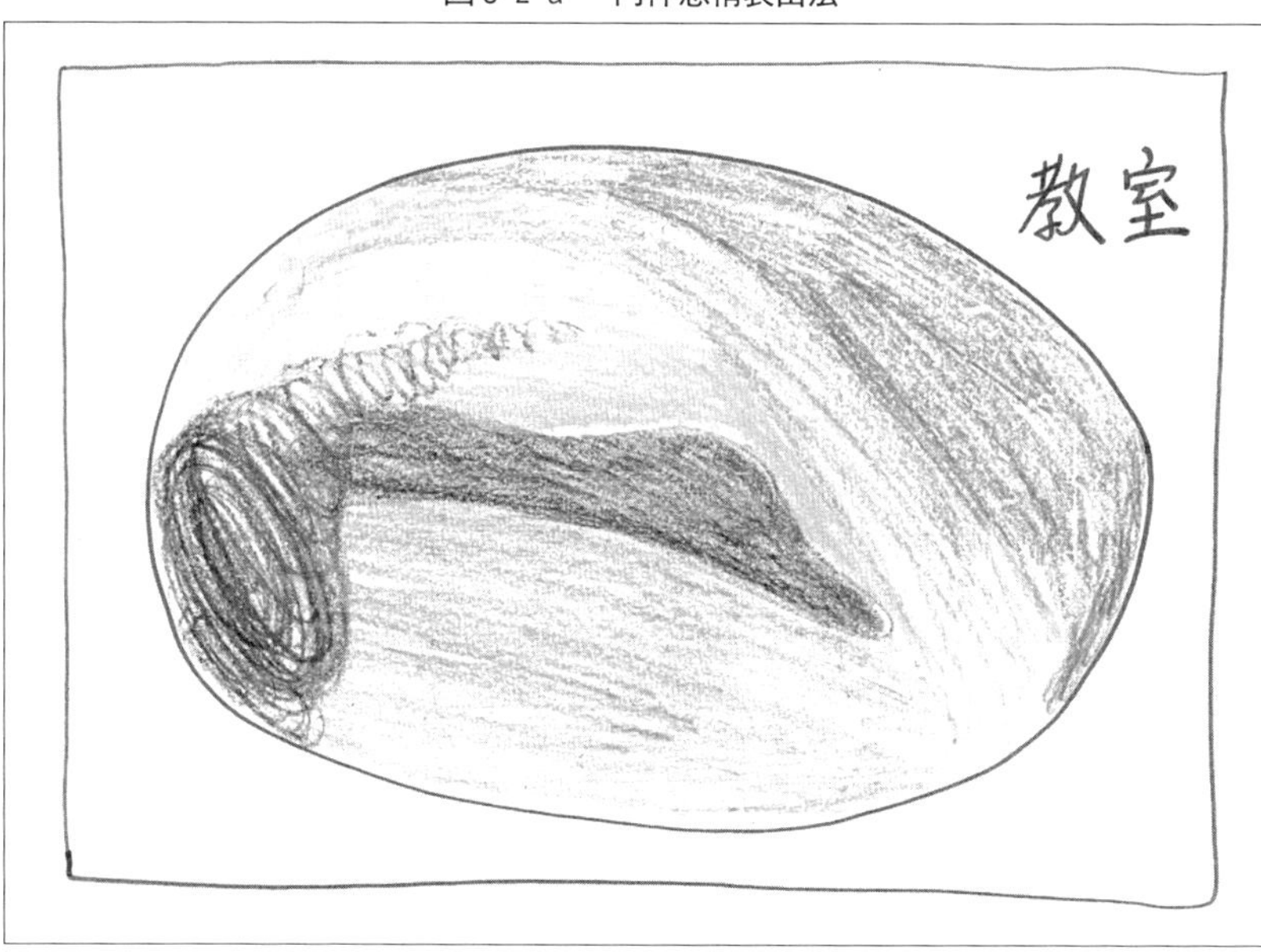

図 5-2-b　円枠感情表出法（例）

色が表現する区域はそれぞれの状況で異なる。左側にピンク、右側にブルーと、二分割することもある。あるいは、幾重にも色が重なり合うこともある。ひと通り色を塗ってから、その色がどんな気持ちを表現しているかを、できる範囲で言葉にしてもらう。ただ、無理に言葉にすることはなく、あくまでも何となくそんな感じがするという曖昧さを重視する。曖昧だからこそ、色によってしか表現できないからである。色に表現することで、曖昧さが少し和らぐこともある。「色の体温計」のようなものと考えてよいのではないだろうか。

なお、この方法を、スクールカウンセラーとして中学生に適用した坂上頼子（二〇〇二）は、以下のように述べている（プライバシー保護のため、事例の内容に手を加えてあることをあらかじめお断わりする）。毎週相談室に来ている常連で、非行怠学傾向のある中三女子二名に、この「円枠感情表出法」を試みた。相談室、学校、教室、家と、一日のうちで身を置くところでの感情表出を試みた。そこで表現される色やそこにまつわる思いや感情の表現に、その生徒たちの感情がまざまざと表現されていた。たとえば「家は地獄だ」と灰色に塗りつぶしたあとで、「あっそうだ」と茶色で電気を吊り下げ、「いっつも消してんの、真っ暗にして泣いてんだよ、サイアクー！　ホントの私を知ってんのは、猫のピコだけだもん、お父さん帰ってきたら、即笑顔だもんね、普通にしてないとやばいから」。「教室」は力を込めて真っ黒に塗りつぶす動きでソファーも揺れ、隣に坐って描いていた子が「エッ？　地震!?」と驚くほどであった。彼女たちの痛みがなんともリアルにカウンセラーに伝わってきたという。放課後、金髪ピアスの中一男子たちの一人が「なんかないのー」というので、円枠感情表出法の「相談室」で彩色してもらうと、水色のクレヨンが半分にまで減り、ピカピカに光るほどに塗った絵は、静かな湖のようであった。「ここは落ち着くから」といい、珍しくも初めて長居をしていったという。絵を通して関わることの大事さをよく表わしている。

II　絵画療法の事例

以下、絵画療法による事例を簡単に取り上げる。なお、プライバシー保護の観点から、いくつかの事例を組み合わせてつくられた架空の事例であることをあらかじめお断わりしておく。

1．ケース1〈小学校六年生女子、不登校〉

小学校五年生までは学校に行っていたが、六年生でさまざまな役割をせざるをえなくなり、苦しくなって身体症状が出て、小児科を受診して筆者のところを紹介された事例である。

初回面接で言語面接をじっくりとした後、初回を含めてその後の面接のなかで、いくつかの絵画法を適用していった。

風景構成法：川を石で敷き詰めている。田んぼを几帳面に描いている。無意識的な動きを抑え込んでいる。そうすることで、辛うじて自分を保っている。全体の構成は悪くないが、女の子も表情は豊かではない。

火山爆発法・誘発線法：主として、火山爆発法や、言語面接を通して関わっていった。誘発線法でも、自由に自己の創造性と感情を表出する援助をしていった。そのセッションのなかで、もっと爆発させるとどんな感じになるかなあと誘発しながら関わると、感情はもっと表出されるようになっていった。

円枠家族画法：父親や母親のことを言語ではなかなか表現しなかったが、円枠家族画法ではさまざまな感情を表現した。絵画での表出と気づきを通して、母親や父親の期待を抱えながらそのプレッシャーに押しつぶされそうになっていることが少しずつ克服されていった。円枠家族画法では、父親に対してのイメージを、テレビ（そんなにテレビを見ているつもりはないと、絵を見て父親本人は後で語るが）、扇風機（いつも「あついあつい」と言いながら扇風機のスイッチを入れるという）、採点済みのテスト用紙（百点と採点されている）、お風呂（父親と一緒に入っている」、布団と枕（帰りが遅く、風呂に入るとすぐに寝る時間になってしまうという）を絵で表現した。忙しいなかよく関わってくれているものの、もっと積極的に関わってほしいという願いが絵に表現されているように思える。さらに、この子の母親は、あるこだわり（潔癖さへの強迫傾向）をもっているが、そのことをためらいながらも、絵で表現していった。両親や自分に対するイメージを言葉にすることは難しい。そういうときにこの方法を援用することで、面接がぐっと深まっていった。

再登校を開始する直前の面接では、花の数が増えたり、絵画のなかでの人物像にも余裕が感じられるようになっていた。終結が近くなってきたときの風景構成法は、最初の面接での風景構成法と比べて、間違い探しのような絵でもある。木の数が増えていたり、川の流れる方向が変わっていたり、石の位置がずれていたりと、心の動きを如実に表わしている。川の周りを覆う石もまばらになってきている。絵のなかの女の子の表情もふっくらしてきていて、足を交差させて余裕を見せている。猫も初回時の風景構成法では魚をくわえていたのが、終結時は猫じゃらしで遊んでいる。お花も花壇になっているし、家の窓もしっかりとした窓になっている。アイテムは同じでも、表現の仕方が変わってくるというのが見て取ることができる。

学校生活においては、放課後のブラスバンドも順調にいって、給食も食べて帰ってこれるようになっていた。学校に行けなかったときと、行けるようになってからの絵の違いは、歴然としている。絵のなかで（学業などを象徴する）田んぼに力を入れるよりは、（生活感の表われとも思える）花壇や猫などに力を入れられるようにシフトしてきている。自分のために時間を使えるようになっていることもうかがえた。

2．ケース2〈小学校五年生女子、不登校〉

不登校児童・生徒は、自分の感情をなかなか言葉で表出することが難しい。言葉で表現できないほど、学校生活や家庭生活で傷ついているといえるかもしれない。言語を通して関わりが難しい場合、絵画療法を用いる。ここでは、「円枠感情表出法」を用いた。

何枚かのA４の紙に、まず四角の枠を描き、そのあとに円枠を描く。場所には、相談室、教室、教室（給食のとき）、教室（数学のとき）、保健室、職員室、体育館など、こちらが参考にしたい場所を設定することができる。この事例では、毎回気になる場所を描いてもらうことにした。

そして、そこで表現されるものは基本的に色であるが、もし具体的にいろいろと書けるならば、言葉で表わしてもよいと伝えた。その後、色に込めた感情を訊いていく。この事例では、相談室にいる感情をピンクとブルーで表現し、それぞれ、「なごむ感じ」「静かな感じ」と述べている。しかし、教室にいる感情は、真っ黒に塗りつぶすことで表現し、「いや」と語る。言語の関わりだけでは出なかった感情の表出がそこで見られた。毎回の円枠感情表出法で、感情の表現方法を獲得し、セラピストとの共通の感情認識を得ることができ、少しずつ安定した登校へと変わっていった。

３．ケース３〈中学校一年生男子、学校不適応・クラスの子をいじめてしまう〉

いじめの加害者としての男子生徒との面接。地域の相談室を担任から紹介された事例である。最初の面接で、自分でもどうしてそうなってしまうのかわからないけれど、どうしてもからかう言葉を使ったり頭を叩くなど、人がいやがることをしてしまうという。このことで相手が不登校気味になってしまうのもわかっているが、ついやってしまうのだという。言葉を通して語ることは少ないものの、毎週一回の面接は特に拒否することもなく来るようになる。

言葉でのやり取りだけでは深まらないと考えて、言葉での面接だけでなく絵画を導入する。最初は、絵を描いてみようといっても乗らないので、好きなクレヨンを選んでもらって、好きな線を描いてもらう。クライエントは緑色を選び、落書きのように紙の上に線を描く。それに対して、セラピストが赤の線で関わるという形で少しずつ一緒に何かをするという関係性の構築を目指した。それから、そのセッションのなかで木を描いてもらうと、画面いっぱいに老木を描く。無理をしている感じが伝わってくる。その後、面接のたびに木を描いてもらうが、少しずつ、木の緑が多くなり、また、どっしりとして生き生きとした木を描くようになる。ただ、どの木にも、真っ黒な穴のようなものが描かれていた。六回ほどが経過したとき、その真っ黒な穴から青い水のようなものがどっと溢れ出しているのを描く。それは何？　と訊くと、水と答える。それから、この水には意味があって、これまで溜めていたものなんだといって、自分にとって溜めていたことは、と語り始める。小学校一年生のときにクラスで物がなくなり、自分がクラスや先生から疑われ、先生からは強く叱られた。また、クラスのみんなが自分のことを疑った。それだけでなく、うちに帰っても父親から強く叱責を受け、説教された。そのときから人のことが信じられなくなったと語る。自分のなかにある「わけのわからない気持ち」は、そのときからあったような気がするという。また、溜ってくると人に当たらないと気が済まなくなると語る。この絵画を描いて、語り始めてからは、彼は、自分の気持ちのなかでわけのわからない気持ちが出てくることが少なくなり、人に対しても穏やかに接することができるようになり、クラスでの位置付けも安定していった。気持ちを表現することに言葉を用いるのを急かさずに、絵を通して徐々にトラウマティックな体験へと接近していった。このように、絵には本人にも気づかないほどの「トラウマティックな体験の外在化」と、それに対する自己治療的な要素（黒く塗りつぶすという行為そのもの、緑の葉・どっしりとした幹や根などのほかの絵の表現によるバランスの回復）が含まれていることを如実に示す事例であった。

III　絵画療法の利点

具体的な対応として、非言語的な方法がたくさんあるなかで、なぜここで絵画を取り上げたのか、また、適用上の留意点はないのかについても触れていく。

関わりのなかで、言葉を主たる媒介として使わなくていい、表出言語を必要としないということが大きいであろう。もともと不登校の子どもたちは、言葉にできないつらさを抱えている。言葉にすることを求められること自体、非常に緊張するし、つらさのなかに身を置くことになりかねない。言葉にするつらさを経ないで、そのつらさ、さらにその向こうにある深い苦しみに向き合っていくためには、絵画や、次章で触れる「動作法」がよいと考えられる。もちろん、遊戯療法や箱庭療法なども同様の利点を有しているが、筆者自身が安心して関われる技法という意味で、ここでは、絵画と動作を取り上げている。ほかにもいろいろなアプローチ、たとえば、分析的なアプローチなどがあるが、基本的には言葉を媒介とさせるところがあると考えられる。

火山爆発法など、シンプルであるが、簡便な方法として利用できる。円枠感情表出法は、円を描いて色分けしていく。これは、不登校の子どもたちに有効であるという実感がある。さっそく使ってくださったあるカウンセラーからは、非常にリアルなことを伝えていただき嬉しかった。心情質・質問紙法にもヒントを得た方法である。それは非行領域で開拓された方法であり、質問は非常に簡単にできているが、そのときどきの子どもたちの気持ちを短時間に推し量ることができる。この開拓者の一人である長谷川孫一郎氏は、心の体温計みたいなものだとおっしゃっていた。「心の体温計」という言葉がとても心に残っていて、自分なりに心の体温計として何かできないかと、ずっと考えてきた。

円枠の安全性も、円という柔らかな形とともに、まずそのなかに色が塗れるということが大きい。「絵を描いてごらん」といわれて描くのと、「色を塗ってみようよ」といわれて色を塗るのとでは、どちらが心理的抵抗が少ないかというと、色を塗るほうである。しかも、好きな色が選べる。塗るわけだから、形を作らなくていい。「絵を描いてみようよ」というと、動かなくなる子がいるが、「色を塗ってみよう」というと、結構動くようになる。形にならない曖昧な感情を表出するために、絵画という形を伴う（形だけではないかもしれないが）、描線を含めた絵を求めるのは、形のないものをあたかも形があるかのように新たに創造させることであり、非常につらい作業になる場合がある。むしろ色はストレートに表出できる。曖昧なものを「曖昧なまま」「はっきりと」表現することができる。色を塗っているうちにさまざまな描線が出てくる。楽しくなってきたという子が多い。色エンピツを何色にするのかなどは、各自で工夫されるとよいと考えている。案外七十二色ぐらいの色を使ってもいいかもしれないが、まずは、十六色から二十四色くらいが適当であろう。まだまだ開拓の余地がある。この方法のよいところは、「保健室にいるときはどんな感じ？」「教室にいるときどんな感じ？」と訊けるところである。そうすると、学校という空間のなかでも、不登校の子どもたちには、ある場所には居場所があるけれど、ある場所は非常に居づらい、ある場所はまあまあ、と色分けができている。これまでそれを不登校の子どもたちに訊くときは、「ここはどう？」「ここはどうも気持ちが落ち着く」ぐらいの言語表出になる。しかし、色を使ってもらうと、見事に淡い色彩の違いをつくってくれる。

子どもたちの創造力にはいつも驚かされる。そして、この円枠感情表出法をきっかけにして、多くのことを語り始めることが多いのにも驚かされる。曖昧さが保証されると、曖昧さを保持しながら、少しずつ子どものほうでも気づかないうちに、曖昧さのありようを、「語り」始めてくれる子どもたちが多い。その「語り」が、さらに、円枠のなかの色合いを変えていく。

この方法で感情表出する場所（たとえば、教室、保健室など）は、こちらから指定してもよいと考えているが、子どもたちが自発的に自分で場所を決めていくこともある。援助者として気になる場所、たとえば保健室には行けるけれど教室にはなかなか行けない子どもと面接をするときは、まず最初は楽なところから描く。「保健室はどう？」と訊いて、それから「じゃあ、教室はどう？」などというように。「理科室はどう？」「職員室はどう？」そして、「教室は？」と訊くと、次第に色が変わっていく。たとえば、適応指導教室や相談教室をピンクなどで塗っている子どもが、教室を真っ黒に塗ったりする。それを見ると、「保健室に行けるからといって、すぐに教室に行くことを要求することが、いかに子どもの気持ちを置き去りにしていることなのか」と思う。しかも、このことを養護教諭などと共有できる。「この子はこういう絵を描いて、教室はこうで、保健室はこうでしたよ」と。教室も、何度も日を分けて描いていくと、黒のところに黄色が出てきたりする。「これは？」と訊くと、「これぐらいの時間だったら行けそう」とか、「後ろのほうだったら大丈夫そう」とか、「ちょっとほっとする」とか、「給食のときは大変だけど、〜のときは大丈夫」とか答える。空間と時間の棲み分けだと思う。それを、ていねいに波長合わせをしているような感覚で子どもたちの心と触れ合える、心に向き合っていける。援助するほうも、話題をいろいろ設定する上で焦点を絞りやすい。面接のなかで、どういうところに焦点を絞ってこの面接を進めていくか。「いま、ここ」でのアセスメントということになる。体温計みたいなものである。風邪といっても、四十度の風邪と三十八度の風邪とでは違うし、計るときによっても違う。体温計よりははるかにバラエティに富んでいる。非常に面白い方法だと感じている。

「こころのロッカー整理法」は、先に述べたように、五味太郎氏の『らくがき絵本』からヒントを得た。その上で、壺イメージ療法やフォーカシングなど、いろいろな技法をアレンジしている。これも、表出するレベルが、絵でも色でも記号でもよく、その人に合わせる。しかも、空間のなかのどの位置がいいか、隅がいいか中央がいいかなど、場所を選べる。何より大事なのは、中身に触れなくていいことだと思う。まず、しまうことができれば、何がしまわれているか、ロッカーのなかに何が入っているかということに関わりをもつことが少なくて済み、（心理的な抵抗を多く誘発することなく）結果として自然と心のなかが整理されていくというところに極めて援助的なものがあると思う。この「こころのロッカー整理法」は、家族面接にも使える。「いま気になっていることをこのように描いてみましょう」というと、お父さんの絵のなかにはお母さんが出てこなかったりする。飼っている犬しか出てこなかったりもする。お父さんの心のなかにはお母さんが（少なくともその時点では）いない（あるいは描けない）など、結果は即座に表われる。それは面接のなかでも充分にわかっていることだが、絵でも確かめられる。心のなかでいま興味があること、関心があることを整理してみるということのなかで、何があるか。とてもいいのは、中身に触れなくていいということである。ラポールの形成を配慮しつつ、ある程度のことができる。火山爆発法と円枠感情表出法、こころのロッカー整理法を知っているだけでも、非常に援助技術的で治癒的効果の上がる関わりとして、言葉を介在しなくても面接ができるし、関わり合いの言葉を豊かにすることができる。それがとても大きいと思う。言葉だけを通すと、「別に〜」「わかんない」という答え、あるいは言葉にしても表面的なことだけになってしまったりする。言語面接では、そこからが腕の見せ所であり、一概にはいえないが、援助者の関わり方の一つとして、言語面接以外の方法ももっているのがよいと考えている。

「テレビゲームやって、これが面白くて」など、初期の段階ではそれでいいかもしれない。だんだん進展してくると、次第に話題が変化していく。ただ、時間をかけても、非常に表面的な話に終始してしまうことがある。そのようなときに、少し変化を起こしていくためにも、絵を入れるのはすごくよい方法だと感じている。

第六章　不登校児童・生徒への動作療法の適用

本章では、不登校の子どもたちの七割が初期に身体症状を訴えるという筆者らの調査を基に、その臨床心理学的な意味を、臨床動作法で培ったさまざまな「からだ」について得られている観点を援用して考察することを試みる。ここでは、「からだ」に関する心理学の臨床適用の一つのモデルともなるべく、試論的に論述するつもりである。

I　不登校児童・生徒と身体

不登校の初期状態で、身体症状を訴えることは多い。筆者らの調査（古橋・藤岡、一九九一）では、約六割の不登校児童・生徒が何らかの身体症状を初期に生じさせていた。身体症状を生じる前に、実は、子どもたちは、なんとなく体がだるい、何となく気が重いという、うつろいゆく身体の不調感を感じる。それは微かなものであるため、自分自身も見過ごしてしまうものである。それが、発熱や腹痛・頭痛といった身体症状を生じるまでのあいだに、ちょっと頭が痛くなってきた、お腹の調子が悪い、心臓がどきどきする、焦ってからだがそわそわするなどの変調感へと移行し、さらに、放っておくと、いよいよ身体症状化すると考えられる。これらは、予防的な観点を提供するものであり、身体の不調感の段階で適切な対応が望まれるところである。その不調を知らず知らずのうちに促すきっかけは、対人関係のトラブルであったり、成績が急に下がったり、宿題を忘れてしまったり、教師から叱責されたりとさまざまである。ただ、休日明けに休み始める場合など、明確に理由を本人も周りも特定できない場合が多いのも不登校の特徴である。理由を訊くと、「ただ何となく行きたくない」「べつに。わかんない」といわれてしまうこともある。援助者は、いらいらする、言葉にできないつらさと向き合うことになる。そのような段階で、登校に向けての強い促しをすると、落ち込むなどの反応性の情緒反応を引き起こすことが多い。梅垣（一九八八）は、不登校の子どもたちの心的世界の大きな特徴として、登校の刺激に対する情緒的な反応である『すくみ反応』を挙げている。かつていわれていた暴力の時期（家族に対して暴力を振るったり、暴言を吐いたりする）などは、時期というより反応性のものであることが確認されてきている。反応性であるにしても、その原因が何か特定できない場合には、器物破損にしても、身体的な暴力・言語的な暴力にしても、これまでの素直さやおとなしさとの大きな違いを感じ、戸惑う家族も多い。暴力の対象者の別居、あるいは本人の施設入所などの手段を講じようとすることもあるが、その判断、時期については、専門家の指示を仰ぐほうがよい。

II　身体症状化の意味するもの

言葉という表現ではなく、なぜ身体症状を子どもたちは必要とするのであろうか。友人関係、家族内でのトラブルなど、さまざまな理由があるにせよ、その訴えはまず身体症状という形態を取ることが多い。これまでにも、多くの研究者によって指摘されている（山崎、一九九八）ところである。

言語表現によって、自分の感情を伝えるスキルの乏しい子どもたちは、身体言語あるいは動作言語によって自己表現せざるをえないと思われる。その場合、スキルの乏しい子どもたちという言い方には、慎重にならなくてはならないであろう。なぜなら、周りの人たち、多くの場合保護者が、言語表現を聞いてくれない場合、あるいは聞いてくれても無視したり、安易な励ましをすることによって、その奥にある自己表現に耳を傾けなかった場合、結果として、子どもたちは、言語表現という手段を取らなくなる。相談援助の要点もここにある。カウンセリングの手法を身に付けるよりまず先に、相談しやすい、どんなことでも言葉にして大丈夫という安心感を提供することこそが、相談活動の第一歩である。言語表現によって自己の内面のきつさを表現する道を断たれた子どもはやむなく、表情やしぐさ、身振りに、そのきつさが漏れ出てしまうことで、結果として援助を求めることになるのである。積極的な支援獲得ではなく、受動的かつ消極的な支援獲得への、無意識的な行動である。

先に述べたように、身体症状化も、何ら支援システムが機能しないことによる結果としての支援獲得策である。「言葉にできない面をもつ」ことで身体症状化した子どもに、最初からどうして不登校になったのかを訊くことほど、本人の気持ちからずれた行為はないだろう。

子どもたちは、「べつに」とか「わかんない」というしかないのである。「べつに」とか「わかんない」といわれたら、「あー来た来た、これこれ、表現できないことの表現そのものがここにある」と理解し、原因追及よりも、今後の対応のなかで最も重要となる「関係性の構築」(「こころのつながり」づくり)を心掛けるほうがはるかに援助的である。

III 身体的記憶——不登校の身体症状表現

身体感覚、動作感覚には、その人のさまざまな歴史が込められているという感じがしている。実際にここで触れる動作法では、そのような生きざまに心理療法としてアプローチする方法である。保護者からよく、小さいときからよく発熱する子でした、お腹にすぐ来る子でした、と語られることがある。不適応状況に出てくるその子特有の適応スタイルの一つとして身体症状化することで、身体ごと生きようとする様子がうかがえる。統合的な心身一如の観点に立てば、スタイルとしか言いようのないことであるのかもしれない。小学校時代に受けた心的外傷(仲間外れ、叱責、いじめなどによる)が、中学校での同様のエピソードによって再燃し、同様の身体症状を訴えることもある。小学校時代の身体症状は、同様に、それ以前の乳幼児期のストレスに対する反応性の症状として固定化しているという印象を筆者はもっている。

Ⅳ　動作を通して体験様式への関わり

これまで見てきたように、不登校児童・生徒は、その不登校に至る初期状態として、何らかの身体的な不調感、変調感を訴えることが多い。すでに述べたように、古橋・藤岡（一九九一）によると、不登校児の兆候として、六割が身体的変調を訴えて欠席していると報告されている。また、日野（一九八六）の報告によれば七割以上がそうである。学校でのさまざまなストレスが、身体的な不調感（体のきつさ、だるさ、何かいつもと違う感じなど）を誘発した場合、もともと身体に対する日常的な自己制御感が乏しかったり、身体に対するネガティブなイメージが固定化したりしていれば、容易に変調感（がまんしてもどうにもならない感じを伴う頭痛や腹痛のきざし、自分の体ではない感じなど）、ついには身体症状（発熱、腹痛、頭痛、倦怠感など）へと移行させてしまうと考えられる。そこには、自分の体とどう付き合っているのかという、「からだ」に対する主体の体験の仕方（体験様式）が見て取れる。このことは、不登校という現象に至る経緯のなかで、「からだとこころ」という側面に注目することで、初期の状態での対応によって深刻な不登校状態に至るのを防ぐことができる、ということを示唆しているともいえる（冨永・山中、一九九九参照）。また、藤岡（一九八七b）は、神経症者への動作療法の適用を試みた結果、その効果の要点として、「からだ」がクライエントにとっての「こころの拠り所」となることの心理治療的な意味を指摘した。不登校の場合にも、「からだ」がいわゆる生理学的な身体を越えて、主体の「生きる場」（主体的活動の原点）として位置づく場合（主体がそのようにできた場合）、何らかの心理治療的な意義をもたらすことが予想される。

これまでの不登校本人への心理臨床的なアプローチは、体に表われるさまざまな不調感、変調感を、初期状態あるいは再登校時の特徴としてとらえることに終始していたといえる。その理由として、不登校問題に関わるには本人へのアプローチだけでは不充分であり、家族療法や、学校へのシステミック・アプローチ、地域援助などの複合的な援助が必須であるということに起因していると考えられる。体の不調や変調をつくっているのは本人自身であり、そこには何らかの心理的な特徴がうかがえるが、その点を詳しく検討したものは少ない。不登校児がどのような身体感をもって外界と接し、その特徴はどのようなものであり、それがどのように変化すればよいかということの検討は、不登校への心理臨床的な援助に対して一石を投じるにとどまらず、これまでの心理臨床における心身問題への検討の一助になるものと思われる。そこで、ここでは、従来の不登校問題への複合的な援助を肯定しつつも、特に、「こころとからだの関係性」に焦点を当て、不登校児童・生徒本人への援助としての心理臨床的なアプローチの可能性を検討する。

ところで、からだ、特に体の動きという主体的な活動に焦点を当てたのが、心理療法としての「動作療法」である。もともと肢体不自由児（者）への動作改善を目的として開発された動作法は、幾多の変遷を経て、自閉症児・多動児・統合失調症者・神経症者・高齢者等へと適用の範囲が拡大され、「臨床動作法」として確立されてきている（成瀬、一九九二c：鶴、一九九一：窪田、一九九一：藤岡、一九八七b、一九九二c）。特に、心理療法場面で臨床動作法を適用する場合、それを「動作療法」と位置付け、さまざまな検討が加えられている。そのなかから、成瀬（一九八八）は、クライエントの体験を客体（内容）と主体（仕方）の二つに分け、客体（内容）を体験するときの当人の活動の様式ないしは活動の仕方こそが、心理治療にとって重要であると論じている。また、河野（一九九二）は、感情モニタリング法という独自の技法を開発し、体験様式を「体験する主体の心の態度のように働く感情の様相」ととらえ、その有効な変化を狙っている。ここでも、体験内容ではなく、体験様式に注目する。からだへのアプローチ、特にからだという媒介に見られるさまざまな体験様式を心理療法の課題の対象としていく有効な技法として、ほかに「体験過程療法」がある。しかし、それを最も洗練させた技法としたフォーカシングでさえ、体験様式をクライエントによって語られる言語あるいは表情やしぐさという媒介を通して推測することしかできない。その体験様式を時々刻々と把握することができ、しかるべき援助が可能な動作療法との違いは歴然としている。ここでは、よりクライエントの体験様式をとらえやすい動作療法を用いることとする。「体験の仕方（体験様式）」は、「不登校にならざるをえないような状況に追い込まれているときには、誰にでも体験されている気持ちのもって行き方」と考えた。後に述べる表6-2（一四〇頁を参照）には、その体験の仕方（体験様式）を挙げた。むろん個々の事例では、このなかのどれかの項目が強調されて体験されていることが予想される。

V　従来の心理臨床における身体的な側面

動作療法の心理治療における効果が動作法の開発以来議論されてきたが、特に一九八〇年代後半から多く報告されるようになってきた。その臨床的な意義についての議論も活発に行なわれてきている。そこで、ここではまず、心理治療全体における身体性の意義のなかで、特に技法上の検討を試みる。従来の心理療法における身体的なアプローチのみならず、主として身体そのものを面接場面で技法として取り扱わない心理療法までも、どのように技法のなかに内在させているかを検討する。さらに、臨床動作法（特に動作療法）をさまざまな他の心理療法との比較のなかで見直し、不登校への適用を通して、その特徴と留意点を検討する。

フロイト（Freud, G.）に始まる精神分析療法では、カウチに横になっての自由連想法が、その後の精神分析を展開する上での画期的な方法であった（前田、一九八五、一九九四）。それはセラピストの前で体を横たえるという『身体的な変化』を恣意的に設定している。フロイトは、催眠のさまざまな手続きに精通しながらも、催眠を手放したことによって、催眠現象のもつ豊穣なる臨床的資源の場を失うことになる。しかし、催眠によって得られる内界志向的な構えを自由連想法によって上手に引き出しながら、セラピストの関心を、クライエントの言葉による精神内界の再構成へと集中させることができた。自由連想法は、治療的な退行を自然に引き出す方法であり、のちの精神分析が、言葉に現われるさまざまな内界の力動関係に注目する方法論的な発見であった（前田、一九七六）。精神分析における身体は、身体イメージという表象によって展開され、現実のクライエントの身体は、面接における『横たえるからだ』と、分析によって時々刻々と語られる『対象としてのからだ（のイメージ）』であった。

箱庭療法では、玩具を置く前に砂の感触を手で確かめることによって、クライエントの心地よい感覚を引き出し、治療へのモチベーションを高めることが自然と設定できると考えられる（岡田、一九八四、一九九三：木村、一九八五）。筆者らの経験では、いきなり玩具を置く人に比べて、砂の感触を味わう手続きを踏む人では、その後のイメージの展開が違うという印象をもっている。過去の砂場遊びの自由な感覚を呼び戻すとも考えられるし、砂の感触を味わうことによって、これからつくりだす表象の世界を『自分の空間』として位置付ける手続きとも考えられる。『手を動かす』こと、『手で感じる』ことは、内在化した世界を外の世界に表出する接点ともいえる。

来談者中心療法では、面接者はクライエントの前で、どのようなありようをするのかに最も神経を費やし、その態度は計らずも身体的な姿勢に現われる。侵入的にならず、しかも、積極的に関わって、ともに乗り越えていこうとする姿勢は、心理療法の領域、立場を越えて、常識となっていることであろう。ビデオ等で紹介されるロジャース（Rogers, C.）のとる姿勢は、それだけで彼の理論を裏付けているようにも考えられる（佐治・岡村・保坂、一九九六）。体験過程療法では、とくにフォーカシングという方法によって、身体に注目している。問題あるいは気になることを思い浮かべているときの、言葉になる以前の暗暗裏の感覚に注目し、その展開を無理にではなく受け入れやすいようにしていく工夫がなされている（村山ら、一九八四：原田、一九九四）。田村（一九九〇）は、フロータビリティという概念を提唱し、その治療的に有効な心理的な構えを同定しようとしている。知的な理解を越えた、あるいは日常的な構えを克服できる要素が、身体には含まれていることを検証している。さらに、増井（一九九四）は、フォーカシングにおける「間」の臨床的な意義を独自に展開し、即時的状況における「間」をつくりだすクライエント自身の努力として、姿勢の利用を挙げている。困った感じに近い姿勢をとり、その姿勢に困った感じを置き、ないし、つめ込み、全く逆の、ないし別の姿勢をとるという工夫をして、顕著な効果を上げている（たとえば、うつ的な気分にあるとき、それを姿勢で表出し、その気分との向き合い方を姿勢を通して工夫するなど）。

催眠療法、自律訓練法はその手続きから、身体の変化によって心理的な変化を引き起こす方法論的な側面の宝庫ともいえる。後倒暗示、腕合わせ、腕浮揚、腕硬直など、覚醒暗示として動作を利用することで催眠状態への変化を工夫している。また、リラクセイション、受動的注意集中、カタルシスなど、心理療法に共通する心理治療効果のメカニズムの解明にも貢献してきた（成瀬、一九六八、一九九二a、一九九二bほか）。さらに、エリクソン（Erickson, M.）は、覚醒時の暗示の際、握手、視線動作などを利用している（Erickson, M.H., 1964）。また、催眠法や自律訓練法を独自に展開させた河野（河野、一九七三、一九八六、一九八九）は、体の感じと向き合っていくことの治療的意義を述べ、モニタリングを提唱している。大多和（一九八九）は、そのなかでも特に、触れる際の体験の仕方に注目し、感情モニタリング法を展開させている。

また、催眠療法、イメージ療法、フォーカシングを独自に展開させた田嶌（一九八七）は、壷イメージ法を案出し、重篤な事例への適用を工夫している。彼も、壷のなかでの体験として身体を重視し、その教示のなかに、「からだの感じを味わう」ということを入れている。さらに、ゲシュタルト療法や心理劇、プロセス指向アプローチ、アートセラピーにおいても、行為（アクション）を重視しており、クライエントの実際の動きのなかで、治療的に有効な体験が引き出せることを狙っている（倉戸、一九九三：高良、一九九二：藤見、一九九九）。

さらに、面接場面そのものを身体性というとらえ方から見直そうという動きも活発になってきている。森岡

（一九九四）は、セラピスト自身のもつ緊張感がクライエントの緊張を誘発することを指摘し、場面の設定、場の意味ということに注目している。

以上のように、これまで心理治療の対象であった身体性の問題を、図らずも、ほとんどの心理療法で有効に活用していることが示唆される。今後、さまざまな立場の心理療法の相互理解、相互利用のための重要な課題の一つとして、『技法としての身体性の活用』というテーマへの注目が挙げられると考えられる。心理療法のなかで最も身体性に注目しているといわれている動作療法も、ほかのさまざまな心理療法と併用されるべく、その技法のもつ意味をさまざまな立場から問い直すことが必要ではないかと考えられる。

VI　不登校児童・生徒への動作療法

さて、不登校児への心理療法は、これまでさまざまな立場から試みられてきているが、いずれも決定的な効果を上げているとはいいがたいであろう（藤岡、一九九〇ａ）。それは、不登校を取り巻く問題が多様化しており、一不登校児の努力のみでは解決できない問題、あるいは不登校現象そのもののもつ複雑さを表わしているといえよう。しかし、かといって、あまりにも学校状況や家庭状況の変化のみを追い、外的な状況の変化が、あたかも不登校児そのものの心的状況の変化をもたらしたかのごとくの幻想をもつことも、心理臨床を考えていく上で避けなければならないであろう。すなわち、どの視点から心理療法を施行するのかということは、立場というだけでなく、不登校現象そのものをどうとらえるのかという問いを含んでいるといえる。

不登校児は、学校という空間と学校に所属する時間を、どのように認識しているのであろうか。居心地の悪い空間と時間を感じてしまうような、不登校児の認識のレベルがいくつかあると考えられる。①対人関係様式（菅野、一九八八：藤岡、一九九二ａ）の特徴を通してイメージ・アップされる、人間関係における居心地の悪さの体験。友だちづきあいへの恐怖や教師への嫌悪感に代表される対人認知の特徴と、それに対する調整感のなさの実感。②成績が急に下がる、部活動でうまくできない自分への直面など、急激な自己像の変化について行けない「学校における自己」の危機。③教室内での対人活動、校則による拘束など、自己への意味づけと無関係なところで起きる学校への意味づけからの消極的あるいは積極的な退避。いずれの場合も、そのことがすぐに不登校につながるわけではなく、それらの問題に「前向きで安定してじっくりと」向き合えるような空間の設定と支え（周りの体験様式）があり、しかも、「焦らず、ゆったりと」流れる時間の設定と支え（周りの体験様式）があれば、二、三日の欠席、あるいは何日かの相談室・保健室・職員室通いによって、克服され、そのことによって自己の発達課題を処理し、成長できると考えられる（藤岡、一九九三a）。しかし、不幸にも、学校や家庭、地域にそのような体験様式が用意されていなかった場合、また用意されていても何らかの理由でうまく機能しなかった場合には、身体的な症状を伴いながら、多くの場合に不登校へと発展していくと考えられる。不登校はどの子どもにも起こりうるというのは、現代社会においては「焦りと、無理をしてでも頑張る」という体験様式が学校や家庭、地域に蔓延していることのいわば肯定であり、そのことの共通認識がまず必要となるであろう。

藤岡（一九九四）は、学校、家庭、不登校児童・生徒個人の体験様式の同期性を取り上げた。そのなかで、不登校児童・生徒を生み出す要因として、「焦りと、無理をしてでも頑張る」という体験様式があるのではないかと考えた。学校・家庭・本人・地域それぞれが、複合的に関わっているといいながら、その共通するものはなにかということがこれまではっきりと見出されていなかった。その不登校特有の体験様式を検討するとともに、家族、学校、個人への関わりのなかで、どのような点に配慮すべきかを検討することが求められている。

すでに述べたように、体験様式そのものへとアプローチする心理療法として、動作療法がある。もともと、障害をもった子どもたちへのアプローチであったが、近年、神経症者（藤岡、一九八六、一九八七a、b、一九九二c：鶴、一九九一：窪田、一九九一）、統合失調症者（鶴、一九八二）、緘黙児（福留、一九九二）、高齢者（中島、一九八六：蘭、一九九二：長野、一九九〇：藤岡、一九九二d）へと適用の範囲が拡がってきていて、その効果も確かめられてきている。不登校児の体験様式そのものの変化を目指す動作療法は、単にその適用範囲が拡がったということに止まらず、不登校独自の問題に、この心理療法によってどこまで解決をもたらしうるのかという視点から見なくてはならないであろう。動作療法によって確かめられた不登校児の体験様式は、家族療法、あるいは学校システム論的アプローチに対しても、大きな示唆を与えるものであろう。

そのような点から、ここでは、これまでの不登校児への動作法の適用（大場、一九九二：鶴、一九九二）を踏まえつつ、不登校児の「体験の仕方の変化」をもたらしうることを心理治療の目標として設定し、そのなかで、いかに個別な不登校児への対応が、不登校児への心的な変化をもたらしうるのかという視点から、動作療法を取り上げることとする。

Ⅶ　事例を通しての検討

以下、不登校への動作療法の事例を取り上げる（プライバシー保護のため、事例検討に差し障りがない程度に改変を加えている）。表6-1（一三八頁参照）には、事例のプロセスをまとめた。

〔クライエント〕　A男　十歳　小学五年生

〔主訴〕　不登校

〔家族構成〕　祖父（陶芸業）、祖母、父（陶芸業）、母（パート職員）、本人、弟（五歳）、妹（三歳）

〔生活歴〕　一歳半から保育園。二歳七か月のとき、母親が怪我で入院（四か月間）。三歳になった頃、保育園を嫌がる。四歳から改めて入園。それと同時に母親は職場復帰。

小三年の四月から不登校状態に。急に、おんぶとか抱っことかいい始めた。九月から十一月いっぱい、校長室や保健室に二時間だけいる。十二月になって休む。三月に二週間程、校長室に通う。

小四年は、始業式から五月初めまで、教室に一時間程いられた。遠足の次の日から登校できなくなって、休みながら、一週間に一回程一時間、校長室（この年に校長は交替）にいる。二学期は九月から十二月まで校長室に行く。スキー教室を目標に、休まないで一時間程教室に行けた。翌一月、スキー教室が終わってから、また登校できなくなった。その後、不登校状態が続く。小五年になってからも四月はまったく行けない状態。小五年から担任変わる。

〔来談の経緯〕小児科等いくつかの医療機関を経て、N大学福祉臨床相談室に母親が電話。筆者がインテーク（初回）面接を担当。

〔面接経過〕

第Ⅰ期（導入期）＃1〜＃5

＃1（四月二十五日）初回面接、父親と母親と本人が来る。右記にある不登校の経過、成育歴などを聞く。二年生の終わりに通学班でのいじめがあったが、学校は適切な対応をしてくれなかった。おなかが痛くなって、あとから連れて行くと、「なんで休み時間に」と担任から言われてしまった。三年生、四年生と、担任と学年主任に信頼がもてなかった。三年生のときは家庭訪問も一回しかしてくれない。四年生のときは、学年主任が変わり、一学期に一、二回電話をしてくれたりしたが、担任と方針が一致していなかった。五年になり担任が変わる。四月からもまったく登校できない状態。通学班のなかでいじめられるから、行きたくないという。出かける前におなかが痛くなった。三年生になって不登校状態になり医療機関に通ったが、効果がなかった。現在、専門機関にはどこにも行っていない。学校に対する信頼感だけでなく、専門機関への信頼感も乏しくなっている。初回面接では、ほかにも、小学校に入学して通学班で大変だった頃、下の子二人が続いて生まれ、あまりよく見てやれなかったこと。四歳のとき、母親が職場に復帰し、それと同時に、母親自身が人に会いたくなくなり、不安定になった時期が続いた。一年間くらいはそういう状態のなか、何とか仕事をしていた。その頃、本児童は夜が怖い怖いと泣くことが多かった、そのときの怯えた顔は今も忘れられない、などのエピソードが語られる。三年生、四年生とまったく登校できない状態ではなく、校長室、保健室へは行けているので、微かなつながりをつくりながら、本児の安定した自己感の形成、身体症状への制御感を高めるために、動作療法を導入することをセラピストは考える。椅子に座っているときの様子は、両親の間に座り、ニコニコしながら、体を前後に揺すっている。落ち着かない感じが伝わってくる。また、こちらに向ける視線の柔らかさや、セラピストに対する印象は拒否的ではないことから、直接からだに触れることも可能であると判断し、「からだを動かしたりしながら、気持ちを落ち着けるやり方があるんだけど、やってみる？」と訊いて導入。

動作課題（以下、動作と表記） 椅子に座って肩を後ろに動かす課題では、肩に力が入っていて、背中が曲がっている。緊張するか、力を抜くか、どちらかになってしまう。特に、肩を後ろに動かすときにぐっと力を入れてくる。力を抜く練習をしようという提案に乗ってくる。ぐっと力を入れてくるところで、軽く動かしながらリラクセイションを誘導する。そのセラピストの動きに合わせて、ふっと力を抜くときがある。動作中の表情は穏やかで、落ち着いているし、触れている手から伝わってくるからだの感じは、思ったほど揺れていない。背中を曲げている感じは、身構えていることを表わしているように感じられ、少しだけ上体を起こすことを試みる。曲がる感じは残っているが、力を抜く感じはセラピストの手から伝わってくる。父親が、自分もやってみたいと興味を示したので、同様の肩の緩めをするが、本児よりも堅く動きづらい。肩凝りがひどい、と笑いながら語る。次回の日程の話をすると、父親も一緒に来るような相談になり、次回も両親と三人で来ることになる。

♯2（五月十日） 父親、母親、本児の三人で来談（今後、この形態が続く）。本日、ぎょう虫検査をもっていくことをきっかけに登校。校長室で勉強する。来客のときは保健室。ただ、帰ってくると頭が痛いといい出す。学校ではその訴えはない。面接中、椅子にじっと座っておらず、そわそわしてじっとしていない。父親に対して「くそじじー」などといったりして、言葉づかいが気になる。父親との約束として、家での役割を何か本児にしてもらうことにする。花の水やりを父が提案。本児は了承する。
動作　肩を後ろにもっていく課題では、力を入れっぱなしにしている感じが伝わる。すーっと抜けていく感じではない。いつも力を入れている感じ。力を抜いてみようというと、一気に猫背になってしまう。適度な力を入れて肩を動かすということができない。肩の上下の動きでは、力を入れてしまい、かくかくとなってしまう。
＃3（五月十七日）五月十日から毎日学校に行っている。五月十二日には、担任も家庭訪問に来てくれた。校長だけが自分の味方になってくれている、と本児がいう。学校に行くとぴんと張り詰めている。ここ（面接室）や家ではだらんとしている。花の水やりはしたりしなかったり。学校に行きはじめてほかのことがおろそかになったみたいだ、と父親。
動作　からだを真っ直ぐにする課題を入れるが、すぐにからだを元に戻そうとする。
＃4（五月二十四日）毎日校長室には行く。
動作　ぴんと背中を伸ばすか、だらんとしているかのどちらか。背中の胸の後ろの辺りで突っ張る。また、曲がるのはやや下のほうから。
＃5（五月三十一日）校長とは、キャッチボールをしたり、算数をしたりしている。
動作　右肩に力が入っている。肩を動かそうとするがすっと動かない。いつも力を入れている感じ。それを動かしていくが、いつも力を入れている感じはなくならない。躯幹（胴体のひねり）をしてみると、これもスムーズにいかない。おなかが突っ張るという。左は右よりスムーズにいく。きついところ（動きづらいところ）に直面できない。しかも、萎縮している感じがからだから伝わってくる。

第II期（楽にできる自分を発見）＃6～＃19

＃6（六月八日）三日間、腹痛を訴えるものの、登校できた。学校では、校長とキャッチボールをしたりして十一時頃に帰って来る。また、算数だけでなく、漢字を調べて書くということも始めている。
動作　肩の後方への動作途中、セラピストの動きに対して、乗ってこなかったり、合わせることができなくなる。前回までの課題への関わりとは異なる感じ。今日は乗らないのかなと訊くと、無言。表情が堅く、きつそう。体調が悪く、からだに向き合っていくのはつらそうなので、動作を中断する。本人も交えて、両親と話す。このような態度は、学校では示さないという。家族のなかでは父親と母親にだけ。祖父母には見せない。家族以外では、セラピストが初めてという。学年主任の前で出そうとしたら、叱られて心を閉ざしてしまった、と母親が語る。根本にあるのは楽しいか、楽しくないかのどちらか、それがはっきりしている、と母親が語る。
＃7（六月十五日）教頭と二人でうどん作りをしたという。それを職員室で食べる。日曜日は家族でボーリングに行く。下の二人は歩いて行くのに、本児は車で行く。ガーターばかりで母親にふくれる。
動作　今日は動作にはすっと入る。肩はやはり抜いても力が残っている感じが伝わる。身構える感じ。また、最後のところで力を入れてくる。上体を反らすのは、左がきつい。ぐっと力が入る。胴体のひねりのときもそう。緩めること自体は上手になってきているが、最後のところで力が入る。
＃8（六月二十二日）給食を食べて午後三時ごろに帰ってくる。技能技師と一緒に草取りをする。みんなのなかにまだ入れない。
動作　少しずつ力を抜く感じが伝わってくる。左の肩が動きづらい。
＃9（六月二十九日）技能技師の手伝いを続けているが、学校にいる時間は増えてくる。四時過ぎまで学校にいられるようになる。また、帰ってくると「腹減ったー」ということが多くなり、体調が良くなってきている。マッチ棒のゲームをしたりして生き生きしている。約束していた花の水やりは、やっとするようになる。
動作　肩の動きは最後のところでやはり力が入る。これまでは、リラクセイション中心だったが、もう少し、動作全体で関わっていくことを考え、立位課題を導入。立位重心を移動しようとすると、ふらふらしてしまう。

楽に踏ん張れない。ちょっと体重を片方に乗せただけで、すぐに前につんのめってしまう。じっくり踏ん張ることができない。やっているなかで段々と楽に踏ん張れるようになるが、少しでも前にいくと、すぐにつんのめる。落ち着いてじっくり物事に取り組めないところが現われている。やや前のところで踏み締めるという課題をする。途中、腰が引けたりするが、膝の突っ張りは少なくなってくる。動作中も楽な感じでいられるようになってきている。

♯10（七月七日）水やりは丁寧すぎるくらいにやっている。職員室から技能技師室へ。両方に居場所ができている。地区の子ども会でやっているソフトボールに二日続けて行ける。担任から、昨日の夕方には教室の近くまで行けた、との報告が電話である。授業のないときにはできるだけ接していきます、という。本児の話し方が、素直な感じになってきているとセラピストは感じる。そのことを話題にすると、父親にじゃれることが多くなり、学校から帰ると父親の職場に寄ることが多くなったという。これまでのような父親に対する横柄な態度が少なくなってきているという。

動作　肩の動きは最初に力が入ることが少なくなってきている。立位での重心移動も力むことなく、すっと動ける。椅子に座っても落ち着いているし、しゃべり方が素直である。父親への甘えた話し方が気になるが、ほかは安定していて、表情も良い。

♯11（八月二十四日）夏休みは、元気にプールにも行って、楽しく釣りもして過ごす。いつも引いているところがある、と母親。最後に父親から、「この子と何かしたときに、無理に負けてやることはないですよね。子ども扱いしすぎることはしなくてもいいですよね」と訊かれる。「むしろ父親らしくして、あまり気を遣わないでください」とセラピスト。父親の言葉が妙にセラピストの心に残る。始業式には機嫌よく学校に行く。式には出られなかったが、職員室で過ごす。教室に行く時期は校長の判断となっている。教室に来てさえくれれば担任が関わる、と言っているという。

動作　立位を中心に関わる。楽にすっと重心移動ができない。最初の動きの際に微かな抵抗感を感じる。そこを越えるとむしろ任せる感じで動く。自分のほうからの動きは、楽にする感じと任せる感じ。楽にしかも自分のほうからの動きが感じづらいので、そこに焦点を当てて課題設定。少しずつ、自分の動きを出そうとするようになる。

＃12（九月二日）前回の面接の次の日、学校に行ってから、教室に行こうかなと自分のほうから思った。教室で挨拶ができる。給食中で皆が食べているときに教室に入り、ぼんやりとしていたら、皆が「さよなら」といってくれたので、さよならだけしてきた。それだけで帰ってきたが、本人はすごく嬉しそうである。立位動作での前に乗れなさと少し乗れる感じの両方を味わう。このこととの関連を感じる。

動作　立位で、右にちょっと乗ったぐらいで前に倒れてしまう。左も同じ。右足に重心を乗せようとすると左足を踏ん張らせてしまう。片方の足で踏ん張っていられない。「あれー」と本人も不思議そうである。自分でやってみるというが、やはり、すぐに片方の足を前に出してしまう。ほんのちょっとだけだといいが、それよりも前に体重を掛けるとすぐにバランスを崩してしまう。

＃13（九月八日）四日の運動会のときは、運動場に家族といる。六年生の走るところだけを見た。また、みんながいないときに教室に自分の家庭科の道具をもっていった。さらに、今日は、中間休みのときにクラスのみんなと体育館で遊ぶことができた。腕バットの野球をした。教室への抵抗感も徐々に少なくなってきているし、教室場面以外では友人とも遊べるようになってきた。

動作　椅子座位での肩の後方への動きでは、動きはスムーズ。引っ掛かるところがない。ただ、速く動かすと胸を反ったり腕に力が入ったりする。楽に動かす感じがよく出ている。肩の上げ下げは、右を上げると右首の後ろに力が入ってしまう。左はスムーズに上げ下げができる。立位は、右が不安定。右に乗ろうとすると、右に傾いてしまう。ちょっと乗っただけでバランスを崩してしまう。それでも前回よりは動きが楽で、よくなってきている。教室に行き始めてから，さらによくなっている。動作後の面接で，自分での動きがよくできていたことを強調すると，父親の対応も子ども扱いにするところが少なくなってきたと語る。本児の，父親に対するべたべたした感じが少なくなり，父親と母親の間に落ちついて座っている。母親も同様に，子ども扱いしないと語り，朝でかけるときに途中まで一緒に行くという，突き放さないで適度な援助もできている。

＃14（九月十九日）教頭と職員室で絵本を作ったりしている。トイレで上級生と会い，登校拒否だといわれるが，いい返せるようになってきている。技能技師の仕事を手伝ったり，自分で考えて行動できるようになってきた。学校で何かあったときは「お母さん寝よう」と誘ってきていたが，「おれ先に寝るから」といえるようになってきた。「少し退屈なんだー」ともいえるようになってきている。

動作　立位での重心移動で，ちょっと頑張る感じができるようになってきている。ぐっと体重を乗せて踏み締めるのも自分でできている。前につんのめることなく，自信をもってやっている。腰の横にセラピストの手を当てて重心移動をするが，すっといく感じ。よく乗って踏み締められている。これまでと全然違う。この感じだったら教室に行けるんじゃないかなあ，とセラピストは語る。本児はまんざらでもない感じで，嬉しそうにしている。あぐら座位でも，自分で座っている感じ。前後に腰を動かすのもスムーズにできる。確かに変わってきている感じが，セラピストの手に伝わってくる。

＃15（九月二十六日）職員室で自分のほうから勉強を始める。学校からの帰り，セラピストの関わる適応指導教室に参加でき，十五名前後の不登校児童・生徒と最後まで一緒にいられる。この日の面接には，父母のほかに，妹も一緒に来室。抱っこしてあげたりして，兄らしく振る舞っている。

動作　肩の動きは非常にスムーズになっていた。引っ掛かる感じがない。立位での重心移動で踏ん張ってもふらふらしない。やや前に重心を移すと爪先立ちになるが，そこから力を抜くことができる。力が抜けるところでは抜け，入れるところで入れている。「立っている感じ」が，しっかり伝わってくる。

＃16（十月四日）五年生の遠足にも行ける。クラスをばらばらにしての班分けであったが、一緒に行って帰る。その後の適応指導教室の合宿にも、自分のほうから行くという。教室には朝、「おはようございます」と挨拶にだけ行く。それ以外は職員室で勉強したり、保健室の先生と話す。セラピストに、最近凝っているというペンギンの絵を見せてくれる。海のなかをペンギンが泳いでいる絵。

動作　前回と同様で、立位は非常にスムーズ。

＃17（十月十四日）二泊の適応指導教室の合宿は、行きは熱が出て送るが、帰りは元気に帰ってきた。釣りやテント泊のことを嬉しそうに語る。休みの日に、同じクラスの子が学校で遊ぼうと誘ってくれて、一緒に学校に行く。

動作　肩の力がちょっと入るがスムーズ。立位もふらふらが少なくなり、安定している。

＃18（十一月二日）母親のみ来室。本人は釣りに出かけたという。最近、学年の上と下の男の子が誘ってくれて、一緒に釣りに出かけることが多くなったという。クラスの子と釣りに行くことはない。今も技師の後をついて歩きながら、構内の草取りをしたりしている。

＃19（十一月十日）学芸会の際、体育館の用具置き場の陰から見る。クラスには、挨拶に行っていたが、音楽の時間にみんなと初めて一緒に授業を受けることができる。

動作　さて、いつもの体操しようかといって、「今日はこの前よりじっくりやろうかな」というと、「どのくらい？」と訊いてくる。本児の顔を見ながら待っていると、「五分くらい？」といってくる。「そうだね、中身が濃ければ五分になるかなー」といって始める。すっと乗ってきてくれる。あぐら座位で腰が後ろに出ているので、腰を入れると、ますます反ってしまう。あぐら座位で、右に肩が上がり、傾いている。「どうしても力入れちゃうね、無理しちゃうのかな」と訊くと、「うん」という。「こういうときの○○くんは素直だな」というと、微笑む。立位はやはり、やや後ろに引いている。ただ、右前左前と重心を移すと、じっくりと踏み締められる。突っ張ってこず、楽に努力できている感じが伝わる。

第Ⅲ期（からだがきつくなる、不安な自分との付き合い）♯20〜♯26

♯20（十二月二日）給食を教室で食べるようになる。朝はつらそうだが、帰りは肩で風を切るような感じで帰ってくるという。ただ、ほかは技師の部屋や校長室にいる。校長室では国語と算数をしている。

動作　肩の動きは良いが、背中はやはり反ってしまう。立位、右の踏み締めは良いが、左は良くない。突っ張ってしまう。教室に行き始めたが、無理をしている感じがからだから伝わってくる。

♯21（十二月八日）学校を二日連続して休むが、その後、復帰。持ち直せている。行くとか行かないは自分で決めなきゃといって、休むときも自分で電話する。「おれ、嘘をつかないことにしたから」と語る。

動作　やはり、肩に力が入ってきている。これまでのスムーズさと変わる。特に背中の反りが強く、前後の動きでの緩めは、がしっとしている。何度か繰り返すうちに力が抜けてくるが、一人で姿勢をつくると、まだ反りが出てしまう。

♯22（十二月十五日）面接の次の日は学校に行って、四時頃までいて、同じクラスの子と帰ってきた。部分的にではあるが、教室に入れるようになる。国語と算数以外の授業は入りやすいという。学校に行くと真っ直ぐ教室に行けるようになってきた。しかし、教室に行く途中で、心臓がどきどきしたり息が苦しくなったりすることがある。また、理科のとき途中でおなかが痛くなってきたが、我慢していたら段々よくなってきたんだ、と嬉しそうに語る。言葉遣いも今までと違って、変わってきており、面接中、「すいませんけど、水ください」など、丁寧な言葉を使う。

動作　肩の上げ下げで、右をするとからだが傾いてしまう。また左を上げるときぐっと力が入るし、下げるときもさっと抜けず、力が入ったまま。触れていると微かに力が抜けてくるが、入ったままである。軀幹のひねり。左右ともにある程度行ったところで、がちっと止まる。これはきついね、とセラピスト。からだと上手に付き合えない本児の気持ちが伝わってくる。じっくりとリラクセイションを改めて行なう。母親にもしてもらうことにして、一緒にリラクセイションを中心とした動作課題をする。

＃23（十二月二十一日）母親のみ来室。本児は風邪で来られなかった。もうすぐ冬休みで、なんとかクラスにも入れるようになったが、まだ不安定。誕生日にテレビゲームを買ってもらうことになり、楽しみにしているという。家での動作課題は、少しずつしている。

＃24（一月十二日）冬休み中は元気に過ごす。三学期が始まり、初日は張りきって登校するが戻ってくる。次の日、一時間目から教室に入った。しかし、翌日は休む。

動作　肩の緩めで、やや速く動かすとすっといく。ゆっくり動かすと力が入ってくる。丁寧に力を抜いていくことを一緒にしていく。立位での踏み締め。じっくりと力を入れて立っている。

＃25（一月二十七日）学校には行ったり行かなかったり、不安定登校。行ったときは教室に入る。音楽と体育があると行けない。自分の椅子から離れるのが不安という。行けない日は体がきつくて行けないという。ただ、食欲はかなりあり、一日五食のときもあるくらい、と語る。

動作　教室登校に向けて動き出しているものの、安定感がなく、崩れてしまうことから、もっとダイナミックな動きのなかでの自己調整をと考え、リラクセイション課題、踏み締め課題に加えて、初めて課題に歩行動作課題を入れる。ぺたん、ぺたんという感じで、踏み締める力が弱い。前に動き出す感じが弱い。前屈みになってしまうし、じっくり踏み締められていない。体が浮いている感じ。何回も繰り返すが変わらない。「あれー」と本児。もう一度じっくり立位での踏み締めをし、立位での肩のリラクセイションをする。そして改めて歩行動作をすると、じっくりと歩ける。上体も前屈みになることなく安定している。表情も安定していて落ち着いている。さっきと違う感じで歩けているので嬉しそう。

＃26（二月九日）体調が崩れることが少なくなってきた。学校に行くときは、迷わず（ぐずらずに）教室にまっすぐに行くようになる。

動作　立位での踏み締めはスムーズに動く感じ。歩行は、とぼとぼの感じは前回ほどではないが残っている。しっかり一歩一歩踏み締めてといいながら、ゆっくり踏む感じを味わうようにする。とぼとぼとした感じから、しゃきっとした感じに次第に変わってくる。からだとの付き合い方がだいぶ上手になってきたね、とセラピスト。本児は「うん」とはっきり答える。

第Ⅳ期（焦らないで楽に頑張る）＃27～＃32

＃27（二月二十四日）母親のみ来談。風邪のため三日連続で休んだという。その後は回復したが、まだ本調子ではない。学校では元気に過ごす。ほぼどの授業にも出られるようになる。

＃28（三月三日）本児と父母。不安定登校が続く。ただ、行けたときには教室に入れる。自分のほうから、いま飼っている蛙の話をする。殿様ガエルが十四、雨ガエルが十五匹と嬉しそうに語る。

動作　今日は運動しない？　とクライエントのほうから動作を催促する。じゃあ、肩の力上手に抜けるおまじないしようか、とセラピスト。肩のリラクセイションでは、肩に力が入るが、すぐに抜ける。歩行は力強い感じ。しっかり踏み締めて歩く。とぼとぼではない。しっかり歩いているねー、とセラピスト。大丈夫という感じがセラピストのなかでする。

＃29（三月九日）表情は次第にしっかりして、しかも和らいだ感じに。一日休むものの、ほかは毎日行けた。朝から下校時まで、長く教室にいられるようになる。クラスの子との言い争いもあったが、尾を引かない。

動作　前回と変わらない感じで安定している。

＃30（三月二十二日）毎日、学校に行っている。三月二十日の卒業式にも出席できる。

＃31（四月十二日）四月四日の離任式、七日の始業式と行けないが、四月十日、初めて集団登校で学校に行く。弟が入学し、登校班で面倒を見てくれている。毎日、教室にも入れている。

＃32（四月二十六日）毎日、学校に行っている。しかも、教室にも例外なく入れている。何かあれば、連絡することを約束して、終結とする。

Ⅷ　体験様式の観点からの不登校理解と関わり

家族療法など、さまざまな立場による家庭あるいは学校・地域への関わりで、効果が上がっている報告が多くなされている。そのことと、上記事例のような動作療法による心理治療効果との関連は、どこにあるのであろうか。外との関わりが、内的な世界でも変化を起こしうることは、これまでも指摘されてきているところである。また逆のことも起こりうる。ここでの動作療法による対人援助は、自己内での変化がどのようなルートからにせよ起こっているのであり、心理援助的に有効な体験がもたらされた結果といえる（成瀬、一九八八：河野、一九八九：大多和、一九八九）。表6-1には、本事例をまとめてある。これによって、動作法による変化とクライエント自身やクライエントを取り巻く家族の変化との関連性を見ていただきたい。

一般に、不登校の援助目標に対人関係様式の変化があるといわれているが、これも、その前提として、基礎的な体験様式の変化があると考えられる。特に、動作療法での課題のなかで、不登校児童・生徒への有効な体験（特に動作療法での課題のなかで）とは何であろうか。左記の（　）内には、どうしても不登校に陥ってしまうようなときに見られる体験の仕方を入れた。いわば体験様式による見立てであり、体験様式の心理治療目標である（表6-2参照）。

表6-1　不登校児への動作療法の適用

セッション	登校状況・学校の対応	動作療法での援助・変化	本児の日常体験（その他）
面接経過 第Ⅰ期（導入期）＃1〜＃5			
＃1		動作療法導入 肩の緊張、身構え 父親にも動作	＃1（父母本児3人で来談） 面接室での落ち着きのなさ （次回も父母本児の3人で）
＃2	再登校開始・校長室登校	肩の持続緊張 楽に・動かすこと困難	＃2　父親への乱暴な言葉遣い （花の水やりの提案）
＃3		軸づくり困難	＃3　学校での緊張昂進
＃4		過緊張と過弛緩	＃4
＃5		課題への直面拒否 萎縮したからだ	＃5　校長とキャッチボール
第Ⅱ期（楽にでき、安定した自分を発見）＃6〜＃19			
＃6	腹痛あるが登校可	動作課題への動機低下	＃6
＃7	教頭とうどん作り 職員室も居場所に	弛緩努力の向上 課題の最後のところで緊張昂進	＃7　不満感を母親へ向ける
＃8	給食食べて、午後下校 技能技師と草取り	弛緩努力の向上	＃8　体調の安定
＃9	午後4時まで技能技師と	立位課題導入 踏み締め困難	＃9　花の水やりの習慣化
＃10	技能技師室も居場所に 教室の近くまで行ける	課題の最後のところで緊張低下 踏み締め努力向上	＃10　子ども会でのソフトボール大会に参加 父親への態度の変化 本児の話し方の変化
＃11	夏休み	最初の微かな抵抗感 「お任せ」努力向上	＃11　夏休みを楽しく過ごす （父親から甘やかしすぎの話）
＃12	教室で挨拶できる	踏み締め困難 踏み締めでの自分に意外	＃12　自分のほうから教室への意欲
＃13	運動会参加 中間休みにクラスメートと遊ぶ	立位でバランス困難 弛緩努力さらに向上	＃13（父母ともに子ども扱いしない）

＃14	教頭と職員室で絵本作り	踏み締め努力向上 楽に重心移動・踏み締め	＃14	上級生に言い返せる 職員室での退屈感でる
＃15	職員室で自分から勉強始める 適応指導教室に行く	踏み締め努力安定	＃15	適応指導教室の集団の中で過ごせる
＃16	遠足に行く	立位動作の安定	＃16	セラピストにペンギンの絵を見せてくれる
＃17	休日クラスメートと学校へ	弛緩動作の安定	＃17	適応指導教室の合宿に参加
＃18	技能技師の仕事の手伝い		＃18	放課後釣りに行くことが多くなる
＃19	音楽の時間授業を受ける	立位での重心やや後方 踏み締め努力さらに安定	＃19	
第Ⅲ期（からだがきつくなり、不安な自分との付き合い）＃20～＃26				
＃20	給食をクラスで食べる	左への踏み締め努力困難 背中の反り、再発	＃20	無理をしている感じ
＃21	休むとき自分で電話	肩の緊張再出現 背中の反り、持続	＃21	行く行かないを自分で決める
＃22	部分的に教室に入れる	弛緩課題再度導入 母親にも一緒に動作	＃22	教室に行く途中、動悸 理科のとき体調悪いが回復
＃23			＃23	
＃24	1時間目から教室へ	弛緩努力再度向上 踏み締め努力再度向上 あぐら坐位での軸安定	＃24	
＃25	安定登校にむけて努力	歩行課題導入 弛緩・踏み締め課題後歩行安定	＃25	面接中の表情の安定
＃26	登校時は教室へ	安定した歩行動作	＃26	体調が崩れることの減少
第Ⅳ期（焦らないで楽に頑張る）＃27～＃32				
＃27	どの授業にも参加		＃27	
＃28		自分から動作療法を催促 弛緩努力・踏み締め努力の安定	＃28	自分のほうから飼っている蛙の話
＃29		安定した一連の動作課題	＃29	クラスの子と言い合い（尾を引かない）
＃30	安定登校	坐位姿勢の安定（落ち着き）	＃30	
＃31	集団登校できる		＃31	登校班で弟の面倒見る
＃32	安定登校		＃32	面接中の安定した表情・言動

表６－２　不登校児童・生徒の体験様式と動作療法による対処

＜不登校児童生徒の体験様式＞

1．われを忘れて、物事にふっと身を投じることができない。
2．自己を否定的にとらえる感じが伝わるとその思いを変えることができず、そこでの対人関係から自己を退避させる。
3．緊張感への統制不能感をもち、また、適度に気持ちと体を休めることができない。
4．焦りという時間の流れが体験されており、結果として、空虚な空白な時間を埋める作業に従事してしまう。
5．自分のやりたいことについて自己主張せず、他人からの指示で動いている。
6．自分を否定的にとらえてしまう。
7．完全主義的な傾向が強く、答えをきちっと、しかも早く出したがる。
8．もともと自分のものであるはずの体が、本人の不統制感を伴って、頭痛、腹痛などの身体症状を示してしまう。
9．強い登校への促しがあると、すくみ反応を起こすことで自分を守ろうとする、あるいは追い詰められた感じを抱いてしまう。
10．自分の拠り所を、外に求めているにも関わらず、それがかなえられていないと感じている。

＜動作療法における望ましい体験様式＞（不登校児童生徒の各体験様式に対応）

1．自己を対象に没入できる。
2．相手に身を任せることができる。
3．自分で自分のからだをゆるめられる、また休められる。
4．余裕をもって物事に向き合う。
5．どんな些細なことでも自己決定する。
6．自己の存在基盤に立って肯定感を体験する。
7．曖昧な感じを曖昧なまま感じとる。
8．微かなからだの感じに気づき、上手に付き合う。
9．激しい感情の高ぶりを静めたり、過ぎ去るのを待ったりして、統制できる。
10．自分の拠り所は、まず自分、自分のからだにあると感じ取れる。

＜動作療法における望ましい体験様式を目指した動作課題＞
(望ましい体験様式にそれぞれ対応)

1．頭で考え過ぎないで、まず動いてみることでさまざまな体験をしていく。
2．おまかせ脱力ができるように援助する。
3．リラクセイション課題で、「楽になるような努力」を体験する。
4．ゆっくりとからだを動かしていくことで、自分のからだの感じをじっくり味わえる。
5．動き始める時の感じ（ぐっと力を入れて力むときの感じ）をつくりだす。
6．適度な緊張感、真っ直ぐになっている感じ、楽な感じを味わえる。
7．漠然としたからだの感じを、確かな自分の感じとして味わえる。
8．微かな不快感、からだの変調に、主動感を伴う動きによって向き合える。
9．主動感によって、いま、ここでの体験に留まることができる。からだと共にあり、気持ちはどこにも行かなくなる。
10．「タテ」になった感じを感じとり、確かな自分を拠り所とできる。

（1）自己を対象に没入できる。（われを忘れて、物事にふっと身を投じることができない）
（2）相手に身を任せることができる。（相手が自分を否定的にとらえる感じが伝わると、その思いを変えることができず、そこでの対人関係から自分を退避させる）
（3）自分で自分のからだを緩められる、また休められる。（緊張感に対する統制不能感をもち、また、適度に気持ちと体を休めることができない）
（4）余裕をもって物事に向き合う。（焦りという時間の流れが体験されており、結果として、空虚な時間を埋める作業に従事してしまう）
（5）どんなに些細なことでも自己決定する。（自分のやりたいことについて自己主張をせず、他人からの指示で動いている）
（6）自己の存在基盤に立って肯定感を体験する。（自分を否定的にとらえてしまう）
（7）曖昧な感じを曖昧なまま感じとる。（完全主義的な傾向が強く、答えをきちっと、しかも早く出したがる）
（8）微かなからだの感じに気づき、上手に付き合う。（もともと自分のものであるはずの体が、本人の不統制感を伴って、頭痛、腹痛などの身体症状を示してしまう）
（9）激しい感情の高ぶりを静めたり、過ぎ去るのを待ったりして、統制できる。（強い登校への促しがあると、すくみ反応を起こすことで自分を守ろうとする、あるいは追い詰められた感じを抱いてしまう）
（10）自分の拠り所は、まず自分、自分のからだにあると感じ取れる。（自分の拠り所を、外に求めているにも関わらず、それがかなえられていないと感じている）

このような有効な基礎体験様式から、対人関係様式の変化、課題への向き合い方、学校という場の認識の変化などの生活体験様式の変化がもたらされると考えられる。動作療法は、この有効な基礎体験様式の獲得を援助目標として設定しているのである。ある事例では特に3、4、5、6、8、9、10が、別の事例においては特に1、2、3、5、7、8、9、10が対人援助的に意味があったのではないかと考えられるというように、事例によって異なってくる。今回の事例では、3、5、6、8、10が特に意味をもっていたと考えられる。その意味で、動作療法をどのような枠で設定するのか。一対一の個別か、集団場面でするのか、「してもらう感じ」に終始するのか、最初から「自分でする」ことを目指すのかなど、事例の状態像を把握しながら設定のバリエーションを工夫することが大事であろう。

今回の事例でも見られたように、動作療法開始時には、自分のからだ（自体）への違和感、緊張感、窮屈感を抱いていることが多い。それは、自分へのネガティブな感じと共通した体験様式であり、「からだ」が自己を取り巻く「ネガティブな拠り所」にしかなりえていないことを示していた。それが、動作課題の設定によって、自己の内面に触れる作業が始まり、次第に、自己志向的な状況設定が行なわれていったと考えられる。そのなかで楽に、しかも、柔軟に動く自体へと変化し、そのようにできる自体へのポジティビティ（肯定感）が高まり、自己の「ポジティブな拠り所」へと変化していったと考えられる。そしてそれは、セラピストと共有できる達成感によって支えられ、確かな自体感から、余裕をもち、現実的で、さまざまなことに対する制御可能感を抱きうる「自己感」への繋がりができたものと考えられる。不登校の子どもたちへの動作療法による援助過程は、導入期（自己志向的状況設定）、展開期（これまでの体験様式の検討）、自己-自体操作期（自己活動の活性化）、終結期（新しい自己と古い自己の統合）という四つの相に分かれることが多い。これは、これまでの神経症者への適用から見出された心理治療過程仮説（藤岡、一九八七b）とも整合するものである。

IX　動作療法の観点から見た不登校児童・生徒

これまで、不登校児への動作療法の適用におけるさまざまな留意点について考えてきたが、さらに、不登校児への動作療法の集団適用の実践も踏まえ、不登校児の動作上の諸特徴を整理し、今後の課題について検討する。

坐位姿勢をとってもらって、普段の姿勢をしてみて下さいというと、大きく二つのタイプが見られた。すなわち、一つのタイプは、前屈みになり、顎を前に出し、猫背である。もう一つのタイプは、背筋を逆にぴんと伸ばし、腰も反っている。前者からは、前向きになれない感じ、自分という存在を確たるものとして感じ取れていない様子が伝わってきた。また、後者からは、常に頑張らないと自分が確かめられない、楽になれない様子が伝わってきた。ともに、坐位姿勢で、直の姿勢をつくるように課題設定することで、「楽に、しかも適度に努力すること」が設定できると考えられる。さらに、肩を後ろに動かしていく課題や、肩を上げ下げする課題では、がちっとした慢性的な緊張というよりは、動かすときの「心のもっていき方」が手から伝わってきた。少し緊張しているのが手から伝わってくるが、その緊張はきついけれど普段の自分である、と語ることが多い。動きの速さによっては、自分でやっている感じがしないと語り、かなりじっくりゆっくりしないと、自分のからだが感じ取れない。不登校児が、常に焦りながら、結果として何もできないでいらいらとしている「時間」の流れが、からだの動きに表わされていると考えられる。また、立位姿勢は、膝が突っ張り、腰が反っていて、重心は全体として後傾していることが多い。立位での左右前への踏み締め課題では、横に逃げてしまうことが多く、ぐっと踏ん張る感じ、前に向かって踏み出していく感じが乏しい。自己存在感、自己投企（自己の存在の可能性を未来に向かって投げ企てる）感、柔軟な自己操作感などが、援助目標として考えられる。

さらに、基礎的な体験様式を生活体験に拡げていくために、イメージの利用も考慮すべきであろう。坐位姿勢で最初に肩を自分で楽に動かしていく課題をし、そのままセラピストの手でクライエントの肩に触れながら、楽にしていられる場面をイメージしてもらい、その場面でのからだの感じにじっくり触れてもらう。その後、少し緊張する場面をイメージしてもらう。特にこちらが学校場面を指定しなくても、教室で友だちが言い合いをしている場面とか、これから教室に入るところなどが、自発的に出てくることが多い。また、その際、さっと緊張する感じ、からだがこわばる感じが、手から伝わってくることが多く、まさにそのときに、力を抜くような心的構え、楽にしていられる感じ、じっくり向き合っていく感じを、動作を通して設定していく。急に緊張場面を設定しないこと、クライエントのからだに手を触れていることで、イメージによって誘発されるからだの変化、どうしようもなく出てしまう心の動きに、即時に対応できることが適用上の留意点であろう。さらに、その後もう一度、楽にしていられる場面、あるいは楽しい場面をイメージしてもらい、その感じをからだに留めながら、終わるようにすることが配慮すべき点であろう。

以上から、動作療法における望ましい体験様式を目指した動作課題を整理すると、以下のようになる。

(1) 頭で考え過ぎないで、まず動いてみることで、さまざまな体験をしていく。
(2) おまかせ脱力ができるように援助する。
(3) リラクセイション課題で、「楽になるような努力」を体験する。
(4) ゆっくりとからだを動かしていくことで、自分のからだの感じをじっくり味わえる。
(5) 動き始めるときの感じ（ぐっと力を入れて力むときの感じ）をつくりだす。
(6) 適度な緊張感、真っ直ぐになっている感じ、楽な感じを味わえる。
(7) 漠然としたからだの感じを、確かな自分の感じとして味わえる。
(8) 微かな不快感、からだの変調に、主動感を伴う動きによって向き合える。
(9) 主動感によって、いま、ここでの体験に留まることができる。からだと共にあり、気持ちはどこにも行かなくなる。

(10)「タテ」になった感じを感じとり、確かな自分を拠り所とできる。

今後、不登校児の適応の過程に添った動作課題の設定の検討が必要であろう。ごく初期には、徹底したリラクセイション課題が功を奏するであろうし、中期のいわゆる「巣籠りの時期」には、自分を再発見・再構築する課題設定が考えられる。さらに終期の不安定登校期、部分登校期には、イメージの利用による自己努力の再検討が図られるであろう。また、その際の留意点などについても、今後、多くの事例による検討を待たなければならないであろう。

X 今後の課題――体験様式の変化に向けて

不登校児童生徒に対しては、これまでさまざまな心理療法からのアプローチがなされている。これらに共通しているのは、本人と、本人を取り巻いている人たちが、余裕を取り戻すことである。冒頭で述べた、「焦りと無理をしてでも頑張る」という体験様式から、「ゆとりと、楽に頑張る」という体験様式への変化である。自分に目が向かない状況でいくら説教しても、やれないという無力感に子どもたちを追い込むこと以上のことはできない。不登校問題が多く出現する思春期の時期は、他者評価と自己評価のずれ、それに伴う対人不安感情の増大、身体的な変化(第二次性徴)とそれに伴う情緒的な不安定さ、将来に対する漠然とした不安感など、心身共に危機的な状況にさらされる。そのような状況だからこそ、安心して自己の内面を見つめることができる時間と空間が必要となってくる。自己を変革する心的構えに導き、かつ、じっくりとその発達課題に取り組める状況設定(自己志向的状況設定)がまず望まれることであろう。家族療法によるシステム構造の変革・コミュニケーション機能の改善も、この自己志向的状況設定を目指したものである(藤岡、一九九二b)。

学校システム論的なアプローチも校内のプロジェクトの編成、担任のサポートシステムの確立、校長・教頭・教務主任・生徒指導主任など直接関わる教師に対する心理的な支え、などを前提としている（藤岡、一九九四）。これらも、学校という器の中での自己志向的状況設定をし、その上で、担任・養護教諭・学年主任などの関わりから望ましい体験様式の設定ができていくものと思われる。その意味で、動作療法から検討されてきた体験様式およびそれに至るための自己志向的状況設定は、心理療法あるいは学校・家族システムによる不登校児への関わりに共通しているものと考えられる。このような視点からのアプローチの統合が、これからも検討されるべきであろう。

第七章　日本人臨床と不登校

日本の教育現場で生じている「不登校」「いじめ」問題は、日本人としての成長・発達過程を抜きには考えられないことである。本章では、そこに横たわる日本文化を問い直していくなかで、日本人特有の問題をどう理解しつつ援助臨床活動を進めていくのかということについて、試論を述べたい。

I　日本人臨床モデルの検討の重要性

不登校ということには、日本人特有の問題も含んでいるということが考えられる。筆者は、不登校の子は、学校あるいは学校のなかで、「異文化に関わっている」という感覚をもっているのではないかと感じている。あるいは、日本人としてのアイデンティティが揺らぐ全体的な状況のなかで、厳然としてある「日本人として育つ」ということと、「異文化に関わっている」という感覚の、二重性を敏感に感じ取っているのが、不登校の子どもたちなのではないだろうかと。みんなが無意識に受け入れようとしている日本文化、あるいは日本的な対人関係様式に対して、彼らはこれを異文化として受け止め、それらに対する受け入れがたさがあるのではないだろうか。

中村（一九四七）は、仏教が日本に入ってくる過程を分析し、日本人特有の思惟方法として、与えられた現実の容認、人間結合組織を重視すること、非合理主義的傾向、の三つに整理している。この研究は、ベネディクトの『菊と刀』（一九四六、邦訳は一九六七）と同時代のものである。さらに、その後、土居（一九七一）の甘え理論、木村（一九七二）の「人と人の間」論、中根（一九六七）の「タテ社会」論、浜口（一九七七）の「間人主義」、河合（一九七六）の「母性社会日本」、荒木（一九七三）の「他律指向」（Markus & Kitayama, 1991）の「相互依拠主義」と、日本人論は展開していった。これらの日本人特有の心理特性としての「他律志向」「間人主義」「集団主義」などが、日本の教育の基底にあることも、さまざまな観点から論考がなされてきた。

すなわち、日本人は、自分のためだけでなく、他者との関係を円滑にしていくための手段として、自らを「集団」の渦に投げ込もうとするのである。今、日本社会は、集団主義（間人主義）と個人主義、他律志向と自律志向、の狭間に身を置きながら浮遊しており、子どもたちはその相克と調整と揺らぎのまっただなかにいる。日本人である親や教師、保育者から育てられている子どもたちは、意識・無意識のうちに、日本人特有の心性と、時代によるその移ろいの影響を受けることになる。今後日本人はどのような生き方を選択していくのであろうか。子どもたちはどのような日本人になっていくのであろうか。日本語を話し、日本を生活の主たる場所にする限り、「日本人臨床」というモデル構築は是非とも必要になってくる。福祉臨床あるいは教育臨床のモデルを、今後さらに展開させていくための「問い」がここにある。特に、不登校、いじめのことをさらに深く探究していくには、欠かせない観点であろう（藤岡、一九九六ａ）。この章では、藤岡（一九九六ａ）を参考に、日本人と不登校という問題を論考していく。

II　不登校、いじめ問題の底流にある日本文化

学校教育に内在している日本文化という底流に、思い至る研究者、臨床家は多い。このことは、河合（一九九三）がすでに不登校について指摘しているところであるが、不登校のみならず、いじめの問題にも、日本の精

神文化を根底から問い直していく作業が必要であると考えられる。特に、学校における支援・援助を考えていく際に、個々の事例の違いを考慮したとしても、友人や教師との人間関係にせよ、学業などのことにせよ、学校に自分をゆだねる感じ（学校とつながっている感じ）が稀薄化してしまった場合にいじめや不登校に至ってしまう、と考えられる。内沼（一九九〇）、木村（一九九四）らの論考は、この点をさらに掘り下げていく視座を提供してくれている。

すなわち、不登校という現象は、学校に行かなくなることで、自分を学校という場に任せられない、あるいは学校との「つながり」を知らず知らずのうちに、あたかも自然の成り行きのように切ってしまうという、日本人特有の没我性（これを日本人特有の体験の仕方、体験様式と見る）が生み出しているのではないかと考えられるのである。また、陰湿な「いじめ」は、自分のなかに生じた「学校という場に来られなくなる感じ」や自己の統制感から離れたネガティブな感情を、学校という場で解消しようとする子どもなりの工夫とも考えられる。いじめたほうの側には、このいじめは許されてもいいという暗黙の雰囲気を、自分でも気づかぬ間《ま》（時間と空間）に感じ取ることで、責任の所在が不明確化し、さらに助長されると思われる。これも日本人特有の体験様式といえるかもしれない。学級空間が集団場面を前提にしていることから、「集団と個」という課題は、不登校問題を考える上で必須といっても過言ではないだろう。

スクールカウンセラーとして入ったある心理臨床家は、なんでも相談できる場を提供することで、子どもたちにとってそこが上手に悩む練習の場となり、それが、不登校やいじめの初期における対応を可能とすることを体験した。また、担任を支えることで、安心感を提供し、子どもに向き合っていく際に子どものより適応的な側面（前向きに困難に取り組む、など）を引き出すような、教師のポジティブな側面を誘発する努力をしていった。これらは、子どもたちに学校との「つながりの糸」を切らせないための、また、間《ま》（時間と空間）の影響をポジティブなものへと転換していくための、心理臨床家の援助といえるかもしれない。

Ⅲ　不登校と、集団のもつ圧迫感

人と人が織りなす間《ま》（時間と空間）は、暗黙の雰囲気を醸し出し、一人ひとりがその個を強調しなくても、曖昧なままに、人と人とをつなげていく。「和」とも表現されるこの集団のつながりの糸は、ときに、人を苦しめる「圧迫感」をもったものとしても立ち現われる。一方で、この和のなかにいることによる安心感は、さまざまな課題を乗り越えていく力にも転化し、「集団主義」がゆえの多くのパフォーマンスを導いてくれる。

不登校の子どもたちが抱えるつらさ、きつさに、このような集団ゆえの圧迫感というものがある。一対一の家庭訪問や適応指導教室、相談教室などの小集団では、自己を表現することができるのに、教室に行くとなると、途端に緊張したり苦しくなったりすることがある。個を大事にするという方針を掲げている教師であっても、教室そのものが集団を前提にしている限り、このようなつらさ、きつさを抱える子どもたちとも遭遇することになる。引きこもる子どもたちは、人と一緒にいるのが嫌なのではなく、集団の名の下に、さまざまな個別性がないがしろにされてしまうことについて、無意識的に拒否反応を示しているのかもしれない。たとえ、不登校状況にあっても、その後登校を開始するのは、この集団が醸し出す雰囲気を、「圧迫感」や「居心地の悪さ」としてではなく、「安心感」の器として感じ取れたときに、その場に安心して「個」を自己提示することができるからだろう。保健室、相談教室、そして教室と、徐々にその場を拡げていっている不登校傾向の子どもたちの存在は、そのことを表わしているのかもしれない。

また、たとえ圧迫感を感じたとしても、そのような場には決して個を提示しないことで、必要以上に圧迫感に侵入されるのを避けることもできる。不登校、引きこもりが、いま大きな社会問題となっているのは、このようなありようを許容するのが家庭や地域なのであって、学校ではないということを、計らずも露呈しているからなのかもしれない。「学校」は、果たしてどのような日本人を育てようとしているのであろうか。いろいろな日本人がいてもよいのであろうが、その許容の工夫がますます求められているのかもしれない。

Ⅳ　児童・生徒の「体験様式」

「学校という器」のなかで、学業重視に偏り過ぎていたり、また、行事や部活動のなかで、結果にばかり目を奪われてしまっている場合には、学校の雰囲気そのものが、個々の子どもたちを支えるというよりも、むしろ、「かろうじて、つながっている感じ」を断ち切る役割を果たしてしまっているということもあるかもしれない。いわば、学校の体験様式とも考えられ、それは、学級の体験様式、個々人の体験様式とも密接に関係している。このように、個人のさまざまな「体験様式」が、学校や学級の雰囲気いかんでネガティブに作用することもありうると考えられる。

藤岡（一九九四）は、学校の体験様式と家庭での体験様式が同調して動いてしまう場合（たとえば、焦っている感じや子どもの自発性を抑えようとしてしまう感じ、など）には、子どもの「問題」行動が助長され、長期化してしまうという現象を指摘した。それは、家庭内でのさまざまな体験様式が子どもの適応力を高められないという側面に対して、学校側が援助するどころか、却って、非難したり、援助しない（たとえば、授業中徘徊するなどの問題行動を文字どおり〈問題〉と見てしまう）場合でも同様であった。しかし、子どもの問題行動に対して、ポジティブな視点が学校のなかで育ち、しかもそれが、家族に対しても機能し始めたとき、子どもの問題行動も消失していった。

このように、日本人特有の体験様式としての集団や間《ま》に対する感受性の高さは、ときに「圧迫感」になり、ときに「安心感」の源泉にもなる。時間をかけて自力で、あるいは誰かの援助によって、圧迫感を安心感に転化させることがまず第一であろう。さらにもう一つ、「圧迫感」を「圧迫感」のまま、圧迫されないで感じていられるように、徹底して「個」の世界にいられる安心感を、少なくとも誰か一人との間では結んでいることが、「日本の学校」を生き延びる一つの手立てかもしれない。

V　事例

1．事例による検討

日本人臨床の観点から見た不登校事例（初出、藤岡、一九九六ａ）を以下に検討する（なお、プライバシー保護の観点から、事例検討に支障のない範囲で事実を変えてあることをあらかじめお断わりしておく）。

(1)　概要

〔クライエント〕Ａ子　十七歳　高校三年生

〔主訴〕新学期より登校を渋り、不安定な登校状態。登校できたときは保健室にいる。

〔家族構成〕父親は四十四歳の会社員。母親は四十三歳の専業主婦。妹は中学校一年生。父親方の祖父、祖母が健在。

〔来談の経緯〕四月十三日、父親から直接電話にてＮ大学福祉臨床相談室に、「娘のことで相談したい」との連絡がある。筆者がインテーク（受理面接）を担当することとなり、面接の予約を入れる。

〔不登校状態に至る経緯〕中学三年生の後半にも、登校を渋るなどの兆しはあったが、クラス構成員や担任の教師が、Ａ子の発するつらさをしっかりと受け止めてくれたため、尾を引くことはなかった。また、高校に進学しても、Ａ子と同様に物静かで、気の合う子がいたため、教室での居場所は確保されてきていた。しかし、その子が高校二年生の二学期から不登校気味となり、Ａ子の関わりも功を奏さず、三年生になってから転校という事態に至った。それ以来、Ａ子の登校意欲が減退した。最初の二日間は課題テストを受けたものの、思うような結果が得られず、それが終わったあたりから、顔色が悪くなり、保健室へ行く。それをきっかけに、その後は一日行って一日休むなどの不安定登校となり、学校に行けたときは保健室で過ごすようになる。家でも顔色が悪くなって、能面のような表情になるという。

(2) 心理治療の経過

#1(四月十八日)父親のみ来談。新学期早々学校に行くことを嫌がり、家にいるときは、自分の部屋に閉じこもりがちとなる。本人(A子)が言うには、「百パーセント信頼できる友だちが一人もいない。クラスの皆が自分のことを出来の悪い厄介な生徒だと陰で噂をしている。クラスに自分の居場所が全然ない、だから一人になりたい」。また、「自分には社会への適応力がないんだから生きていく価値がない。だから死んでしまいたい」と家族に語っているという。親としては、できるだけ慰めたり、励ましたりしているが、解決策が見つからず困惑している、と語る。また、一年生、二年生と仲の良かったA子と似ている感じの子が、この四月から、不登校が契機となって転校する。そのことが二人のあいだで話題になり出してから、これから一人になるということを意識し始めたという。セラピストは、父親に対して、今は家族の支えが一番大事なときであることを話題にして、以下のことを伝えた。すなわち、学校には保健室ではあっても毎日登校できていること、保健室のなかでお昼に食事ができていることなどから、大きく崩れていないので、この時期に、安定したサポートを提供することが必要であるし、また、本人が面接に来られないか打診してみてはいかがかと。娘に話してみる、と父親。表情は面接開始時より穏やかになっている。

#1―2(四月二十二日ファックス)父親より、ファックスにて連絡が来る。仕事の都合上、ファックスが最も確実な連絡方法とのこと。親としてだいぶ気持ちが楽になったこと、本人も面接に行きたいという意向をもっている、とのことが書かれている。A子に面接のことを話したら、ぜひ自分の考えを聞いてもらいたいと語り、前向きだという。それを受けて、セラピストは、A子との面接を予定する。ただ、四月下旬から五月初旬まで

セラピストの長期出張が入るので、面接は五月上旬になることを伝え、その間は、ファックスにて連絡を取り合うことを父親と確認する。また、送られてきたファックスのなかで記載されている最近の状況として、この日（二十二日）は学校の前まで行きながら、登校せずに帰ってきたとある。ここ数日、保健室に行っていたが、昨日担任の先生から、授業にちょっと出てみないかといわれ、試しに授業を受けてみた。そのときは五十分ほど教室にいるだけで大変だった。今日も、これから授業を受けると予習をしていかなくてはならなくなるし、とても嫌で戻ってきた、とのことだった。

♯1―3（四月二十八日ファックス）A子との面接予約のことでのファックスが来る。五月十二日に設定。ファックスのなかで記載されている最近の状況として、保健室での生活を基本にしながら、一～二時限の授業を受けられるようになってきているという。父親によれば、「本人の心のなかでは、何か吹っ切れないものをまだ抱えている様子で不安定な状況が続いていますが、少しずつ前向きな面が出てきつつあるように私の目からは見えます」という。家族の関わりは、ネガティブに転化していないし、A子の姿をしっかり見てくれている、とセラピストは感じる。

♯1―4（五月八日ファックス）父親から近況報告のファックス。勉強のほうにも徐々に手をつけ始めているという。ただ、教室に入るとものすごい圧迫感を感じ、周りから攻められている感じ（攻撃的な視線を感じるという）になり、教室内に長くいられない状況が続いているという。

♯2（五月十二日）父親と一緒に本人も来る。表情はそれほど暗くないが、下を向いて、肩に力が入っている。まず、本人が来られたことを話題にし、よく来れたねと率直に本人に伝える。また、現在、保健室に行っていて、そこから、人が少なくなる「社会」の授業のときだけ入っているとのことなので、そこはまず大丈夫と支持する。そこまで話して（十分後）、父親に面接室の外にあるソファで待ってもらうことにし、A子と二人で面接。クラスの人が自分を悪くいっている、先生も自分を馬鹿にしているということを語る。が、それはおかしいと思うし、全部が全部ではないと思うと語り、関係妄想的なところが見受けられない。むしろ、自分に対する自己評価がずいぶん低下しているという印象をもつ。そのことを話題にし、「どうかなあ」と訊くと、話は飛ぶかもしれないけどといって、自分のことを語り始める。生きていくことに価値はあるのか、幸福とは何かということを考えて、わからなくなるという。「失敗することが怖い……失敗することを認めてもらえないかなあ」と訊くと、「安心できない、家でも」と語る。進学校という雰囲気からずれ始めている感じと、ずれ始めたからこそ、そのなかで、自分の生き方について初めて考えているようであり、そのことの大事さを共有できるように面接を設定していく。

そこへ母親が来る（本人とのみ面接を開始して四〇分後）が、父親と一緒に外で待ってもらうことにする。母親の話になり、母親がうるさい、（勉強などが）もっとできると思っている、とA子は語る。父親は優しいが、心のなかで（母親と同じことを）思っているかもしれない、と語る。それから、二十分ほど話し、「今日は最初だし、これからもし希望すれば、こうやって話す時間を取れるよ」と訊くと、来たい、という。そこで、両親をなかに呼び、現在の状態をもう一度話し、また、家のなかで安心できる時間と場所をつくることの大事さを両親に伝える。「どうですか、お母さん」と訊くと、自分としてはこの子はもっとできるはずなのにと思ってしまう、と面接での話と同じことが出てくる。そのときのA子の様子を見ると、下を向いて、つらそうにしているので、そのことを言葉にし、しかも、それがお子さんを安心できなくさせているのでは、とセラピストは母親に語りかける。母親は、「はあ」といって、なかなか理解できない感じ。セラピストはそのとき、母親との親子関係が問題のベースとしてあると感じる。ただ、A子の内省力と心理治療への高い動機付けも同時に感じ、特にここでは、家族関係のことをA子との面接のなかで問題にしようと考え、まず本人への援助を中心に面接を設定していくことにする。次は一週間後、二週間後、三週間後と提示し、本人は二週間後というので、その日に設定して、A子との初回面接を終わる。

＃3（五月二十六日）A子と母親と二人で来談。母親には外で待っていてもらい、A子との面接。あれから、毎日保健室からではあるが、教室に通っている。出やすい授業とそうでない授業がある。「出やすい授業って？」とセラピスト。先生がいいから、それに授業人数が少ない選択は楽、とA子。国語もどっちかというと現代文が出やすい。古文は先生が違うから出にくい。生物は先生が苦手だけれど出られないことはない。生物の先生は、全部出席しろと言う。何を頑張れというのかわからないけれど、よくそう言う。担任からは毎日出ろ出ろと背中を押されている感じ。毎回出席しないと単位取れなくなるぞ、と言われる。そう言われても行けないときがある。それをわかってもらえない。自分でも全部実行しないと気が済まないと思ってしまう。授業に出ないと却って駄目、申し訳ないなーと思ってしまう、とA子。まだ、無理をする感じが伝わってくるので、担任と「間を置く」ことを話題にする。心のなかで先生の言うとおりにしないと、と距離を測れなくなっている。担任の前ではつい頑張ってしまうし、ほかの先生とは、授業中も気持ちが楽になってきている気がする、とA子。担任とほかの先生との違いを話題にし、担任に気に入ってもらえることを知らず知らずに目指している、とA子は語る。そのようなA子にとって、嫌な、あるいは触れ続けたくない話題を語っているときでも、面接中の表情は良く、悩みに上手に向き合っている感じがセラピストに伝わってくる。その後、母親も交えて面接。母親も嬉しそうにしている。次回も二週間後に設定。

＃4（六月八日）本人だけで来談。学校には毎日行っている。授業中に心臓の鼓動が速くなり気になってしょうがなくなったときは、授業を抜けさせてもらう。周りを気にすることが少なくなってきた。ただ、周りの人が耳打ちしていると、私のことかなと思ってしまう。「前に比べたらそんな感じになるのはどう？」とセラピスト。少なくなってきたと思う。自分は駄目な人間だと思ってきたが、あまり良くもないがほどほどかなーと。「ほどほどの感じがつかめてきた？」とセラピスト。いま出る結論はないし、と思うようになってきた。「前は、考えないと、にっちもさっちもいかない感じがあったのかなあ」と言うと、うーん、と言いながら、表情は楽な感じが伝わってくる。「話を聞いていると、担任の言っていることをそのまま聞くという感じが少なくなっているように感じるけれど」と伝える。それに対して、「無理をしなくなった。自分でできることをしていけば、と思えるようになってきた。保健室にいるよりも教室にいるほうが楽になってきた」と語る。少しずつ、学校でのことに主体的に関わる感じを取り戻してきており、そのことを伝える。次回も二週間後とする。

♯5（六月二十三日）本人だけで来談。保健室から教室に通っている。休憩時間は保健室。授業と授業のあいだ、自分の居場所がいっきになくなる感じがするという。また、どうしても物事をマイナスに考えてしまうともいう。「八十点取っても、それしか取れないと思ってしまうのかなあ」とセラピスト。昔から、母親にそう言われ続けてきたと、母親を引き合いに出して自分のことを語る。「母親との距離が少し出きてきたかな」とセラピストは感じ、同じ意味の言葉を穏やかに小さな声で送る。A子は、そのことが納得できたかのように微笑む。その後、話題がクラスの子のことになり、「先生とか気にしなくていい」と言ってくれる人もいるという。「そういう人がいても、学校に行ってるあいだはクラスの人に馴染めない。自分のことを嫌っている人が沢山いると思い込んじゃっている。二年生の三学期から積み木を重ねている感じ。中学校三年生のときもあった。出口がない感じ。でも、今はなんとか卒業しなきゃと思って気持ちを切り替えている」などと、悩みが適度な不快感を伴って、自分の心のなかに保持できるようになってきている、とセラピストは感じ、そのことを伝える。A子は、「自分の問題は自分でかな」と語る。

♯6（七月十四日）本人だけで来談。授業以外のときも、教室のなかにいられるようになってきた。ただ、昼食のときは保健室で。これからも保健室でいいのか気になる。学校行事も出たくない。体育祭やクラスマッチが夏休み直前に続いてある。そういうところでうまく話せないから、みんなとはぐれてしまう。話題に乗っていけない。わーわーと騒ぐ人がクラスに多いけれど、私は騒ぐのが苦手なので。同じクラスだった子で、二年の三学期から休みがちで三年生で別の学校に移った子がいる。お互いに似た者同士支え合っていたのかもしれない、などと語る。友人関係の話題が続き、友人から悪く言われたりするとがっくりくるし、友だちつくっても、却っていじめる側に回ったりするので嫌になった、と語る。周りから圧倒される感じから、自分なりに友だちとのことを整理してみようという感じがしていることをセラピストは感じ、そのことを伝える。次回は夏休み中。

＃7（八月九日）本人だけで来談。夏休みに入る直前の様子を訊くと、教室には行けるようになった、と語る。前のように人の目を気にしなくて済むようになってきたという。とりあえず、今やれることをやっていこうと思う。哲学か文化人類学が面白そう。心理学も興味なくはない。大学は哲学科を選びたい、という。「これからのことを考え始めたね」というと、うちの学校は、○○大学向きだから、勢いで行けるかも、と楽観的に物事を見られるようになってきている。初回面接のときのことを話題にし、「自分の悩みに上手に向き合えるようになったね」と伝えると、ついついこんなふうになっちゃうけれど、これからは大丈夫な気がする、と語る。次回、一か月後とする。

＃8（九月七日）本人だけで来談。皆に勉強しろと言われたとき、私に余計に言われているよう。教室のなかは緊迫しているのに、私だけぼうっとしているように感じてしまう。でも、それでもよいのかなと思っている。四か月後の受験は、行けるかもしれないし、行けないかもしれない、それはわからないけれど、とりあえず学校にだけは行っておこうと。自分でやる勉強もなかなか進まないけれど、たとえば英語なら英語で、一行でも二行でも進むとやっているという感じになるので。「気持ちが空回りしなくなったのかなー」とセラピスト。友だちのなかに入っていけない感じはまだあるけれど、前のように期待しなくなった。適度に合っていれば、そのうち、気の合う人が現われてくるかもしれないと思う。友人から悪く言われている感じはほとんどなくなった。安定した登校となってきており、また、友人関係や担任との関係も、日常的な感情状態を大きく揺るがせてしまう感じがA子から感じられなくなってきたので、次回一か月後に、さらにフォローすることとする。

＃9　上記の状態は変わらず、安定している。これまでの面接の流れを二人で振り返り、何かあったらいつでも連絡して、と伝えて終結とする。

(3) 事例の考察

a・A子にとっての「学校という場」における体験様式の変化

「学校という場」にかろうじてつながっている、ということを感じさせる子どもたちがいる。両親の期待を受けて、受験勉強のルートに乗り、進学校に在籍しながら、A子は、稀薄な友人関係しか結べないまま、育ってきていた。唯一A子を学校内で支えてくれていた子も、不登校の結果、転校ということに至ってしまう。もともと稀薄な人間関係を基礎としていた学校生活は、それをきっかけにいっきに居心地の悪い場に転化したものと思われる。

勉強さえ頑張っていれば認めてもらえる、という状況は、家でも学校でも同じであった。友人関係での「安心できる感じ」が乏しいA子にとっては、担任に対して心配をかけない良くできる子、という自己像の提示が必要であったと思われる。それが三年生になって、課題テストでの不出来に直面し、また、進学一色に染まり始めた周りの雰囲気に対して違和感を感じたが、それを「違和感のままにとどめておける」ほど、A子自身はその違和感に距離が取れていなかった。むしろそれは、焦りや自己評価の低下へとつながっていった。その象徴が、担任との距離の取り方であり、担任の期待に応えられないと済まないという感情が生じ、しかも、それがさらに担任の期待を誘発するという悪循環を引き起こしていた。これは、きわめて日本人的な感情であろう。セラピストは、そこを話題にし、担任との話題のなかに含まれている解決すべき課題を、担任と距離を置く、ということにした。敢えて、担任の期待に応えようとしないことで、A子なりの担任に対する自己提示が生じることを狙っていった。A子は、早い時期にそれに応えてくれたし、そのことで却って、学校に対して主体的に関わる感じが生じてきていた。これは、A子自身の体験の仕方（体験様式）の変化に伴う、A子による「状況の主体化」（藤岡、一九九五a）と言えることである。

b・事例に見る「A子をとりまく状況の変化」

A子の家族は、A子よりもむしろ学校のほうに同調しており、いうなれば、共振を起こし、家庭はA子を追い詰める場となっていた。すなわち、A子のことを考えれば考えるほど、焦り、どうしようもない感じを両親に引き起こし、A子の体験様式をネガティブなほうへと引き下ろしていったと考えられる。それが、A子自身の変化によって、また、セラピストによる介入によって、「安心できる場」「悩みを悩みとして、そのまま悩んでもよい場」へと変化していったと考えられる。

一方で、学校の体験様式は容易には変わらなかった。学校は、学校の方針に波長を合わせることができる家庭のほうに基準を焦点化し、不安定な登校時期でさえも、A子を不登校へと追い込んだのと同じ様式で、A子に対してストレスフルな状況を提供し続けていた。今回セラピストは、心理治療の焦点をA子の内的な変化に置いたが、スクールカウンセラーあるいはスクールソーシャルワーカーとして関わることができれば、焦点化の対象は当然、担任であったと考えられる。A子との関わりを念頭に置きつつも、主として関わるのはもっぱら担任を中心として、学年主任、生徒指導担当者、校長・教頭であったかもしれない。というのは、スクールカウンセラーやスクールソーシャルワーカーとしてA子と関わることで、却ってA子と担任との関係性を稀薄化させてしまう可能性もあるからである。よかれと思っての援助行動が、却って目的とは反対の方向へ導くことがありうるのは、心理臨床場面でよく遭遇することである。

Ⅵ　日本特有の「学校・学級の体験様式」とそれを緩和・補償する「個人・家庭・地域の体験様式」——学校と家庭、地域の相補性

以下、藤岡（一九九六a）を参考に、「日本人臨床と不登校」という観点から考察を加えていく。

いま、不登校やいじめが問題になっているとはいいながら、不登校になっていない子どもたちの数ははるかに

多く、また、いじめが顕在化する前にとどまっている、あるいは解決されていった学級の多いことも事実である。A子のクラスでも、クラスの構成員に対する被害感を生じたのは、むしろA子の心理的過程から生じたことであり、具体的ないじめの事実は少なくともA子からは語られなかったし、面接内容やA子の表情・身体的な症状出現を含めての日常生活の変化からは、読み取れなかった。A子の気持ちを阻害したのは、具体的な事実や人間ではなく、学校や学級のもつ特有の雰囲気であり、A子にとってはこれこそ、実感を伴って感じられる「自己を脅かすもの」であった。このように、人と人とのあいだに感じ取られる雰囲気や間《ま》が実感を伴って感じられるのは、日本人の体験様式である。セラピストは、「没我性を伴った、身を引く感じ」がA子の心のなかに占められていくのを引き留め、「学校と微かに、しかも、確かにつながっていく感じ」へと転換させていった。不登校のさまざまな事例のなかでは、このような援助がなされないままに不登校が長期化し、二次的な体験様式（たとえば、皆が自分のことをどう見ているかが気になる、皆から取り残されていく感じ、焦っているものの、どうすることもできない感じ、など）によって、問題を複雑化させている例も予想される。

　ここではA子を見てきたが、学校では、一人ひとり子どもたちが、学校と家庭と自己との微妙なバランスのなかで、「どっしりと学校に居場所をもっている子ども」と、「かろうじてつながっている感じをもっている子ども」とに、その時その時で分けられているように思われる。昨日安心して見ていられた子が、今日危うい状況に追い込まれているかもしれない。学校現場は、そのような状況にあるのだということを、学校内外の立場で共に見ていき、子どもたちに対して、少しでも上手に悩んでいける場、悩みに上手に向き合っていく場を提供する努力をすることこそが、日本人臨床を考える上で重要な視座であると考えられる。

　家庭は、学校で起きているさまざまなことへの緩和・補償の役割を取るということが、昨今の不登校状況を鑑み、ますます重要になってきていると考えられる。家庭や地域の価値観の多様性は、当然学校の価値観の多様性を上回るだろう。子どもの数ほど家庭はあり、その背景にはさまざまな価値観が渦巻いている。学校は、さまざまな価値観を認めつつも、ときに特定の価値観を提示せざるをえない。家庭と学校との相克は起こるべくして起こるのであり、その調整機能をどれだけ学校が用意しているかによって、子どもの健康状態は大きく違ってくるだろう。スクールソーシャルワーク、あるいはスクールカウンセリングは、そのことを重く受けとめ、学校にとっても家庭にとっても、なんらかの調整があってこそ互いが歩み寄れる間合いがあり、互いの成長もあることを、肝に銘ずるべきだろう。

さらには、求めるのは学校に対してだけでなく、第四章、第八章で見るように、家庭や地域も柔軟に変化していくことが求められている。家庭のなかや地域で、子どもたちにどのような日本人になってもらいたいかの議論を尽くすことが、ますます求められているのかもしれない。

Ⅶ 「日本人臨床と不登校」のもつ課題

まだまだ、日本人臨床という言葉と不登校とを結びつけることは、あまりなじみがないように思える。ここで取り上げた事例では、高校生特有の対人関係や進路選択における希薄感、かろうじて学校とつながっている感じなどを強調した。日本人という文脈ではないところでもケースとして成り立っていくが、ここでは敢えて日本人という視点を入れた。事例としてここで取り上げるのが適切かどうかはわからない。適切ではないところもあるかもしれないが、事例があるほうがテーマを深めることができると考えた。思春期の子どもたちに限らず、日本人の成長・発達には、日本人の文化を掘り下げていくという視点がぜひ必要と考える。思春期の子どもたちの成長が、欧米では自己独立的に成長していく。日本人は他者依存的な自己評価をしながら周りの目を基準にしつつ自己形成を図っていくところがある。周りの目を意識しすぎることによって、つらくなるということがある。逆に、周りの目を意識しなさすぎることによって、不適応感が高くなる子もいる。そのことで孤立感をもってしまったり、クラスにいづらくなってしまったり、友達関係がうまくいかないときに友だちがサポートしてくれなかったりする。そのあたりのことは、日本人の成長、日本人として大人になるということはどういうことか、という問いを含んでいる。すべての不登校ではないだろうが、そのようなことと関連している子どもたちもいるのではないか。日本人論は奥深いものがある。これまで、中村元、土居建郎、木村敏、河合隼雄、と続いて研究されてきているが、非常に複雑で深淵である。さらに検討すべき課題であろう。

いずれにせよ、日本人論を踏まえていることによって、不登校のことが理解しやすくなるということかもしれない。目的は日本人論ではなく、あくまで不登校臨床ではあるが、そこを理解するのに日本人論というのは視点として欠かすべきことではない。唐突に日本人論が出てくるのではなく、なぜ日本人論が必要なのか。そして、日本人論を踏まえることによって、不登校のどういうところがわかるのか。どういうところがまだわかりづらいのか。あるいは、不登校研究においてわかりづらいところを掘り下げていく作業が、逆に日本人論を深めていくことになるかもしれない。日本人論を主として研究している人は、不登校のことを扱っていくことが重要であるかもしれない。引きこもりについても日本には、三年寝太郎などの話がある。人が変化するときには、その時間の長短は別にして、寝てしまい、引きこもってしまうということが、日本人の心性にはあるのかもしれない。西洋にも、眠り姫などいろいろあるが、少しニュアンスが違う。日本人論を掘り下げていくことでやっと理解できることがあり、不登校に関する施策や制度などを考える際にも、欠くことのできない視点であるといえるだろう。

第八章　不登校児童・生徒の家族への援助システムの構築

事例研究にもとづきながら、家族への援助をシステム論的アプローチから見ていく。家族への援助は、「問題のない家族」「問題のある家族」という二者択一的な幻想からではなく、「問題があっても、課題解決志向で変化しうる柔軟な家族」という現実的な課題性をもつことが重要であることを提示していく。

I　不登校と家族

不登校の子どもたちを抱える家族と関わってきて感じるのは、家族の「変化」に対する耐性が大きく関与しているということである。家族療法が苦労するのは、まさにここであり、家族は変われば変わるほど子どもたちの支えとなりうるのに、敢えて変わらないことを選択しているかのような家族もある。家族と関わるとき、特に変化を生み出す関わりについて整理してみたい。

a・一歩前に足を踏み出しているのは誰か

誰かに相談する、あるいは子どもと一緒に悩む姿勢を示すのは、援助の第一歩である。そこには、子どものつらさへの共有がある。祖父母でも、母親でも父親でも、その一歩を踏み出す勇気への支持が、相談を受ける側にはまず大事になる。

b・子どもの「安心感」「大丈夫感」を阻むものは何か

学校でのストレスや悩みが、そのまま不登校につながるわけではない。不登校となるには、学校との関係を容易に切らざるをえない「状況」がある。家族の支えが功を奏するのはこのときであり、緊急時の救急支持態勢ともいうべき状況を家族がつくりだす必要性が出てくる。また、学校が不登校を生み出す要因として大きくのしかかっていれば、それを取り除く努力が必要になる。その取り除く努力というのは、いじめの解決であったり、教師の接し方の変化であったり、対人関係の再構築であったり、評価の仕方の変化であったりする。学校側の柔軟な対応が求められるところである。第九章で述べるようなさまざまな体験様式を獲得するためには、このような器が必要となる。家族や適応指導教室、フリースクール・フリースペースなどは、子どもたちの新しい体験・挑戦の場となる。学校に行くことが目的ではなく、何を課題としているのかということを明確にする必要がある。

c・自律・自立と依存の場としての家族のアセスメント

発達的な側面を踏まえつつ、どこまで家庭が依存を許し、どこから自立を求めるのかは、家庭それぞれである。学校の期待や学校が子どもに求める自立の度合いと、家庭が子どもに求める自立の度合いがずれる場合、学校における不適応感は高くなる。そのあいだを埋めるのが教師の役割であり、そのことに理解を示すのが家庭・家族であるが、なかなかうまくいかないことが多い。

衝動のコントロール、勤勉さ、適度な気分転換、友人関係の取り方、勉学への期待など、それぞれの家族によって異なる。家族のアセスメントが必要なのは、家族構造などだけでなく、このような家族の暗黙のルール、家族内でのルールである。

d・発達援助の場としての家庭と、癒やしの場としての家庭

不登校は、cで見たように、従来発達の課題が重視されてきた。しかし、「社会的な引きこもり」の増大に

伴って、学校や家庭での傷つきの反応としての不登校という観点も、併せて重要になってきている。このような傷つきのことを思うとき、傷つきそのものに対しては、「そっとしておく」という配慮が何よりも重要となってくる。PTSDへの配慮と同じである。そして、「そっとしておく」という配慮を前提としながら、時間をかけてじっくりと癒やす作業が必要となってくる。再登校を急ぐことで、フラッシュバックに近い感覚やトラウマの再現などが、不登校をこじらせてきた歴史がこれまでどれだけあっただろうか。子どもたちの様子を見ながら時機を得た対応が必要となる。

e・家族は子どもの変化の目標をどう焦点化するのか

再登校だけを目的にしている家族と一緒にいる子どもたちはつらいだろう。一方で、本人の意思を先取りして、フリースクールや適応指導教室こそが学校教育に代わる居場所であると限定するのも、行き過ぎであろう。あくまでも本人の意思が重要となる。家族は、自問自答することになる。「この子の、この時期にとって、一番幸せなことは何だろう」と。そのために、後に述べるような多様なアセスメントが必要になってくる。家族との面接では、援助者の問いによって家族の気づきが開かれるときもある。上記のような問いは、不登校に関わる援助者にとって宿命とも言えるものである。この援助はどの方向に向けてするものであるのか。その問いを抱えることが、援助者や家族にとって必要になってくる。

このような点を踏まえて、以下に具体的に家族支援を考えていく。

II　家族療法の動向

家族療法は現在さまざまな立場で行なわれているが、総じて、システマティックな観点を重視していると言える。また、家族の過去の養育の歴史を重視するというより、現在ある家族の力や資源を有効活用して、解決に向けてのアプローチをする動きが盛んになってきている。

以下に、岡堂（二〇〇〇）、亀口（二〇〇二）を参考に、家族療法のさまざまな立場を概観する。

1．ボーエンの家族システム理論

ボーエン（Bowen, M.）は、統合失調症患者の家族全員を入院させる治療法を試みたり、自分自身の親類縁者を軒並み訪問して面接したりし、過去の因縁話を掘り起こして自己の精神的な分化の過程に与えた情緒的影響の「ルーツ探し」をするなど、大胆な試みを展開した（Bowen, 1966）。

a．自己の分化

人は、感情過程と知性過程が融合している一方の極と、両者が分離している他方の極を結ぶ、線上のどこかに位置付けられるという。融合の極にいる人は、感情過程に支配されており、衝動的、本能的、原始的である。分化の極に位置付けられる人は、知性過程が優れている人である。

b．三者関係

三者関係が夫婦や家族などの感情システムの基本である。二者関係に緊張が生じると、第三者を巻き込み、三者関係をつくる現象が一般的に見られる。三者関係が安定する条件は、それぞれが自立して関わることである。第三者が二者関係の外側にいることができると、二者関係に圧力となるので、分化が促進されるという。

c．核家族の感情システム

核家族の感情システムも、融合-分化の連続線上のどこかに位置付けられるという。親からの自立の程度が類似した男女が夫婦になりやすい。

d．家族の感情投射過程

両親の未分化な状態が、子どもに伝えられる過程をいう。家庭が不安定で、子どもが親から分化・自立していなければ、子どもに神経症状がつくりだされてしまう。

e．感情の切り離し

夫婦がそれぞれの出生家族と融合したままで自立できないにもかかわらず、親との接触を減らすことで、感情の切り離しをする仕組みである。これは、ほんとうの分化や自立とは違った意味をもつ。

f．多世代間の伝承過程

感情過程が幾世代にもわたって伝えられていく現象である。数世代に及ぶ感情システムの妥協の副産物が、重いアルコール障害や身体疾患、統合失調症であるという。

g．出生の順位

夫または妻の出生順位が夫婦関係に影響するという。

h．社会の感情過程

社会の退行という言葉を用いて、不安に満ちた社会の感情過程によって問題解決能力が妨げられているという。

2．ミニューチンの構造的家族理論

家族アセスメントの際のファミリーマップは、この構造的家族理論を背景としてもっている。家族システムに家族療法家が溶け込む過程（ジョイニング）を重視し、サブシステムの境界に働きかけ、構造改革を促す。ミニューチン（Minuchin, S.）の考えは、大きく三つの前提にもとづいている（Minuchin, et al., 1978）。

（1）人間は自分の運命の支配者ではない。個人は社会関係のなかで生きている。その社会が個人を規定するのである。

（2）社会的脈絡には構造がある。

（3）その構造には良いものと悪いものがある。

また、その構造を以下の三つに分けている。

a・組織性

夫婦は家族に含まれるサブシステムの一つであり、夫婦システムはまた、母親、父親のサブシステムに分かれる。すべてのシステムには境界があり、そのシステムを守る機能がある。夫婦システムが明確な境界をもち、子どもたちや出生家族システムからの妨害を防止できることが大切であると強調している。ミニューチンは、境界を、「離れ離れである」（分離性・遊離状態）、「巻き込まれている」（緊縛性・てんめん状態）、「はっきりしている」（明確性）の三つのタイプに分けている。

b・交互作用のパターン化

ミニューチンは、脈絡（context）と行動の関連を重視し、相互作用を送り手と受け手によるコミュニケーションと見るだけでなく、環境的な脈絡と個人の行動との複雑な関わりであると考えている。

c・ストレスに対する反応

家族システムにストレスを与える源泉としては、個人と家庭外の力との相互作用、家族と家庭外の力との相互作用、発達段階の移行、その家族独自の問題があるが、ストレスへの反応パターンには共通性が見られるという。適応に導くか、構造を硬化させるかのどちらかである。

3．家族コミュニケーション理論

ＭＲＩ（Mental Research Institute）は、一九六〇年にカリフォルニア州パロ・アルトで創設された家族療法の研究機関である。コミュニケーションを重視するＭＲＩの理論モデルは、以下のように要約できる（長谷川、一九八七）。

a・「人は、コミュニケーションしないわけにはいかない」

相互作用場面での行動のすべてがメッセージとしての価値があるコミュニケーションであるとすると、何をしようとしたところでコミュニケーションしないわけにはいかない。

b・このコミュニケーションは、シンタックス、セマンティクス、プラグマティクスの三つに分けられる

シンタックスは、情報の伝達方法に関するものである。セマンティクスは、意味論であり、受け手のコミュニケーションを理解する能力が関心の対象となる。プラグマティクスは、コミュニケーションが行動に及ぼす効果を扱う分野である。たとえば、夫婦のコミュニケーションがおたがいに支えあうものであるのか、それとも対立を引き起こすものであるのか、といった面を取り上げる。

また、コミュニケーションの行為には、レポート面とコマンド面がある。前者は情報の伝達の面をいい、後者は両者の関係を表わす主張の面をいう。

c・病理的なコミュニケーション

〈コミュニケーションのパターン化〉

・コミュニケーションのシンタクス面とセマンティクス面に注目し、問題となっているコミュニケーションの明瞭性と混乱度を把握する。

・コミュニケーションのプラグマティクス面に焦点を合わせ、送り手と受け手の関係を理解する。

〈逆説的コミュニケーション〉

逆説的コミュニケーションとは、二つの対立し、矛盾したメッセージが同時に伝えられる現象である。

〈症状の意味付け〉

症状は非言語的なコミュニケーションのメッセージであり、家族システム全体からとらえる。

4．戦略的家族療法理論

家族システムのルールは、家族の共進化や個性化から生じる変化への必要に応じて変わることが期待されている。しかし、不適切な戦略（strategy）が持続的に用いられると、家族システムは硬化し、病理的になることもある。この立場の主導者は、ヘイリー（Haley, J., 1963, 1976）である。戦略的家族療法が開発してきた技法は、リフレーミング、症状に対する肯定的な意味付け、戦略的処方、逆説的介入などである。たとえば、家族のなかにいる眠れない人に、敢えて眠らないで家族の一員と英語の勉強をしてみようと提案する。このことで、眠ろうと思っても眠れないという解決とは逆のことを繰り返してしまう人に、自発的な睡眠を促すことになる。さらに、仮に眠れなくても、英語の勉強という自分や家族にとって役に立つ課題も併せて設定できている。このことで、眠れないという問題（problem）が、自分の新しい側面を開発するという課題（task）に置き換えられている。

5．システミック家族療法理論

システミック家族療法は、セルヴィニ・パラツォーリ（Selvini-Palazzoli, M.）が、一九六七年にイタリアのミラノで創設した家族研究所を中心に発展した方法である（Selvini-Palazzoli, et al., 1980）。戦略的家族療法が、現存の問題に対する理解と介入を強調したのに比べて、システミック家族療法は、家族内の自己維持的フィードバック・メカニズムの把握と修正に力点を置いている。

ミラノ派で用いられる円環的問いかけは、家族システムに関する情報の収集と同時に、情報の導入のために行なわれる。この情報の収集は、家族のダイナミックな構造に関する仮説を形成し、その妥当性を確かめるのに役立つ。家族療法場面で、各参加者は順番にほかの家族メンバーとの違いや関係についての自分の見方を話すように求められる。家族の人びとは、家族構造に関わるイメージの発達や家族内の関係に見られる円環性の理解に、メタコミュニケーションのレベルで貢献し合う。一連の相互に結びついた反応を記述し、その反応が示される脈絡を説明することが大事とされる。

6．象徴体験派の理論

ウィタカー（Whitaker, C. A.）らによって開発された（Napier & Whitaker, 1980）。この学派では、問題発生の原因探しをしないで、いま、ここでの相互交流の過程に対する気づきが重視される。セラピストは家族関係について比喩的・象徴的解釈を行ない、不安と愛情の表現を促し、変化のきっかけをつくる。セラピーでは、二人のセラピストによる協働治療が強調される。複数のセラピストが関与することで、親密な関係、協働的な葛藤の解決、自律性の維持、妥協などの情緒的なプロセスを家族が学ぶモデルとなり、また複眼的な視点を提供することにもなる。

7．解決志向アプローチ

短期に効率的に効果を上げていくことを目指すブリーフセラピー（brief therapy）という領域で、注目されている試みの一つが、解決志向アプローチである。ド・シェイザー（de Shazer, S., 1985）やインスー・キム・バーグ（Berg, I. K., 1994）らが発展させたものである。解決に焦点を当て、クライエントの力をうまく引き出す。「例外探し」（問題が起こらなかった状況に焦点を当てる）を通して、クライエントがすでにもっている資源（リソース）を活用する。また、「ミラクル・クエスチョン」（奇跡が起きて問題が解決されてしまったら、どこが違ってくるか、などを聴いていく）は、肯定的な未来をセラピストとクライエントが一緒に構築すること（未来志向）を意味している。アルコール依存の家族や、児童虐待を繰り返す家族への、家族ソーシャルワークの手法としても注目されている。

8．その他

ほかにも、行動療法の影響を受けた行動学派の理論や、家族そのものを家族を取り巻くネットワークシステムやコミュニティシステムのサブシステムとしてとらえていこうという社会的ネットワーク学派（生態学的モデルにもとづいている）の理論などがあり、さまざまな介入技法が鋭意開発されている。

Ⅲ　家族援助の観点から――家族システムの変化による援助

不登校への援助というときに、非常に重要なのは家族への援助である。これは、何か問題があるからということではなく、不登校児童・生徒の心理的な安定や自己決定感・自己存在感体験の獲得のために、極めて有効な場が家庭だからである。不登校児童・生徒を抱えることで、問題家族というレッテルを貼られ、苦しんでいる家族は多い。不登校状態が、家族の変化によって改善したのは、その原因に家族の問題があったからと考えるより、問題（課題）解決のために家族全員が動き出し、本人に関わる重要な人物として一人ひとりの家族構成員が有効に機能し始めたからであると考えるほうが、臨床的には真実に近いと感じている。また少なくとも問題のない家族などはない、できるところから小さな変化を起こそうと考えたほうが、心理治療上有効な結果をもたらすことが多い。家族の凝集性と親密性を査定し直し、児童・生徒本人の発達課題へと安心して向き合っていけるような場を提供することが重要であり、システムとしての家族への介入、ジョイニングも、不登校への援助技法として極めて有効である（藤岡、一九九八ａ）。これまで見てきたようなさまざまな技法を理解したうえで、個々の事例に最も合った家族介入技法を用いることになる。

1．事例研究

【ケース】　小学五年生、女子

（なお、プライバシーの保護を考慮して、事例の検討に支障がない程度に事実関係を変えてある）（初出：藤岡、一九九九d）

小学校での自由相談で、相談者が初めて本児と対面したとき、本児は鉄棒がもっと上手になりたいということを切々と語った。話を整理していくと、本児の課題はどうやったら鉄棒が上手になるかということではなく、先生の要求に素直に応えることでかろうじて先生や学校につながっている感じを強くもっていること、それゆえに鉄棒が上手にならなくてはいけないということに本人がこだわっていること、が伝わってきた。そのため、そのようなこだわりがどこからくるのかということに焦点を当てて面接をしていった。さらに、学校生活は鉄棒だけがすべてではないこと、また、何かが上手にできることによって先生や周りの人に認めてもらうのではなく、精一杯がんばっていることを自分で褒めてあげることで、次の元気が出てくるということを話題にしていった。その結果、面接が終わるころには表情も和らぎ、鉄棒に頑張り過ぎている自分が相対化され、上手な距離が取れてきているように見えた。そして、気になることがあったらまたおいで、と言って面接を終えた。

その後、相談者が、その子の担任にそれとなく本人の様子を訊いてみると、元気よく頑張っているという答えであり、何とか乗り切ってくれたかな、と思った。しかし、それからしばらくその子は相談に来なかったが、その二か月後、不登校状態を呈し、学校にまったく行けない状態になった。保護者や担任と面接してみると、きっかけはあるクラブ活動で自分の思うようにできず、担当の教師から強い指導を受けたことであった。担任によれば、本児にとって「できない」自分というのは許せないらしいのである。それから、もっぱら担任が家庭訪問して本人と会い、相談者が保護者（とくに母親）に会い、また担任をサポートすることになった。

母親との面接のなかで、本児をどうしても大人扱いしてしまい、叱るときもとことんやってしまうということが語られた。母親の怒りは、まるで、自立していこうとするわが子に対して、母親の気に入るような自立はよいが、自分勝手な（母親の意に沿わない、母親を見捨てていくような）自立は許さないという、自立させようとしながら自立させようとしない矛盾した対応を無意識的に行なっているようであった。そのことは、本児のなかで、どんなに頑張ってもこのまま自立していくことは母親を見捨てることになるのだという、罪責感を育むことになると思われる。また、本児にとっては、母親とのやり取りのなかで、徹底して責められることは深い「傷つき体験」となった。結果として、本児は学校においても家庭においても、自分を評価する人たちの要求を先取りすることで少しでもその不安を低減する努力をするという、緊張感の連続を強いられることになった。

母親との面接では、そのことに焦点を当て、その子のありのままの姿を語ってもらい、また、母親自身の現在の不安を言語化する努力をしてもらった。たとえば、母親は、本児がアイスクリームを買ってもらったときに大はしゃぎをして食べたことに、とても違和感を感じたという。そんなことをするのははしたないと感じて、すぐに静かにするよう叱責したという。しかし、そこには子どものありのままの姿を受け止められない面と母親自身の周りへの過剰な配慮が感じられ、そのことを話題にしていった。その結果、母親自身が夫との関係性のなかで、一人っ子である本児の育児をほとんど任されてしまい、また、地域への適応に苦悩する負担を語ってくれた。母親自身が、地域のなかで疎外感を感じ、また家庭のなかでも育児を始めとするさまざまな面で孤独感を感じていたのである。本児に対して、淋しさの反動としてのしがみつきや、とことんまで叱責することで「見捨てる」という巧妙に形を変えた武器を活用することで、本児との「拘束する - 拘束される」という関係性の維持を図ろうとしていたのである。結果として本児は、母親の顔色をうかがい、母親が満足するのはどんなことかということを探すようになり、自分の気持ちを充分に感じ取る前に、周りの人たちの自分に対する要求に応えようという志向性を身に付けてしまっていたのである。

また、担任が家庭訪問すると、母親がずっと本児に付き添い、本児と二人きりにしてもらえないことが続いたという。これは上記のことを裏付け、母親のほうの分離不安も示唆された。本児と担任と二人だけの時間をつくってもらえるように母親にお願いすることにし、母親はそのことを了承して本児と担任との関係性の構築に一役買うことになる。担任は、家庭訪問では、学校に来るとか来ないとかを話題にしないで、もっぱらおたがいの関係性の深化を心掛けた。登校刺激を避け、代わりに、学校はあなたに関心を向けているよという「学校関心刺激」で対応していった。そのことで、本児は担任が家庭を訪問することが楽しみになり、また、自発的に勉強をするようになり、母親を驚かせるまでになる。母親の評価や支持を得るための手段であった「母親とつながるための」「母親をつなぎとめるための」勉強をはじめとする学校でのさまざまなことが、「自分を活かすための」ことへと変化し始めたのである。そのことを母親だけでなく、それ以外の人と共有できることのうれしさを率直に語り始めた。

母親は面接のなかで、子どもがやっと「子どもらしく」感じられるようになったと語っている。育児に対する焦りや育児にしか向き合っていないことからくるわが子への過剰な期待と失望の連続、現実のわが子の姿から目を逸らし「ないものねだりをすること」で、育児をしている自己の高揚感を得ていたことなどが語られた。自分の考えに合ういわゆる「よい子」ではなく、失敗しながらも逞しく乗り越えていくありのままの姿を、母親はどきどきしながら見守る姿勢へと変化していった。

担任の根気強い関わりと母親の変化によって、本児は半年にもわたる引きこもりの時期を過ぎて、新学期から再登校し、元気に通うようになっていった。本児の姿を生き生きと語る母親の姿は、それまでの常に不安感に満ちていた表情からは想像できないくらいであった。ありのままの自分の姿を見てくれて、しかも、成績や親の期待に添うことなどと引き換えに自分を支えてもらう必要を感じることもなく、いまのままでも支えてもらえるという安心感は、学校でのさまざまなストレスが発達課題を克服するいい薬として本児に作用するのを手助けしたと考えられる。

本児は、これから来るであろう、さらなる危機を察知し、その受け皿としての家庭の保護機能をしっかりと構築するべく親に働きかけたのかもしれない。また、教師とのあいだにつくられた強固な信頼関係を通して、今後は同様の危機が訪れても、他者の支援を求めることでしっかり乗り越えていけるという技能を身に付けることができたと言えるかもしれない。一人で抱えることでどうしても無理をしてしまうという面をもつ子は、それをなかなか変えられないが、変えられないのではなく、変えさせてもらえなかった（良好な援助を受けることができなかった）ということなのかもしれない。

2．事例の考察

以上の事例を踏まえながら、家族および本人との関わりの留意点について考えてみたい。

自分の評価を直接他者に求めている子は、関わるほうで意識するしないにかかわらず、評価されること自体を恐れていることがある。A子は、鉄棒やクラブ活動での評価場面に対して、著しい不安感を抱いていた。テスト不安の強さも、テストそのものに対する緊張だけでなく、その結果で評価されるその材料を提供してしまうことへの恐れもあると考えられる。相談活動のなかで面接する場合、きちっと向き合っていくことはもちろん大切なことであるが、そのことが却って、その子の「よい子」の面だけを引き出す作用につながることがある。向き合い過ぎず、本人が気にしている本題を避け、むしろ本人が好きで自信のある話題を通して時間と空間を共有することが、微かに感じている肯定的な自己評価を焦点化するきっかけをつくることにもなると考えられる。A子の担任はそこの勘所を押さえ、向き合い過ぎない家庭訪問での面談を行なっていたと思われる。自己評価と他者評価の一致・不一致をしっかり経験した人は、自己評価の大事さを知っている代わりに、その甘さもわかっている。さらに他者評価の大事さと共に、結局は自分の内面まではわかってくれないという空しさもわかっている。

しかし、いわゆる「よい子」は、他者評価の気まぐれさに怯えつつも、自己評価への自信にはほど遠いために他者評価に従わざるをえないという、基本的な無力感を感じているのかもしれない。そのような子に向き合うときに、評価者としての側面を出し過ぎると、こちらの言動に一喜一憂するよう仕向けてしまうことにもなりかねない。A子にとっての母親はまさにそのような存在であり、自己評価への自信をなくすべく徹底して責められ、かつその上で、親の期待という本人の根底にある関心とは直接関係のないところで努力することを強いられるのである。

子どもに対する期待や願望は、教師や親にとっては当然なことであり、そのような感情がわき起こらない教育や育児は、むしろ少ないのではないだろうか。しかし、一方で、期待や願望があまりに過剰になり過ぎると、子どもはそれに強く縛られることにもなりかねない。いわゆる「よい子」はその典型であろう。A子の母親がそうであったように、「よい子」になってほしいと願うこちらの側にも、焦燥感、寂寥感、自己不全感、自己不充足感、(子から)見捨てられることへの防衛感などが取り巻いているのだといえるかもしれない。そのことを意識する努力が、子どもたちへの関わりの第一歩ではないだろうか。

Ⅳ 家族(父親、祖父母、兄弟、姉妹)の不登校児童・生徒への対応の留意点

不登校の子どもたちを抱える家族はさまざまであり、すでに疲れ、充分に傷ついている可能性が大きい。家族構造の見立てにもとづきながら、いま何が必要かの見極めが重要である。充分に機能できる家族へと再編されることは重要であるが、変化することへの抵抗そのものに、その家族のもつ硬直さが現われていることも少なくない。

しかし、経験的に以下の留意点は共通していると考えられる。なお、以下の留意点を作成するにあたり、市橋(一九九七)、藤岡(二〇〇二d)を参考にした(表8-1)。

表 8-1　家族の、児童・生徒への関わりの留意点

（1）	家族の一人ひとりが自分には何ができるかを考えること
（2）	「大丈夫」という安心感を提供すること
（3）	我慢することの大事さ
（4）	「向き合うこと」の大事さと「向き合い過ぎない工夫」
（5）	腫れ物に触るような態度に出ないこと
（6）	自己決定感覚を育てること
（7）	長所を伸ばすこと
（8）	まなざしの重要性
（9）	会話、「間（ま）」の重要性
（10）	「共にいることの心地よさ」の獲得

a・家族の一人ひとりが自分には何ができるかを考えること

家族療法における家族構成員の自律性にも通じるし、役割の境界性といわれているものとも通じる。家族の健康さを推し量る、非常に重要な点である。

b・「大丈夫」という安心感を提供すること

「大丈夫」という感覚は、基本的な信頼感ともいわれ、しかも、こちらの側が安心できていないと人に対して提供できない感覚である。生後二〜三か月までの母子共生期における受容の大事さは、多くの人から指摘されるところである。さらに、分離固体化の重要な幼児期において、母親から心理的に分離する試み（練習期）をしてから、もう一度再接近する時期に「母親から見捨てられるのでは」という不安をもつ時期がある。はいはい、などが始まってから、練習期で母親からいったん離れ、外界に関心をもった幼児が、再接近期（一歳半ごろといわれている。十八か月から二十四か月）に、母親がいないと激しい不安を経験する。この時期にうまく母親に抱き留められないと（共感的な受容をされないと）、分離固体化に失敗し、そこに固着を起こしてしまうといわれている。分離体験のたびにそれは再現され、その際たるものである第二の分離期（自立期）、思春期に、激しい感情的な不安に襲われると考えられている。思春期の危機は、そのときだけの問題ではなく、すでに幼児期のつけが回ってきている可能性がある。この「大丈夫」に象徴される基本的な信頼感は、その意味でも非常に重要である。

c・我慢することの大事さ

これは、意外と軽視される点である。極端に子どもの欲求を充足させることで、子どもの幼児的な万能感を助長し、ますます自己愛的な傾向や自分の欲求に他人を巻き込む傾向を助長させることになりかねない。肥大した自我を現実的な自我へと変化させていくためにも、とても重要である。駄目なことは駄目と言うこと。これが意外と難しいのである。

d・「向き合うこと」の大事さと「向き合い過ぎない工夫」

子どもが悩みを悩みとしてうまく表現できないときに、それに向き合い過ぎることで却って、子どもの無力感を誘発することがある。一緒にテレビを見たり、一緒にゲームをしたりするほうが、悩みと適度な距離を取ることの重要さを身をもって示すことになる。その態度は、特に、母子密着の家庭（父親不在）における「父親」の機能として大事である。小さいときから子育てにあまり関わってこなくて、急に子どもたちの前に登場しようとしても無理があり長続きしない。大木のように、どっしりと見守る父性の機能は、子どもに余裕と母親からは得られない安心感を生む。また、さりげなく、母親と違う観点や父親の得意とする社会との接点を提示することにもなる。

e・腫れ物に触るような態度に出ないこと

行動化が激しい場合（器物破損など）などには、腫れ物に触るような態度は却って子どもを不安定にさせてしまう。動揺しないで、目の前の嵐の背後にある本人のつらさや苦しさに目を向けるとよいと思われる。

f・自己決定感覚を育てること

子どもに何かをしてあげることで、却って不満感を誘発したり、依存傾向が助長される。王子様や王女様を家庭に置いておくようなものである。引きこもりの子どもたちが、まるでお城のように家庭のなかで自分の部屋をしつらえていることがあり、その場合、引きこもりは長期化してしまう。世話をするほうの側が、何かをしてあげることで満足感を得ていることはよくあることである。「共依存」といわれている現象であり、お互いにその呪縛にはまってしまって、かつ、そのことに誰も気づいていないことがある（気づいていてもどうしようもないという無力感がそれを助長する）。

g・長所を伸ばすこと

長所を探すためには、結果よりも、本人の努力の過程に注目することが大事になってくる。やる気になっていること、生き生きとしていること、人に対しても良好な態度になれることなど、探せば長所はいっぱい見つかる。

h・まなざしの重要性

自分自身がぞんざいに扱われた歴史があると、どうしても他人に対して敬意をもてなくなり、容易に攻撃の対象にしたり、いじめを繰り返したりしてしまう。大人から子どもたちに向けられるまなざしは、愛の表現にもなるし、攻撃の武器にもなるといわれている。子どもたちに対して「愛情表現としてのまなざし」「人間としての敬意の念の表現としてのまなざし」を向けることで、子どもから大人に向けられるまなざしも、攻撃や拒否に満ちたものから次第に愛情表現としてのまなざしに変わっていく（藤岡、二〇〇一c）。親の側は、親に対して向けられる子どものまなざしが次第に変わってくるのをよく観察し、しっかりと受けとめることが大事である。「とても優しい目になってきた」「にらみつけることが少なくなってきた」「人の目をしっかり見て話ができるようになってきた」など、受けとめる側での気づきも重要であろう。

i・会話、間《ま》の重要性

会話は、話し手と聞き手が交互に成立することで、情報の交換だけでなく、安心感や支え合う感覚を得ることができる。しかし、自己や他者への信頼感が充分に形成されていなかったり、人との関わりを避けようとしてしまうと、会話や言葉は、自己主張の道具としてしか使われなかったり、他人が話すのを邪魔するための道具になってしまったりする。会話による感情の好転や関係性の確認などに意義や意味を感じられない場合には、会話が成立する場面自体に疎外感を感じたりしてしまう。そこでは、実は、まなざしのところで見たのと同じような「他者への敬意」という感覚が重要となってくる。自分が話すときに相手の話を聞くというのは、他人の時間を大事にするということである。一方的な会話しかできない子どもがするような、相手の話をコントロールしようとしたりすることではない。会話には、相手への思いやりや敬意が必要となる。話してから、相手の反応を待つなどの「間」(ま)づくりも、相手への信頼や敬意がなせる技である。相手への信頼や敬意が乏しかったり、意識化されていなかったりすると、その「間」は、簡単に省略されることになってしまう。この点も親の側の留意事項として重要である。「話を聞けるようになってきた」「話をしてから待てるようになってきた」「要求の仕方が、相手のことを考えて言えるようになってきた」など、少しずつ気づいてあげられるようになっていく。おたがいにとって「人への敬意の表現としての会話」へと移行させていくのが、会話における留意点である。

j・「共にいることの心地よさ」の獲得

攻撃性などを阻み、会話やまなざしを成立させる相手への「共感性」の土台に、「人と共にいて心地よさを感じる」ということがある。「人と共にいて心地よさを感じる」ということは、そのような体験をすればその感覚自体を予測することが可能となり、そのような場に身を置くことでますますその感覚は確かなものになっていく。しかし、成育歴のなかで、人と共にいて心地よさを感じられることが少なかったり、逆に不快な体験が感情の基底にあったりする場合、心地よさを得ることは難しくなる。親と子どもの関係では、時間のかかることであり、根気強くじっくりと相手と関わることが必要となってくる。「共にいることの心地よさ」を形成する重要な役割を果たすのが、食卓であるといわれている。食事の時間を共にし、他愛ないことで笑い、料理を楽しむという、さりげない日常のなかにこそ、「共にいることの心地よさ」を味わう素地があると言える。また、食卓での場面に限らず、会話やテレビ、スポーツ、芸術などを通して、一緒に活動したり笑ったり感動したりすることも、「共にいることの心地よさ」を味わい、育てる上で重要であることは言うまでもない。

Ⅴ　聴くことの難しさ

以上述べてきた留意点も、親の側の聴く姿勢が大前提となる。しかし、以下に述べるように、聴くことは思いのほか、難しい。親自身が中年期の危機を迎えていることがあり、子どもの話を聴く余裕がなかったりする。その難しさに触れつつ、克服へのきっかけを検討してみたい（藤岡、二〇〇一d参照）（表8-2）。

a・親の中年期の危機と子どもの思春期の危機の同期性

「聴く」という作業には、話をしている相手への絶対的な尊重が前提となる。しかし、一方で、思春期の子どもたちを抱える親は、自分自身が中年期の危機を迎えていることが多い。そこでは、子どもの話を聴く余裕さえもてない。夫婦関係がぎくしゃくし、そのことに気を取られ、子どもの重要なサインを見逃し、家出にまで至らせてしまうこともある。そのような事例からは、子どもよりむしろ自分たちの話を聴いてほしいとさえ親は思っていることが伝わってくる。この点は、親にとっても、援助者にとっても、盲点になりやすいところである。親は自分のことよりも子どものことをまず考えているはずだ、と考えがちである。実際には、子どものことを考える余裕すらないという危機的な親の状況は、不意に訪れる。そしてそれは、長年のライフスタイルから生じていることが多いので、容易に修正できるものでもない。結婚以来（あるいはそれ以前から）抱えていた夫婦や家族の課題に直面したとき、家庭は子どもたちにとって安全で安心できる場でなくなる危険性があるのだ。

自分自身が危機的な状況なのだという親の自己覚知は、図らずも、子どもの不適応をきっかけに生まれることも稀ではない。子どもの話を聴きながら、実はそこに自分たち自身の課題が暗示されているのだという問題意識は、親の聴く態度に変化をもたらす。この場合、子どもも親も一緒に自分たち自身の課題を乗り越えていくという感覚が必要となってくる。

表8-2　聴くための場づくり

（1）	「聴く、聴いてもらえる」関係性が成立する場
（2）	何も語らないことの意味をわかってもらえる場
（3）	「こころの世界」における矛盾や自己存在の絶対性・一回性が保証される場

b・親と子の問題の同質性と直面回避

いじめを受けている、友人関係がなかなかつくれない、教師や親とぶつかってしまう、クラスの子に乱暴な行為をしてしまうなど、子どもがさまざまな課題を抱えているときに、それらの問題が親自身に自分の子ども時代の体験をよみがえらせ、無意識にそれらの問題への直面を回避してしまうということがある。とくに、いじめられ体験などは、感情に色づけられた記憶であることが多いために、過去の記憶が感情を伴ってよみがえってきて、親自身の防衛が習慣化し、敢えて触れられたくない話題になってしまう可能性もある。子どもから話を聴くことは、親自身の課題の再燃、記憶の再現を意味し、そのため、聴くことが大事と思いつつも、聴くことが恐い、聴くことの回避をもたらしてしまう。一方で、感情に色どられた記憶であるため、聴くことの無意味化、聴くことの回避をもたらしてしまう。一方で、感情に色どられた記憶であるため、自分の意思に反して周りのちょっとした言葉にも過剰反応してしまう。それは、いじめているほうの側へと極端な怒りを感じてしまったり、何もしてくれない教師に対して、極端な不信感をもってしまったりとさまざまな形を取る。その結果、親の側の対応はちぐはぐになりがちで、一貫性をもてなくなってしまって、却って事態を悪化させてしまうことにもなりかねない。そのことで、子どものほうは、親に話しても事態がうまくいかなくなることを恐れ、話す気持ちが失せていってしまう。親の感情だけが空回りし、焦る気持ちが、本来もっとも守られるべきいじめを受けている側である子どもの話をじっくり聴くことなく、責めてしまうことさえ起こり得る。

c・結論を急ぎ過ぎること

親の側は、自分自身の物事への対処の仕方の強い傾向から、つい結論を急ぎ過ぎることがある。かつて、学校に行けない子どもに対する親の対処は、焦りとあきらめのあいだを行ったり来たりしていた。学校に行けなくなるさまざまな背景に気持ちを向ける余裕もなく、また子ども自身のつらさに向き合う時間も取れず、とにかく学校に行ってくれさえすればよい、と考える。行きさえすればなんとかなるはずだという、信念のようなものさえ感じられた状況が続いた時期もあった。いまは時代が変わり、不登校に対しての理解も深まってきたが、このようなことが繰り返されないと断言はできない。

答えを出すことが何よりも優先される。白黒はっきりつけることが当たり前である。物事は早く解決することがなにより大事である。このような考えにしばられ、支配されていると、聴く側には余裕すら生まれなくなるし、聴くという行為自体が、子どもの気持ちを聴くというよりは、結論を出すための儀式のようなものになってしまうこともある。その際、子どもの話を遮ってつい問い質してしまったり、じっくり聴く前につい口が出てしまったりする。曖昧なことは曖昧なままで、「はっきりと」「じっくりと」聴く姿勢が求められるのである。そのためには、白黒つけることよりも、子どものつらさ・きつさのほうにじっくりと向き合う覚悟が必要となってくる。

d・学校（教師）への依存――子育ての主体性の回避・学校への責任委譲

さまざまな機能を有する学校に、子育てのための多くのことが委ねられてきている。家庭との分担・連携がどうあるべきかという問いの前に、すでに、子育ての多くの部分を学校に委譲している親がいるという事実に向き合わなければならないだろう。たとえば、学校でたびたび問題行動を起こす子どもがいる場合、家庭での子どもに対する向き合い方を問い直したり、じっくり話を聴いて子どもを支える前に、それは学校の教育相談体制や生徒指導体制が不充分だからではないか、問題が大きくなる前に連絡をしてくれていたら家庭でなんとかなったのに、などと親が学校に責任転嫁をすることがある。また、親の側ではそれが日常的になっているので、責任転嫁であるという意識さえも乏しかったりする。じっくりと話を聴くという姿勢をもってもらっていない子どもの場合、事態を複雑化しないよう、親には適当に嘘で取り繕ってつじつまを合わせ、ことなきを得ようとする子どももいる。そのような場合、（学校からの正確な情報が伝わらないことから）親の側の学校不信はますます強まり、子どもの側の不適応行動を低減するどころか、ますます助長してしまうことにもなりかねない。子育ての主体者であることを回避し、学校に対してかなりの部分を責任委譲してしまっている場合、ちょっとしたことで、親は（自分の子どもが加害者の場合であってさえも）被害者の立場を取りやすくなり、学校側や状況に責任転嫁をして、自己責任に直面することを回避しようとしてしまう。話を聴くという行為は、聴くことの内容をどうとらえ、それにどう関わるかという責任をもつことを意味している。子どもから学校で起きたさまざまな話をじっくり聴くということは、たとえ学校内の出来事であっても、子どもの権利を守るために、いつでも親（養育者）としての責任を果たすという覚悟を伴うことなのである。

第九章　不登校児童・生徒に対する理解と対応のモデル構築の試み

最初に、不登校問題の普遍性と個別性について論じ、その上で、これまで見てきたそれぞれの観点を統合すべく、不登校児童・生徒理解と対応のモデル構築を試みる。さまざまなタイプ・状態・過程にある不登校児童・生徒理解と対応の配慮点を臨床的観点から検討する。

Ⅰ　不登校児童・生徒に対する理解と対応のモデル構築のための基本的視座

1．不登校問題の普遍性と個別性

不登校の子どもたちやその家族への支援を考えていく際、さまざまなアセスメントや具体的な援助の視点が検討され、多くの対応策が試みられている。また、不登校が問題になり始めたころから、学校の存在のあり方そのものも問われてきている。このような動きは、昨今の引きこもり児童・生徒への適応指導教室やフリースクールによるサポート、ホームスタディ・ホームスクールの試み、インターネットを活用しての自宅学習・自宅授業の試行などに伴って、ますます多様化・複雑化している。

ここで考えていかなければならないのは、不登校問題の普遍性と個別性である。そもそも学校に行けなくなること、行きたくないと思うこと、そして、その気持ちとどのように本人や周りが関わるかは、時代を超えて議論していかなくてはならないことである。学級が荒れてくると，そのクラスで不登校児童が増えてくるということがある。その一方で，安定しているクラスでも不登校は生じる。また，家庭のなかが混乱してくると，不登校の子どもが生じることもある。しかし同様に，その一方で，家庭的な事情を克服しつつ，たくましく学校生活を送っている子どもたちはたくさんいるのである。これらのことは，不登校問題にはどうしても個別的なケアが必要であるということや，学校とどのように距離を取るかによって対応が変わってしまうという事態を引き起こしてしまう，ということなどを意味している。すなわち，不登校発生時の複雑な状況要因（不登校状態を一過性のものにできるようなサポート体制の違い，発生に関わる子どもの心理的不適応感の違いなど）と援助対応の複合的な要因（各家族・各学校・各専門機関の対応における違い，地域の不登校対策の施策的な違いなど）が不登校問題を容易に一般化することを阻んでいる。しかし一方で，不登校問題を考える上での基本的な視座は，時代を超えて議論されなければならないだろう。時代を超えた「不登校」を取り巻く問題を，ここでは敢えて，「不登校問題の普遍性」ととらえる。

これまで，不登校に関して多くの議論がなされ，多くの対応策が検討されてきているにもかかわらず，不登校児童・生徒の数が大きく減ることはない。このことに関して，さまざまな立場からの発言がある。昨今の子どもたちをめぐる環境，とりわけ，教育事情や家庭事情に起因するという論議もまた後を絶たない。ここでは，このような論議も念頭に置きつつも，不登校のアセスメントと対応を検討し，不登校問題の普遍性ということを考えていきたい。

2．「行きたいけれど，行けない」という葛藤の理解

学校に行こうと思えば思うほど，学校に行けない気持ちが強くなる。このことは，不登校の子どもたちからよく語られる気持ちである。かつて，怠学と不登校が混同され，学校や家庭ともに，心ない対応が横行していた時

代があった。弱き心を挫くという精神論だけでの対応であり、仮にこのような対応によって子どもたちが学校に行き始めたときには、むしろ、関わり手から伝わってくる「人生、捨てたものじゃない」というメッセージや、「自分を信じることが大事」という信念、「あなたを私たちはしっかりサポートしている」という援助者側の熱意と、それに応える形での子ども側からの援助者への信頼があったのかもしれない。しかし、つながりそのものに対して不信感が募っている子どもたちや、自分の心のなかにあるさまざまな気持ちに対して、ある構え（たとえば、〈前向き〉〈自己や他者への肯定感〉など）をもって向き合っていくことそのものを避けようとしている子どもたちにとっては、このような関わりは苦痛でしかないこともありうる。

葛藤が生じる側面をないがしろにして、行動だけを求めても長続きはしない。スモール・ステップの関わりは、本人の自己決定・自己選択を前提としている。学校に行っても大丈夫、あるいは教室に入っても大丈夫という安心感は、子どもたちの「世界そのものへの向き合い方」を反映しているといっても過言ではないだろう。長い学校生活のあいだには、学校で、家庭で、地域で、子どもたちの向き合い方が大きく揺らぐときがある。その揺らぎをどう受け止め、どうサポートされながら克服していくのかが不登校問題と言えるだろう。不登校がさまざまなことに起因している理由もここにあると考えられる。

いじめによって、子どもたちは従来の友人観・人間観の変換を余儀なくされるし、いじめる側への信頼が強ければ強いほど裏切られた思いも強くなるだろう。また、その際の周りのサポートや、サポートする者の人間観は、子どもたちの適応感や不適応感の持続を大きく左右するだろう。また、教師による強い叱責や無理解も、これまでの教師に対する見方とのギャップが大きければ大きいほど、却って揺れを強くしてしまうことだろう。また、家庭内での混乱は生活そのものの基盤を揺るがし、将来への見通しを極めて不透明なものにしてしまうだろうし、親の離婚問題などは、わが身を切り裂く思いを子どもたちにももたせてしまうことだろう。夫婦問題にどう子どもたちを介入させるか、どう理解してもらうかという親の深い思慮は、学校生活へも容易に反映されるものである。また、学校内にも家庭内にも表立って大きな出来事がなくても、思春期の子どもたちにとって自分が周りからどう映り、周りとどのように付き合い、将来どのような自分としてやっていくのかは、大問題である。親や教師の期待が大きい子どもほど、人知れずそのことに思い悩むであろう。葛藤とは、揺れの反映であり、揺れに対する耐性が乏しく、また、周りからのサポートが受けづらい子どもほど、不登校状態になりやすいと言えよう。子どもたちがサポートを受けづらいというときには、親・同胞・親戚や教師、友人、専門家（スクールカウンセラーやスクールソーシャルワーカー、医師ほか）などといった周りの人たちのサポート力の不足とともに、子ども自身のサポート対象へのアクセスの難しさ（子どもの個人的要因と共に、援助者側の〈アクセス〉という考え方の欠如や工夫不足）も反映されるのだろう。

II　アセスメントの基本的な理解

まず、不登校事例と関わる際の基本的なアセスメント（見立て）を見ていく。多くのことについての配慮が必要であり、ここで述べているものでも、まだ不充分である。今後の検討が待たれる。

1．身体的な生活状況の見立て

具体的には、睡眠、摂食、体調は、随時確認することが必要である。もし、それらに乱れがある場合は、小児科や精神科の受診を勧めることも頭の隅に常に置いておくことが大事である。睡眠障害、摂食障害、身体的な疾患については、担任であれば、常に養護教諭に情報を提供し、適切な助言を求めることが必要であろう。また、カウンセリング面接や相談面接においても、この点は随時（面接のたびに）確認が必要である。

2．家族システムの見立て──基本的な視点

家族のシステムのありようによっては、精神的な疾患の予後や再発の防止になることが、投薬の有効性とともに重要であると言われて久しい。言い換えれば、家族のシステムが病気を悪化させるのにひと役買うこともあるというのである。統合失調症の再発に、怠薬（服薬の中断）とともに、高感情表出（敵意、批判、巻き込みなどのような感情表出）の家族が再発を助長しているとの研究がある。不登校が長引く事例についても、この研究は示唆に富んでいる。不登校について、家族の状況が原因と無前提に結論付けることは避けなければならないが、少なくとも、改善に向けて家族が有効に機能し始めることは、不登校状況の改善にとても重要なことである。

精神的に父親不在の家庭に、不登校の出現が多くなるという指摘も、内外の研究で報告されているが、不登校になるまで出番がなかった父親が不登校をきっかけに急に登場しても、すでに遅いとの見方もできる。実際に、そこでのコミュニケーションの不成立を理由に、また一気に父親不在となってしまう家庭も意外に多い。たとえて言うと、父親は舞台に登場してはじめて、自分の出番がないシナリオの存在に気づくことになる。家族の再構築というくらいの覚悟をもって初めて、有効な支えのできる家族へと変われるのかもしれない。父親自身の変化とともに、父親の存在感を提示できるように、ほかの家族が関わり方を見直さなくてはならないであろう。家族療法の研究は、家族の見立てに、「つながり」と「まとまり」の両方を指摘している。すなわち、家族構成員相互の意思疎通の程度（つながり）と、家族の意思決定における凝集性（力）とリーダーシップ機能の重要さ（まとまり）である。これらが混乱している家族の場合、家族の役割の境界（母親の役割、父親の役割、祖父母の役割など、最近では家庭内における〈父性〉や〈母性〉という言葉が使われている）が不明確であり、世代間・世代内の階層性（親の意見に耳を傾ける、弟は兄を尊敬し、兄は弟をいとおしむ、など）も混乱していることが多い。健康な家族の定義は難しいが、筆者は、次のように定義することを試みている。「健康な家族とは、家族一

人ひとりの自律性・自立性が尊重され、困難な事態や危機的な事態に陥った際、家族の構成員全員が力を合わせて対処できる家族である」と。すなわち、何事もないときにこそ、危機的な事態への準備が始まっていると言えるのかもしれない。

3. 発達的な見立て

すでに第二章で見たように、不登校状況は発達的な観点によって強調点が違う。

発達課題として、分離不安の克服、同胞・友人集団への参加、社会（学校）への自己投企が、不登校の発達課題として重要である（杉山、一九九〇）。幼稚園、保育園、そして小学校低学年の園児・児童に対して、重要な観点は、母子分離を代表とする養育者と子の分離である。昨今、このような発達課題が幼稚園、保育園、そして小学校に限らず、中学校・高校どころか成人を過ぎても持ち越されてしまっている事例が報告されている。分離不安の克服とは、親離れをし、さまざまなことをある程度自分でできるようになることである。心理的な離乳を果たさなければならない。そして、同胞・友人集団への参加を通して、社会的なルール、集団内での自己主張など、親から安心して離れられるように知らず知らずのうちに訓練されていく。そして、思春期を迎え、他者との比較のなかで自分を客観的に見直したり、自他の区別をはっきり意識するようになると、孤独を好むと同時に、集団への帰属感を求めるようになる。すなわち、社会（学校）への自己投企を開始する。その結果、他人のちょっとした言動に一喜一憂するくらいに自己評価も揺れる時期を迎える。チャムと呼ばれる（心理的な支えの）仲間集団への帰属は、思春期でのこのような不安定な自己を支えるよい受け皿となる。遊び仲間としてのギャングエイジを過ぎ、チャムを支えとして、秘密の保持を前提に大人との距離を取るようになっていく。社会（学校）への自己投企は自己実現の第一歩であり、自分は何に向いているのかとか、これからどう生きていったらよいのかという、実存的な問いを感じたり発したりするようになる。

幼稚園・小学校低学年、小学校中学年・高学年、小学校高学年から中学校、高校にかけて、継時的に課題は進んでいく。また、個人のなかではそれぞれを引きずりながら大きくなっていくこともありうるであろう。それぞれの乳・幼児期からの依存と自立にまつわるエピソードと、それに関わる母親や父親との関係性は、直接聴かないにしても、可能性として頭の隅に置いておくことが大事である。

4．自我機能の見立て

単に自我機能といっても、従来の、自我の確立を目指す自我観では理解できない。家族が抱え込む場合には、そこに独立した自我への期待はなく、むしろ母子一体化、あるいは家族一体化した「肥大した自我」である。日本的な感性は、自我の肥大を容易に引き起こすと考えられる。自分という核がない、集団主義を前提とした中空構造を呈している。西洋的な感性が、自我の収縮を容易に引き起こすのと対照的である。すなわち、福祉臨床や教育臨床の対象となる子どもたちの課題には、この日本的な感性の行く末が関わっているのである。日本人を育てるのが日本における教育とするならば、どのような日本人に将来の日本を託すのかという問いは、必然的なものとなる。その混沌とした状況のなかで、さまざまな学校現場における不適応行動が生じていると理解できる。個人主義を強調する欧米での犯罪率の高さ、学校現場での反社会的な問題行動の深刻さ、家庭内での虐待の深刻さを見ると、必ずしも、西洋流の個人主義が優れているとも言い難い。またお隣りの韓国で不登校が日本と比べて少ないのは、韓国における「家」という存在のリアリティがあるからと考えられる。不登校になるということは、「家」を出ることを意味しているというのである。家で抱え込むという母性だけでなく、切るという父性の存在がまだ充分に機能しているのかもしれない。このように、自我機能の見立ては多分に文化というファクターを抜きには考えられない。前田（一九七六）は、健康な自我機能を精神分析理論にもとづいて、以下の五つに整理している。現実吟味、不安・不満忍耐度、適応能力、柔軟性、同一性である。これらの自我構造は個人主義を前提にした発達観にもとづいているものの、日本人の自我発達のモデルとして参考になるだろう。

自我肥大を助長させてしまっているもう一つの理由は、現代の消費社会のなかで欲望の充足が際限なく促進される構造になっていること（ゲームなどの商品の開発戦略・購買促進戦略には凄いものがある）と、テレビやインターネットの普及によって、情報への指向性がますます助長されていることにある。もともと母性社会の日本の文化・精神土壌において、これらの社会的な状況が自我肥大をますますあおっている感がある。学校に行かなくても、会社に行かなくても、疑似的な『社会生活』を過ごせてしまうのである。生き方の多様化とともに、学校に行くことが果たして本当に価値のあることなのかどうか、それを根源から問うべき社会となっている。

また、このような時代であるからこそ、「そこそこでよい」という『物事を断念する力』がますます必要になっている。しかし、かつて頑張ることが第一目標となっていた精神的な遺産は、学校現場などではいまでも厳然と存在しているのかもしれない。悲しいことに、日本とアメリカにおいて多くなっているとされる、いまの時代を象徴する境界性人格障害や自己愛性人格障害の人たちは、この『物事を断念する力』（そこそこでよいと思えること）が乏しいと言われている（市橋、一九九七）。

5．人格傾向としての見立て

人格傾向としての見立ては、以上の発達的な見立て、自我機能の見立てとともに、個人の見立てに対して重要な観点である。市橋（一九九七）は、以下の三つに注目している。境界型人格傾向、自己愛型人格傾向、回避型人格傾向である。市橋（一九九七）を参考に以下にまとめる。

境界性人格障害（傾向）の特徴は、大きく四つに整理される。①見捨てられ抑鬱、②分裂（スプリット）、③対人操作、④行動化、である。

①見捨てられ抑鬱は、深い人間関係を避ける傾向（捨てられるのことをあらかじめ避ける）や、逆に、依存で

きる人にしがみつこう（見捨てられたくない）という傾向を誘発する。このような「見捨てられ」は、孤独、絶望、誰も助けに来てくれない、心が空っぽ、向けようのない激しい怒り、もうどうなってもよいという破れかぶれの気持ち、などを含んでいる。

②分裂は、愛されている自分と愛されない悪い自分が、自分のなかで統合されないで残っているということである。その二つを、対人関係のなかでさまざまな人や同じ人に対しても継時的に投影し、あたかもその人がそのような感情をもっているかのように思い、それに反応することになる（投影的同一視）。このことから、対人関係が相手を極端に理想化したり、過小評価したりして、両極端のあいだを激しく揺れ動くことになる。

③対人操作は、上記の「分裂」という防衛によって対人関係が繰り返されることで、いわゆるさまざまな人を巻き込むになる。自分の抱く「解釈」によって、さまざまなことを相手に相談する。巻き込まれた相手の人たちは、その解釈を真に受けて、その相談者に対して否定的な人に対して、否定的な言動をしてしまうことになる。心のなかの出来事が目の前で展開することになる。

④行動化は、度重なる自殺行為、乱費、万引、盗み、売春、過食・拒食、暴力など、衝動が言葉に表現されず、行動として表現される。

自己愛性人格障害（傾向）の特徴には、以下の三つが挙げられる。①他者への共感性の欠如、②他者の評価に対する過敏性、③自分が特別な人間であるという強烈な意識、あるいは誇大的意識（うまく行かない事態に直面したり挫折したりすると、一転して無能感、抑鬱気分、自己評価の下落が起きる）。

回避型人格障害（傾向）は、困難に遭ったときに立ち向かうのではなく、避けるという防衛が身に付いた人である。批判に対して過度に傷つきやすく、批判を恐れる。自信がなく、目上の人と適切な人間関係が取れない。友人関係にも臆病で、選ばれた少数の友人しかいない。

以上見てきた人格障害は、子どもの場合には、発達成長期にあるということで人格が確定・固定しておらず、障害と言わず、傾向ととらえる。不登校状態の子どもたちのなかに、このような自己愛型人格傾向、境界型人格傾向、回避型人格傾向が含まれていると考える研究者もいる（その研究者のなかには、不登校の中核群であると言っている人もいる）。人格障害、人格傾向と言わなくても、その人の行動を個別に理解するときの手掛かりとなる概念である。ただ、レッテルを貼るなど、概念の乱用は当然避けなければならないだろう。

6．傷つき（トラウマ：心的外傷）の見立て

併せて、重要なアセスメントの視点として、「トラウマ」「癒やし」という観点から見ていくことが必要ではないかと筆者は考えている（第二章参照）。子どもたちは、つらい経験のなか、一所懸命に自分を保とうとするが、どうしても解離という現象を引き起こしてしまい、家のなかの自分と学校のなかでの自分が解離してしまう。全く違った別人のようになってしまう。気がつかないまま、そうなってしまう。このような子どもたちには、発達モデルだけでなく、「トラウマ体験からの回復」「癒やし」という観点からも、心のなかの傷をじっくりと時間をかけてサポートしていくという試みが必要ではないだろうか。落ちてしまった自己評価や自尊感情を高めることや、心の傷への癒やしが必要なのではないだろうか。その心のなかに受けた傷というものは、消えないものかもしれないが、それを抱えながらでも生きていける。「癒やしモデル」あるいは「サバイバル・モデル」とも言える。結果として、長期の引きこもりや不登校は、回復までに時間がかかるのかもしれないが、発達的に未熟だから時間がかかるのではなくて、その癒やしのために時間がかかるということもあるのではないだろうか。そういう見方で関わることでしか関われない不登校の子どもたちがいるのではないか、と筆者は考えている。また、発達モデルで見ていくことで、功を奏する子どもたちのなかにあってさえも、このようなトラウマ、癒やし、あるいは解離というメカニズムでまなざしを向けることの意義はあると考える。

不登校と心理的外傷との関係性については、まだまだ不明な点が多くあり、この点への焦点づけを、さらにこ

れからも進めていかなくてはならないであろう。親からの継続した心理的虐待や、子ども同士の傷つき（いじめなど）、学校内でのさまざまな傷つきも含めて検討していかなくてはならない。さらに、夫婦関係のなかで協働体制がとれず、思春期を抱えた子どもがなかなかサポートできないということもあるのかもしれない。再構築ということには、家族システムだけでなく、夫婦関係の再構築もある。この点は、愛着障害のある子どもをもつ親に対する愛着療法、愛着ペアレンティング、夫婦への愛着コミュニケーション訓練などが参考になるだろう（藤岡、二〇〇一c、二〇〇三d）。ストレスがないのがよいのではなく、それに耐えることや対応することで逞しくなっていくというストレス耐性モデルがある。そのような観点から見ても、サポートできるところが学校、家庭、地域のどこでも希薄だった場合、子どもたちの傷つきは深くなってしまう。

以上のような意味で、不登校を、「発達モデル」で理論化したほうがよい場合と、「癒やしモデル」（あるいは、サバイバル・モデル）で見たほうがよい場合とに分け、それぞれへの対応を後に述べる共通した「体験様式援助モデル」で見ていくことが重要であろう。

7. 関係性の見立て――関係性のアセスメント

本人を取り巻く人間関係のなかで、それぞれの関係がどのように成立し、それがどの程度のものなのかを考察することは重要である。ここでは、援助者・関わり手との関係性の見立てについて触れる。従来、関係性のアセスメントは、信頼関係やラポールとして扱われてきた。その意味で、初期の関係性が強調されているが、当然、終結まで続くのが関係性のアセスメントである。

ここでいう「関係性」とは、従来、社会福祉的対人援助や心理療法の分野で「ラポール」といわれてきた職務上発生する特定の関係のことである。この言葉は、信頼関係とも訳され、心理治療だけでなく、医療・看護・更正・保護・保育・社会福祉サービスなどにおいても重要な概念である。しかし、この言葉の成立過程の基礎に、催眠における関係性があることはあまり知られていない。催眠が科学的な研究の俎上にのる前、十八世紀から十九世紀にかけて、動物磁気説を唱え心理治療を実践する人たち（メスメルをはじめとして、その後ピュイゼギュール、ペッタンなどが催眠現象を活用した）のあいだである現象が注目されていた。すなわち、ある特定の催眠技能者による催眠に対して、クライエントが特異的に反応をするという現象が認められたのだ。動物磁気説に拠って立つ人たちはそれを、動物磁気が特定の人に対してのみ流れ込みやすい、と解釈した。しかし、十九世紀後半から二十世紀にかけて、フランスを拠点として活躍したジャネーは、このことを（事実として認めつつも、より一般化できる説明概念を求めて）「対象選択性」と名付けた。ジャネーは、「ラポール」が、この「対象選択性」に源泉があることを正当に評価すべきであると述べている。そして、このことが、心理治療を進める上で重要な役割を果たすと述べている。すなわち、日常的な意味でのラポールを超えて、対人援助的な意味においても、「ラポール」は極めて重要であるということである。下記に見るように、関係性の構築とは、ただ単に仲良くなるということではなく、クライエントの目標に向けて援助者とクライエントが共同作業をしつつ努力する関係、ということを意味しているのである。

関係性が成立する以前に、すでに社会的文脈がある。教師として会うのか、ソーシャルワーカーとして会うのか、カウンセラーとして会うのか、伯父として会うのか、同じ人でもその受け止められ方は異なるであろう。関係性の成立の前に、どのような立ち現われ方をするのか、関わり手は意識することが必要となる。その社会的文脈、あるいはクライエントの人生に対して影響力が強いことは、必ずしも関係性を成立させる上で有利に働くとはかぎらない。

社会的な文脈のあり方は違っても、それから後に共通しているのが、関係性の成立に向けての配慮であろう。まず、表情やしぐさ、姿勢を見て、その人が身構えているのかそうでないのかということを知るのは、重要な見立てである。緊張している場合、心を開かないことで自分を守っているのであり、その「自閉」は、その人にとってとても重要な防衛機能である。侵入される怖さ、見透かされるかも知れない、自分に対して有利にことを運んでくれそうもないなど、クライエントはさまざまな思いをもって面接場面に臨む。したがって、言葉を通して情報を得よう、あるいは、その人の自我機能のありようをアセスメントしようとしても、無視や拒否の抵抗に遭うこともある。むしろ、無視や拒否は当然のこととして、「場の雰囲気」を少しでも楽に過ごせる場へと変化させることが必要である。そして、相手に対してこちらが話題にしたいことを聴く前に、まず、面接者が自分の味方だとクライエントに感じてもらうことが必要である。こちらが丁寧に言葉を選びながら、相手の心理的なつらさに焦点を合わせながら（こちらが一方的にでもよいから）言葉にしていくことで、少しずつ、共感的に関わってくれる人であると認知してもらえるようになっていく。クライエントが言葉を返してくれそうな児童生徒や大人の場合には、本題に触れないで、できるだけ他愛もない雑談から入るのもよいだろう（雑談面接、向き合い過ぎない面接）。

　何を話しても受け止めてもらえる。自分の味方になってくれる。人の心の動きを自分にわかる言葉で語ってくれる。自分のなかでうまく整理できないさまざまなつらさを解きほぐしてくれる。家族や教師に対してもっている不満をわかってくれる。秘密を保持してくれそうである（周りからのさまざまな脅威から自分を守ってくれる）。このような他者として立ち現われている存在なのだということを、メッセージとして送ることに心掛ける。

　関係性とは必ずしも、言葉のキャッチボールを必要としない。こちらの投げ掛けた言葉が、相手の心に届いているかどうかという、こちらの側の「手応え」こそが大事であろう。また、たとえ、その手応えが希薄であっても、時間をかけ、繰り返しメッセージを送り続けることも大事であろう。手応えが希薄であるというのも、個人の対人関係のあり方としての一つの特徴ととらえてよいものである。ただ、その希薄さを、「しっかりと感じ取る感性」がこちらの側に必要である。

　専門家として関わる際には、家族でもないアカの他人が、援助者としてクライエントを取り巻くさまざまな関係性のなかに介入する。どのような関係性がそれぞれのメンバーとのあいだで構築されているのかを嗅ぎ取る感性は、臨床家・実践家として、最も磨かれるべきものなのかもしれない。関係性が成立しているかどうかは、時折会話に混ぜるユーモアや冗談によっても、推し量ることができる。笑いの共有は、関係性の成立と深化にとても重要な機能を果たす。また、一人の人に向けて投げ掛けている言葉でも、それがその場のほかのメンバー（クライエント、スタッフ）にどのように伝わっているかを、いつも意識しながら会話を続けることも大事である。

以上の点を踏まえていると、初対面でもクライエントと余裕をもって接することができるし、同じ相手でもそのときの気分によって対応が違う場合にも動揺することなく、いつもの調子のレベルまで二人の関係性をもっていくことができると思われる。初対面でも再会するときでも、こちらの側がどのような声のトーンで、どのような姿勢表情で接しているかを、モニターしておくことが必要である。ニュートラルな面接スタイルを日頃から確立しておくことも大事であろう。このことは、関係性の成立がなかなか困難と思われる事例において、特に功を奏すると思われる。家庭訪問面接、偶然面接の場を設定する廊下面接（立ち話面接）、寡黙な事例への対応などで留意する点であろう。悩みをなかなか語れない児童生徒と接する場合、「悩みを語れる」関係性、「語れなくても、悩みに一緒に向き合っていける」関係性の成立のほうが先であろう。これらの点に留意するだけでも、どれだけ不適応行動を呈する子どもたちが救われていくことだろう。

8．学校システムの見立て

不登校問題を考える場合、「学校抜きに不登校は成立しない」という学校システムの問題が根源にある。学校制度そのものを否定すれば、そこには不登校という言葉さえも成立しなくなる。卒業してそのまま家にいれば不登校とはいわず、在宅就労・家事手伝い・不就労あるいは社会的引きこもりなどとなるのである。学年集団、学級集団、それをまたぐ形での部活動集団、通学班集団、班活動集団、それぞれの人間関係システムがある。さまざまなサブシステムが組み合わさって学校が構築される。また、教師集団や校長教頭、事務職などの教職員集団も、サブシステムをもっており、ある種のヒエラルキーもネックとなってくる。管理職がいて教師がいるという構造は、硬直したシステムであるという問題をはらんでいる。たとえば、教師がじっくり考えたことが、校長の鶴の一声で覆ったりする場合もある。管理職と教師のあいだで考え方が一致していなければ、調整するシステムを学校に内在させていることが必要になる。そうしたシステムができていない場合に、子どもたちの重大な問題を教育相談担当者やスクールカウンセラー、スクールソーシャルワーカーに任せようというのは、まず出発点から無理がある。地域の独自性、学校の伝統や雰囲気、学校の掲げる目標などをまず充分に理解し、アセスメントをすることが必要である。

学校に外部の専門家が介入する際には、教師集団がすでに作り上げてきた体制にどう入り込んでいくかが鍵となる。スクールカウンセラーや今後配置が期待されているスクールソーシャルワーカーが、かなりのことを任されても、教師と一緒に協働して関わらなければ、学校内で孤軍奮闘することになりかねない。教師がこれまで取り組んできた側面に理解を示しつつ、カウンセラーとしての専門性を発揮するというのは、非常に難しいことである。最近では意識が変化し少なくなったが、かつて、スクールカウンセラーが入ったばかりの頃には、不登校児童生徒はカウンセラーに任せ、生徒指導担当教師が非行関係の児童生徒と関わるという分業があったこともあった。まず、学校の見立てで重要なのは、入っていくほうの課題だけではなく、受け入れるほうがどれだけそれを活用できるかということがある。教師の専門性が、図らずも問われることになってしまうのかもしれない。教師のなかにも、スクールカウンセラーを活用できる人とできない人がいる。このことは、教師の職能発達の重要さを再認識することを促した。教師の側に、自分たちはいままで何をやってきたのだろう、何をやったらいいのだろうという問題意識が生まれてきたのは好ましいことである。カウンセラーの側にも、教師の職能発達を支援する見地が必要であろう。その際には、教師の人柄や生徒指導、教育相談のセンスの見立てが必要となる。教師を傷つけないで、教師を支援することが必要となる。雑談や子どもの相談を受けるなかで聞こえてくる、子どものあいだで起きていることからの見立てが必要となるであろう。

また、校長や教頭の理解が乏しいと、学校内でさまざまな活動がしづらくなる例は、これまでも報告されている。そのような場合であっても、キーパーソンがいることで、徐々に学校側の理解が変わってくることもある。学校内に、教師という立場でスクールカウンセリング活動、スクールソーシャルワーク活動を調整する教師を見つける、あるいは育てる、ということが必要であるのかもしれない。スクールカウンセラーやスクールソーシャルワーカーの資質だけでなく、キーパーソン（教師集団のなかでのコーディネーター）の存在が、スクールカウンセラー活動、今後さらに展開が期待されるスクールソーシャルワーク活動の成否を問うことになる。教師の職能発達とともに、キーパーソンの発見、育成ということが課題となる。その意味でも、キーパーソンを決める立場にある校長や教頭などの管理職との意見交換、関係性の構築は大事である。

9．地域システムの見立て

(1) 地域システム――専門機関の連携

地域システムの見立ても重要である。児童相談所、福祉事務所、児童養護施設、情緒障害児短期治療施設、自立支援施設、警察や家庭裁判所、病院、ハローワーク、教育センター、教育支援センター（適応指導教室）、養護学校、フリースクール、フリースペースなど、地域の専門機関は多い。家庭裁判所の調査官との連携も大事である。これからは、不登校につながるような虐待・ネグレクトの事例への対応が課題となるであろう。裁判所との連携の場面もいろいろと出てくると思われる。その地域のなかのキーパーソンが家庭と学校との連携のなかで家庭も支える。家庭訪問をしたり、場合によってはその家族の夫婦関係に無理のない程度に介入したりしていく。ソーシャルワーカー的な仕事である。地域のなかで生きていく生活の基盤をまずしっかりつくる。生活福祉臨床のフィールドである。教育というだけでなく、その子が健全に過ごせる場の提供が必要になってくるものと思われる。不登校と関わるときの社会的な資源というのを一つひとつのケースで見直してみることも必要であろう。たとえば、おじさん・おばさんが有効に機能したり、民生委員が足繁く家庭訪問してくれたりということはありうることである。

(2) 地域システムと発達的観点

気分障害やボーダーラインの事例で、成人に達してから、あるいは成人に達する前から、中学校や小学校で不登校であったと語られることがある。その時点で、不登校への援助というきっかけを活用して、しっかり関わり、解決の方向性を模索しておくことが重要である、ということを筆者は痛感している。そのときに、どういう解決の仕方をしておくのかというのが、後々に影響してくる。何とか学校に行けるようにはなったものの、父親から深い精神的な傷を受けてしまったり、恨みをもってしまったり、学校不信になってしまったりということはありうることである。そういうトラウマの部分を残さない配慮が必要である。

もし家族システムに不都合な点があれば、中学校に至る前でのところで、あるいは思春期に至る前のところで、対応していく。家族を立て直す作業が必要ではないかと考えられる。不登校があったり万引があったりして、親は動揺するが、そのときにこそ家族の見直しをするわけである。それは幼稚園児のころであるかもしれないし、小学校低学年であるかもしれない。大きな不登校にいたる前に対応していくわけである。大きな地震の前に予震や何かの前触れがあるようなものである。当然、家族システムや地域システムのなかで生きているので、一気に大きな地震が来るわけではなく、小出しに出ているのである。そのときに、とらえ直しや見直しやサポートを充分に受けることや、あるいは、人になかなか相談できない子であれば、相談するということがいかに大事かということを理解させ、しっかりと身に付けてもらうことが大事である。予防接種のようなものだろうか。小学校中学年くらいで立て直しをした家族は、思春期・青年期でまたいろいろと問題が起きても、たくましさ、柔軟性をもって対処できるように見受けられる。そのような家族は、そういう困難な時期にこそ、家族が機能することが大事と思っているようだ。だから、どんなに大変な危機を子どもが迎えていても、そのことに向き合っていける。

小学校のときにも不登校でした、学校不信に陥っていました、親としてはこんなふうに対応してうまくいかなかったが、担任の先生が熱心で何とか学校には行けるようになりました、というふうに既往歴を語る親がいる。どうしてそのときに家族システムを改善できなかったかと思うことがある。そうした場合には、課題を先送りにしている可能性が高い。地域での連続した関わりが重要だと思うゆえんでもある。

親子関係でいえば、自立と依存というのが重要なテーマとしてある。自立するためにはすごいエネルギーが必要であるが、それを受け止める家族でいるための作業が必要となる。それができていなかった場合、子どもが中学校に入ったりしたときに、脆弱な家族に対する怒りや、受け止めてもらえなさなどが感じられてしまう。結果として、子どもは不安定な学校生活を送らざるをえなくなる。発達的な流れのなかでは、個人が発達するだけではない。家族も発達するのである。そして、学校も地域も発達するのだ。

(3)「学校に行かないこと」への地域の支え——ホームスタディ、ホームスクール

学校に行くことで生活を送るのが学校生活であるが、学校に行かないことで送る学校生活もある。しゃにむに学校に行くことばかりを考え過ぎることへの歯止めとして、このような考え方は大事である。援助者がどのような立場であったとしても、家庭訪問をしたときや声がけをするときに、どんなことを一緒にやっていくかという観点からも見ていく。学習をどうするかとか友達とのことをどうするかとか、生活のリズムをどうするかとか、そのようなことを考えていく。そういうことは、学校に行かなくてもできるかもしれない。アメリカでインディ

ペンデントスクールを視察した際に、そのことを筆者は少し感じた。スポーツ選手や劇団員はなかなか学校に行って勉強できない。そこでそういう学校で、定期的に通いながら宿題を提出して先生に見てもらうことをしている。勉強は見てもらっているのかもしれないが、友達同士の付き合いなどが希薄化してしまうのは否めないことである。教師集団のなかに来て、そこで勉強を教えてもらっている風景は、個人尊重といいながら、欠落しているところも感じないではいられなかった。しかし、そういう時代は日本にもいつか来るであろう。実際、これまで見てきたように、ホームスタディ、ホームスクールの動きは、すでに大きなうねりとなって学校教育全体に影響を与えつつある。ただ、地域での共通理解を確立していないと、このような制度は立ち上げられないし、持続していかないだろう。

ある中学生の例では、小学校六年生からずっと不登校で、民間の通信教育をやっていて、しばらく学校に行けなかったが、中間テストを受けたら学年で二番（一学年二〇〇人あまり）であった。学力のことだけを考えたら、家庭だけでも充分にできる社会的なサポートシステムは、すでに構築されていることを実感させられた出来事であった。この事実に直面して、学校とは何だろう、教師とは何だろうと考えざるをえない、とある教師は語っていたが、実感であろう。学校に行くことによって過ごしている学校生活もあれば、行かないことで過ごしている学校生活も同様にあるのだということである。学校に行くための準備期間としての不登校状態、という観点だけでは、いま、ここでの子どもたちの姿を見失うことになりかねない。不登校という形で学校生活を過ごしている、そういう観点が必要である。そうでないといつも登校に向けての緊張感をもたせてしまうことになる。せかせる気持ちをいつもつくっている。ただ、在宅で勉強することにしては、とか、家庭訪問して教えてあげるよということがその後にどう影響するかは、登校意欲、あるいは登校の意義とかねあいの難しいところである。

どういう人間を育てようとしているのか。どういう人間像を想定しているのか。多様な人間像を想定しているといえばそうであろうが、一方で、みんなで仲良くする、みんなと調和していくということが、学校生活での大きな目標となると、集団生活と称してルールを守ってそこから逸脱しないことが無条件に第一義的となり、そのルールの遵守を求めることになる。地域としても、どのような子どもたちに育ってほしいのかということを明確に学校に対して提示することもさらに必要となってくるであろう。保護者会などの機会を活用して、議論を深めることが必要であろう。

Ⅲ　不適応感情の見立て――『つらさ』『きつさ』の理解の手がかり

これまでのアセスメントの基本を押さえた上で、さらに、不登校児童生徒本人のつらさ、きつさにどう向き合うのか、その際の手がかりとなるさまざまな体験様式（体験の仕方）に焦点を置き、検討を加えていく。

1．つらさ、きつさと向き合うこと

不登校についての見立てには、これまで見てきたようにさまざまな観点がある。従来、不登校というと、優等生の息切れ型とか甘やかされ型とか言われてきた。タイプ論で見ていったり、発達的な観点で見ていったりと、援助者によってさまざまである。しかし、関わりの拠って立つ立場を超えて、もう少し、子ども自身がどういうところで苦しんでいるのか、どういう面をその子はもっているのかという観点で見ていくことで、さらに、目の前にいる子どもたちへの理解が深まっていくと考えられる。これまでは、ともすると、家族状況や学校状況などを理解し、そのあとで、その子の発達課題は何かとか、家族構造における問題点は何かとかの、枠付けをしがちではなかったかと思う。しかしそれだけでは、子どもたちの主観的なきつさ・つらさの深さに迫っていない。その子どもたちそれぞれの、そのときの心のなかのつらさが時々刻々と動いているのであるから、そのつらさそのものに対して向き合っていく、あるいは理解していく、という観点が重要である。そうすることによって、その子にとって必要なときに、必要な何かが考え出されていく、あるいは感じ取られていく。ここでは、このような

表9-1　さまざまなつらさの理解

（1）	不安性感情レベル
（2）	抑鬱性感情レベル
（3）	強迫性感情レベル
（4）	焦燥性感情レベル
（5）	その他の感情レベル（対人回避感情のレベルなど）

「子どもたちのつらさ、きつさ」にどう向き合っていったらよいのかという観点について触れていく（表9-1）。

2．さまざまな『つらさ』

(1)　不安性感情レベル

まず、よく出現するのが不安感である。何となく不安、あるいは急激に不安感に襲われるのは、不登校に共通していることである。気分と同時に体に出ることが多い。それは以下のようにさまざまである。胸内苦悶（胸が苦しい）、動悸（心臓がどきどきする）、呼吸促迫（呼吸が荒くなる）、発汗（汗が出てくる）、目眩（めまい）、頻尿、瞳孔散大、口渇などの自律神経系の症状を伴う。

気持ちが先か体が先かわからないくらいに、身体症状を伴うことが多い。何となく不安な気分がするという場合と、突然不安が訪れるという場合と、両方がある。学校に行く朝になると突然トイレが近くなってしまったり、心臓がどきどきしてしまったり、胸のあたりが締め付けられるように苦しくなったりする。そういう発作的に押し寄せてくるものと、なんとなくいつも不安があるということがある。突発的には不安が訪れることはないが、学校のことを思うと不安になる、思わないと不安になることはない。だから、できるだけ不安感をつくりだす刺激を取り除こうとするし、家族も、学校の先生や相談員はうちに来ないでください、と言うことになったりする。これは予期不安が高まることを事前に避ける手立てである。予期不安が高まることをつくってしまうのでやめてくださいと言う。これは確かに、その子のことを思っているからこそ、とは言えるが、守って育てるということの難しさも、一方で露呈している。守ることこそが必要であるという時期ももちろんあるが、バリアー（壁）を張り巡らせてしまい、繭のなかに成長しないままに閉じ込めている、ということもある。不登校への関わりを考える際に、繭のなかに入れておいて自ずから成長していくのを待つ、という発想をする人もいる。ただ、それにしては、あまりにも時間がかかりすぎるということをみんなわかってきている状況ではないかと思う。小学校二年生くらいからずっと引きこもっていて、小学校五年生になっても六年生になっても学校に行かず、中学校三年生になってやっと行きはじめた。これを、待ったからよかったというのは、結果論にすぎない。再登校を開始したのは待ったからと結論するのではなく、ほかにさまざまなファクターが働いた可能性にも思いを巡らすことが大事である。少なくとも、つらさということのなかで、この不安感というのは不適応の状況にある人が、共通してもつ感情である。

(2) 抑鬱性感情レベル

これは抑鬱、落ち込み、悲哀な気分、おっくうな感じ、とかである。朝から調子が悪く、午前中は悪く、夜になるにつれて軽くなることが多い。だから、朝が来るのが恐いということになってしまう。朝起きられず、昼過ぎや夕方から起きてくる。睡眠障害を伴うことが多い。夜中ずっと起きているが、午前中は寝ている。生活のリズムも崩れてくるので、食事行動も不規則になってしまう。食欲も減退したり、どか食いをしてしまったりする。抑鬱性という感情は、不登校の子どもたちのほとんどに共通して見られる感情である。

健康な人でも、この抑鬱性感情が昂進することもある。このような感情が強く出るときは、どうしても自分を責めてしまう。自分の心のなかにある「こうあるべき」とか「こうありたい」という思いが、自分で自分を責めてしまう。いわゆる、優等生の息切れである。抑鬱には、このように自分のなかで上から押さえ付ける、そういう抑鬱だけでなく、人とのつながりのなかで出てくることもある。「見捨てられ抑鬱」という言葉を使うが、この感じはとくに注意しておいたほうがよいと思われる。自分は独りぼっちで誰からも見放されてしまって、生きていく価値がないのではないかと思ってしまう。見捨てられた感じをもつことによって、抑鬱感が強くなってしまう。そういう感情である。成人に達してから、たとえば就職したりしても、友達関係や夫婦関係とかの親密な関係のなかで、こういう見捨てられ抑鬱が出てくる。現実吟味がある程度できているものの、とくに親密な関係性のなかでコントロールできなくなってしまう。また、人生のなかで見捨てられ抑鬱をその人が感じはじめる瞬間というのがある。さらに、不登校ということを契機にして、その人の人格的に未熟なところが図らずも露呈してしまうというのがある。発達論だけで見ていくことの限界がここにはある。引きこもりがひどくなる事例や、親子関係ががたがたになってしまっている不登校の事例などのなかに、教師や両親との関係性において非常に事態が悪化してしまうことがある。皮肉なことに、教師が関われば関わるほど、悪化する事例もある。担任が家庭訪問すればするほど、拒否感が高まってしまうし、手紙でも出そうものなら、何でこんな手紙書くんだ、という反応を受ける。よかれと考えてやることに、反感をもたれてしまうこともある。そのように、難しいタイプの子どもたちがいる。抑鬱といっても、自分で自分のことを責めるだけでなく、対人関係のなかで抑鬱感をもたざるをえない、もってしまう、ということを課題としてもつ子どもたちがいるということを、理解することが重要である。

(3)　強迫性感情レベル

こだわりの強さであり、強迫観念、強迫行為を持続させる感情をいう。たとえば、学校に行くと、みんなからこう思われてしまうのではないかという強迫観念が持続する。学校に行く状況になると、トイレに行かないと気が済まない。一見、身体症状と思えるものが儀式化してしまっている。強迫行為あるいは強迫的な観念をもつことによって、バランスを取ろうとしている。不登校のあるタイプとして、これらを見ていくことが重要であろう。

手洗いなどの強迫行為を繰り返してしまう強迫性障害の人たちや、人との関わりで相手にとことん付きまとうなどの強迫性人格障害（こだわりが人格のなかに取り込まれてしまっている）の症状では、強迫性感情が高くなっているといえる。自閉症の人たちのこだわり（火災報知器を押さないと気が済まないといったことや、会社に行く道にはここを通って行かないといけないとか、仕事の順番を決めてすると安心してできる、など）や、鬱病などの気分障害の人たちの行動を見るとき、そこに強迫性感情が高まってしまっていると思えるときがある。自分は駄目な人間だ、死ぬしかない、と強く思い込んでしまっている。それ以外の考えがなかなか思い浮かばないことなどがある。自殺企図があると、その思いをなかなか変更できない。

統合失調症の人たちにもこだわりがあるときがある。思考障害にもこの感情は関わってくる。また、摂食障害にも見られる。摂食障害では抑鬱感も強いが、この強迫性感情も高まってしまう。ダイエットなどを始めると、障害を起こすレベルまで行ってしまう。体重計に毎日乗って、何キロ減ったというところにこだわってしまう。自分はこのくらい食べておかないと体はもたないと栄養補給食品などを食べるが、ほかは一切食べない、などのことが起きてしまう。不安性も抑鬱性も強迫性もいずれも、いろいろな人たちの不適応感を見ていく上でキーワードになると筆者は考えている。生きていく上で自分のさまざまなしたいことを邪魔する感情でもあるが、うまく利用することもできる。たとえば、この強迫性感情のおかげで、まじめに几帳面に勉強してこられたともいえる。学校の先生方はまじめに勉強しなさいと言いながら、この感情を誘発しているところがあるわけである。一方で強迫性をつくっていながら、このことによって強迫性が高じてくると、それはその子の育ちであったり、その子自身の特質であると考えてしまうのかもしれない。一方で不都合な感情をつくっていながら、それを乗り越える力もつくっていくことが必要になってくる。強迫性感情や焦燥感をつくるなら、対処能力も育てていくことが必要になる。不都合な感情にどう向き合っていくのかということが大事なのであって、不都合な感情を感じないようにすることが重要なのではない。

(4) 焦燥性感情レベル

焦り、いらいらの強さをいう。これも、多くの不登校に共通して見られる。対処する力がある、あるいは自分のなかで調整していることもある。余裕がなくなってくると、何をしていても常に焦り、焦燥感が付きまとう。何をしているわけでもないのに、妙に疲れる。心の奥底から突き上げてくる「何かしなければ、このままでは自分はどうにかなってしまう」「自分はこれでいいのか、このまま何もしないでいいのか」などという自己罪責感が自分自身をさいなむ。拠り所のなさ、自分はいったい何を頼りにして生きていけばいいのか、というような自己基盤の脆弱さ、孤立感、孤独感が、焦燥感をさらに助長してしまう。不登校の子どもたちのきつさ、つらさに向き合う際に、まず、絶対的な安全感、安心感を提供することが必要であるのは、このようなことにも関係している。焦りという何かしなければならないという強い思いの反面、具体的な行動計画が立てられなかったり、立てられたとしてもそれを実行に移す気にならなかったりして空回りする感じである。見通しをもって着実に前へ進める展望が少しずつできてくると、不思議と焦燥感は低減してくる。

3．生物学的側面への理解

生きる上で、これまでに挙げたような感情（不安、抑鬱、強迫、焦燥）はつきものである。これらの感情に圧倒されたり、こだわったり、あるいはそれにしがみつかざるをえない人がいるのである。もちろん、気質的なことも考えに入れる必要がある。大脳生理学からは、脳内での化学変化、電気信号の伝達が起きていることはわかってきたが、それらを発生させるような生き方とか感じ方とか、ものの見方は、その人の他者との関わりや自分の工夫によってしかできないことである。子どもたちが成長していくその場その場で大事なのが、上記に挙げた感情でもある。諸刃の剣という側面は否めないのである。強迫的な面が育っていないと勤勉さを要求される勉強が滞ってしまう。しかしそれはこれまで触れたように、自分を苦しめるものにもなってしまう。また、人の大切さを考えたり、自分のなかで善いこと悪いことを判断していく上で、抑鬱感はきっかけともなりうる感情であり、とても重要である。しかし、一方で、自分一人のなかで抑鬱感情が昂じてしまうことは不適応感を高めてしまう。その匙加減はまことに微妙である。

4．その他の感情レベル（対人回避感情のレベルなど）

これまで挙げた四つの感情のほかに、それぞれの事例に特有の感情レベルにも注目することが大事である。たとえば、引きこもり事例における対人回避感情のレベルなど、事例ごとで特有の感情とも言うべきものを個別に特定化していく。それぞれを、「まったく感じない」から「いつも感じる」まで、十段階評価してみるのもよいだろう。できればクライエント自身に評価してもらうと、より精度が高くなるし、何よりクライエント自身に益することが多い。もちろん、その評価の結果を利用するかどうかも、クライエントの自己決定事項であるし、そのような提案そのものを控えたほうがよいときもあるだろう。

たとえば、気分障害（鬱病など）では、抑鬱性感情レベルが高くなると、不安性感情レベルや焦燥性感情レベルも高くなることに留意する。感情レベルの水準を常時意識しながら、対応を考えていく。それらが、異常に昂進した場合、あるいは異常に昂進することが予想される場合には、精神科受診を考慮する。薬物療法との併用が必要となるかもしれない。しかし、これには人間の生物学的な側面を充分に理解することの必要性を共有することになるが、そのためには、充分に話し合うことが必要である。このような子どもたちのそれぞれのきつさ、つらさを感情レベルで理解していくことで、不登校児童生徒の生物心理社会的理解が統合的になされることが可能になる。アセスメントの重要性とともに、複雑な不登校現象を「複雑なままに」とらえる視点でもある。

見立ての際に見てきたさまざまな観点を丁寧に押さえ、どこに留意するかを整理していく。それぞれについての対応は各章に譲るとして、ここではさらに、さまざまなアプローチに共通している援助的な体験様式について考えを進めていきたい。適応に向けて、必要とする心理的な課題を以下に整理してみる。見立て（アセスメント）やこれまでの章で見てきたさまざまな観点や関わりの視座は、以下の体験様式の変化を目指すことを前提にしている。

Ⅳ　心理的な援助の要点

1．不登校支援・援助における基本的な視座

不登校の子どもたちに対する直接的な援助にしても、家族、学校、地域への支援にしても、基本は、子どもたちの揺らぎとどう付き合い、その揺らぎをどう成長へとつなげていくかである。学校への登校は、目的ではない。むしろ、学校に登校するかどうかを決定すること自体が、いかに自分自身にあるほかのさまざまな問題を解決する動機づけを阻害してきたかということに気づくことも、援助、支援の最初の目的といってもよいかもしれない。子どもたちの葛藤に耳を傾け（無理に聴くということではなく、あくまでも援助者の姿勢）、揺らぎにどうじっくりと付き合っていけるのかが、不登校援助、支援の課題であると考えられる。

2．援助における四つの視点

援助には学校、児童相談所、教育相談センター、病院と、さまざまなところが関わっているが、その要点は共通していると考えられる。また、関係機関の立場によって、同じ一人の不登校の子どもが切り裂かれてしまうことはあってはならないことであろう。さらに、関わり手のすべてが共通の認識をもち、共通のスタンスを保持し

表9-2　援助における四つの視点

(1)	プロセス志向体験様式 変化の基底としてのプロセス志向、結果志向体験様式の抑制
(2)	統合志向体験様式 成長の基底としての統合志向、分離・解離志向体験様式の抑制
(3)	自己基準志向体験様式 限りない発展としての自己基準志向、他者基準志向体験様式の抑制
(4)	自己一貫性志向体験様式 「重要な他者」との関係性による自己一貫性、自己不全感体験様式の抑制

ながら、関わることが大事であろう。役割分担はその上でのことである。見立ての際に見てきたさまざまな観点を丁寧に押さえ、どこに留意するかを整理していく。

ここではさらに、さまざまなアプローチに共通している援助的な体験様式について考えを進めていく。適応に向けて必要となる心理的な課題を以下に整理してみる。見立て（アセスメント）の観点や関わりの視点は、以下の体験様式の変化を目指すことを前提にしている。

表9-2に援助における四つの視点を挙げる。

(1) プロセス志向体験様式

a・変化の基底としてのプロセス志向

再登校を始めたり、フリースクールなどで生き生きと日々を過ごしている子どもたちは、どういうところが変化していったのであろうか。学校に再登校し始めても不安定にならず、逞しくやっている子どもたちに共通する点の一つに、「プロセス志向体験様式」のレベルが高くなっていることが挙げられる。それは、結果を急ぎ過ぎず、時々刻々の時間の流れのなかに身を置けるということであり、その時その時のさまざまな感情から逃げずに向き合える（直面）ということである。自分や周りの変化という現実に柔軟に対応できる。さまざまな人の言うことに耳を傾けながら、自分のことについて判断していく志向性にも一役買う。不登校の子どもたちと接していて、もう放っておいてくれと言っているときには、なかなか変化が起きない。言葉でなくても、一緒にバドミントンをしよう、絵を描こうということに、乗れるようになると変わってくる。関わりが生まれてくるだけでなく、その子の心のなかに新たな局面が生まれる。結果志向だったのが、プロセス志向に変わっていく。

b・結果志向体験様式の抑制

結果志向体験様式とは、さまざまなプロセスにおいて、その時々の自分を受容できないためにどうしても結果志向となってしまう体験の仕方である。それを抑えることで、相対的にプロセス志向が高くなっていく。

学校に行く、行かないという結果にこだわっているときは、たとえ学校に行けても、不安定である。行く、行かないというのは、結果にすぎない。それに向けて、どういう気持ちが芽生えて、どういう気持ちでそこにいるのかということが大事である。たとえ失敗しても、そう思えた自分は褒めてあげようとか、プロセスのほうに価値があるのだという体験様式になれたときに、生きていくのに不可欠な素材である感情などが、非常に生き生きと生かされてくる。人とのやり取りのなかで、プロセスを大事にできる。絵を描くためにはその作業を可能にする時間が必要だし、運動や動作も体を動かすという時間が必要である。「時間をじっくりかけるということ自体が持つ癒やし」は、このようなプロセス志向を可能にすることではないだろうか。「結果」のような「時間の断片」は、一時的な自我高揚をもたらしても、そのあとすぐに空しさが押し寄せてくる。不登校状況がよくなっているときにそのことを話題にすると、クライエントに共通して、前に比べてじっくりと物事に向き合えるようになりましたとか、気持ちが湧き起こってきてもそれは自分の気持ちなので味わえるようになりました、と語ることが多いという印象を筆者はもっている。いろいろな人の話を聴いて理解しようという気持ちになってきましたと、プロセスのことを語ることも多い。このようなプロセス志向の視点は、さまざまな対人援助において共通していることでもある。

(2) 統合志向体験様式

a・成長の基底としての統合志向

統合志向体験様式とは、自分の心のなかにある弱い部分、悪の部分、否定的な部分を、受容・直面（無理をせずにさりげなく気負わずに見ていく）し、強い部分、善の部分、肯定の部分と統合していく志向性を促す感情、認知、思考をいう。人の心というのはいろいろあっていいのだということである。しかし、そのように思えないときには、その人にとっての不都合な感情はなかなか変わらない。学校生活を送るなかで、子どもたちはさまざまな体験をする。自分が支えられている、自分は重要な存在である、という思いをもつときばかりではない。学校生活や家庭生活のなかで、子どもが否定的な感情をもったときに、それを持ち堪えることができるためには、その子自身がそのような否定的な感情とは別のところで、肯定的に受け止められていることが重要な鍵となるだろう。心と体が別々な感じがするという解離傾向や、徹底した自己否定を自らせざるをえないような挫折体験は、ぎりぎりのところでどうにか自分を保っているほど、危機的な状況をもたらしてしまう。そのような状況にあっても統合的に自分に向き合うためには、自分自身に対する安定感やほかの人たちとの信頼感が基礎になくてはならないとも言えるだろう。

かつて小中学校の頃に不登校経験があり、自己臭恐怖を併せ持つ社会的引きこもりのあるクライエント（二十六歳）と面接をしていて、以下のようなことがあった（プライバシー保護のために事実関係を変えてある）。十数回の面接の後に、車の免許を取ったり、出歩いたりできるようにはなっていったが、自己臭の症状自体はなかなか好転しない。苦しい思いは変わらない。臭う自分。自分のなかにある汚いものに対する拒絶感が強い。その汚い自分というのを受け入れていない。この点を明確化し、そこに焦点を当てた面接を通して、次第に、悪の部分、弱い自分、汚い部分というものに対する向き合い方が変わってきた。「受け入れる」というよりは、「それを苦しむことを通して十字架を背負って生きていくのが適切である、と考えてきた自分」に気づくようになっていったのである。そして次第に、悪も善も清さも汚さもすべて含んだ、包括的な自己像の心地よさへも思いが及ぶようになっていった。しかし一方で、自分にはできないと諦めてしまうことも続いた。非常に強固な自己像である。そのクライエントは、善くなるということに対する抵抗感が強い時期が続いた。十字架を背負っている自分が自分であり、十字架をなくすためには汚い部分も受け入れざるをえない、そのほうがもっとつらいというのである。幼少期に受けた心の傷を抱えている人にとって、それを肯定し受け入れることそのものが許しがたいのかもしれない。この感覚は、非行傾向の子どもたちと接していても感じることが多い。どうして万引やからかい、暴力をやめないのか、と言ってもやめない。善くなるということでは自分を受け入れ難く、悪い自分のままでやっと自分のことを受け入れられる。そのくらい、自分に対する自己評価が低いし、自己否定感を日常的に感じてしまっている。

通常、親など「重要な他者」との関わりのうちに、自分のなかで善い部分や肯定的な部分が育っていく。しかし、さらに、否定的な部分があっても大丈夫という感覚が育っていかないと、統合が難しい。その人にとっての不適応感を適応感に変えていくように援助していくためには、自尊感情や自己信頼感を育てることが大事になる。自尊感情、基底的な自己信頼感ともいうべき感情が必要と考えられる。自分は捨てたものじゃない、けっこう大事にされている、自分って結構面白いところがある、自分もやればできる、などの感覚が大事になってくる。そういう自尊感情が高まっているというのが必要となっていく。そこには、これまで触れたように、結果にこだわらなくてもやっていける自分がいる必要があるのかもしれない。不登校になったとしても、自尊感情を低める働きかけだけはしないようにすることが大事である。それは、なかなか親にはできないことが多い。なぜなら、親自身の自尊感情が低かったり、親が結果志向であったり、親自身が自分の悪いところを統合できていないことがあるからである。親自身の影の部分を、自分でも気がつかないうちに子どもに引き受けさせてしまった可能性もあるのではないだろうか。

弱い部分や悪の部分や否定的なところを、自分のなかにうまく取り込んで自分のものにできていない。自我異和的なものとしてとらえている。弱い部分や悪の部分や否定的なところを認めてしまったり、取り込んでしまうと、ものすごいことが起きるかもしれないと怯えてしまう。悪い部分もあなたでしょ、善い部分もあなたでしょ、善かろうが悪かろうがあなたはあなたでしょ、この世の中に生きていていいんだよ。さまざまな自己を統合する力の源泉となる自分。その自分に対する信頼感、肯定感が乏しいと、うまく統合できない。先の引きこもりの事例では、臭う自分を否定したり、嫌悪したりしてしまう、基礎である自分自身に対して、イメージ療法や絵画療法を通して関わっていった。

そして、否定的な自己を感じなくてもすむ肯定的な自己感を少しずつ育てていくことができた。否定的な自己があっても大丈夫な「かすかな」自己肯定感が育つことで、臭う自分も、否定的な自己を感じすぎることも、「必要なくなる」。否定的な自己であっても、それが拠り所にならざるをえない人間の悲しさがそこにはあるが、一方で、そのような自分のありようを必要としなくなる、人間のもっている成長力・復元力・創造力もまた捨てたものではない。

さまざまな不適応状態を示す人の特徴にも、メカニズム的には共通しているところがあるのではないだろうか。統合していこうという気になれない子どもたちがいるということである。漠然とした不安も、急激に押し寄せる不安も、自分の感情である。そこを分断してしまうと、却ってその弱い部分の影響をずっと受け続けてしまうことがある。本人も周りの人たちも、どうしてもそこから逃げたいと考えてしまう課題・障害・問題こそが、「関わりの接点」であり、それに直面するためには工夫が必要となる。

b．分離・解離志向体験様式の抑制

分離・解離志向体験様式とは、自分のなかの「弱い部分、悪の部分、否定的な部分」を受容したり、それに直面することができない体験様式である。そのため、葛藤・苦悶・苦慮を繰り返すことになる。自分にはどうしようもない力によって不適応行動が起き、あたかもその行動をその人が「必要」としているかのように、不適応パターンが繰り返されてしまう。そのパターンが変化するためには、不適応パターンへと向かわせる自分にある分断の側面を理解し、自己実現、自己価値志向などの側面へと統合することが必要となる。学校には行きたいのに身体がいうことをきかない、おなかが痛くなってしまう、などという場合には、強い力でこの分離、解離が起きてしまっているのであり、何らかの自己不全感、自己統合感の希薄さが存在する。上に述べた統合感の向上は、このような分離、解離志向体験様式とは裏表の関係にある。

(3) 自己基準志向体験様式

a・限りない発展としての自己基準志向

自分で自分のことを認めてあげる、自分のことを褒めてあげる、そういう基準を自分でつくることの大事さである。人の評価に左右されない自己基準といってもよいかもしれない。自己基準は、自分で築きあげる必要があるが、現実的には、そこに他者の視点をどれだけ入れうるかが課題となる。しかし、最終的にはあくまでも自分の基準であることが大事である。不登校の進行に伴って、自己決定感覚が乏しくなっていくという報告もある。自己決定の前提となるのは、自己に対する信頼感、自己がすべての基準となるという感覚である。学校生活を送るなかで、自分のこれまでの価値体系や知識体系が混乱させられる場面が起きてくるし、教師との関わりも、友人との関わりも、その連続といってもいいくらいに危機にさらされる。自分の築き上げてきた基準は、ぐらぐらと崩れることもある。自己決定に関する感覚を研ぎ澄ます練習をしていても、自己決定を先延ばしにせざるをえないほど、迷うこともある。

判断基準となる自己の信念体系、価値体系、知識体系が深まり、広がるにつれて、子どもたちはたくましく育つことができる。その形成過程にあって、どこまで自分にこだわり、どこまで人の意見を採り入れて自己の体系に変化をもたらすのかは、まったくの個人差の問題と言っていいかもしれない。柔軟に採り入れる側面は一方で、無防備に人の意見を採り入れてしまうことにもつながる。自分の思いを抑えることによって、一見柔軟に対応できているようで、どこか自分を無視し、無理をしてしまいながら、自己の基準を形成してしまうこともある。年齢が高くなってからの不登校であればあるほど、このような自己基準と他者基準の相克にとまどい、折り合いをつけられない苦しさが見て取れる。他者に対して開かれた自己基準ともいうべき柔軟な自己基準は、親や教師、友人とのあいだで、地道な時間をかけたやり取りのなかからこそ生まれるものかもしれない。その作業にどのくらいの時間をかけて付き合っていけるかは、親や援助者の側にも問われることだろう。

b・他者基準志向体験様式の抑制

一方で、他者基準志向とは、自分に自信がもてず、他者の意見を聴いて影響を受け過ぎたり、内在化された他者の視点（親や教師であることが多い）に左右されて一喜一憂し過ぎたりしてしまう感情を言う。不登校状態にある子どもたちは、自己決定感覚がうまく作動しなくなる。自分の人生を責任をもって過ごしていく。不登校状態にあっては、この感覚が著しく乏しくなってしまう子がいる。自己決定感覚の欠乏をもたらすものとして、自己基準志向体験様式が希薄化していることがあるのかもしれない。あなたはどう考えるのか、あなたはどう感じるのか。結果はどうあれ、自己基準をつくろうとする志向性が高くなることが大事ではないだろうか。自己基準が乏しい子どもたちが多いような気がするが、そうした子どもたちはこのような体験の仕方（体験様式）に慣らされている可能性もある。いつもではないにせよ、誰かがこう言っているということで、自己責任を逃れようとしていることもあるかもしれない。自分の人生なのに、どこか自分の人生という実感が乏しいのかもしれない。自分の人生として引き受けようとしない、あるいは引き受けさせてもらえなかった歴史があるのかもしれない。失敗をすると、何をやっているのだ、と叱責されたりしながら、自分で考えては駄目だ、相手に合わせないと駄目だという思いを強くしてしまう。自己基準をつくりづらい環境に置かれていた可能性もある。そうしたことに抗しつつ、たくましい自己基準を形成することこそが、不登校生活の課題と言えることもあるのかもしれない。自己基準をつくろうとすることが前向きの生活になる。不登校回復のきっかけが、前向きの生活の開始と言われるゆえんである。

(4) 自己一貫性志向体験様式

思考、感情、感覚、意思決定において、一貫して「自分は自分」としていられる体験様式を、ここでは「自己一貫性志向体験様式」という。一貫性ではない感情は、離人感情であることが多い。「自分がない感じ」「自分が何を考えているのか自分でもわからない」という、自己不全感が常に付きまとう感情である。自己一貫性志向体験様式の対極にあるのは、自己不全性体験様式である。なんとなく違う、いつもうまくいかない、という感覚である。

自己不全感が昂じたときには、何があっても自信がなく、何か言われるとすぐに傷ついてしまう。そのような場面では、傷つく脆弱な自分をさらけ出さなくてはいけないということがあるし、自分がそこにいて大丈夫だと思えないということもあるのかもしれない。それに対して、誰か一人でもいいから、自分のことを絶対に大丈夫と見てくれる人が必要である。これは、親や「重要な他者」(親戚、里親、兄弟姉妹、教師、さまざまな専門的援助職など)から提供してもらうことの必要な感覚である。このことに愛着関係が非常に重要と考えられるが、この点についてはさらに検討が必要であろう(藤岡、二〇〇一c、二〇〇三d、e)。

また、この体験様式は、上記のプロセス志向体験様式、統合志向体験様式、自己基準志向体験様式を前提としており、不登校やさまざまな不適応行動も、大きな意味で人生のなかに位置付けられる。「語ることの重要さ」は、自己一貫性志向体験様式を確たるものにするために必要な作業かもしれない。このような体験様式は、決して「アイデンティティ」のような説明概念ではなく、もっと体験に近いところの言葉である。発達的な過程での「アイデンティティ」の重要さは言うまでもないことであるが、幼少の頃からの「自分」はどこまでいっても自分、自分はこの世で唯一の存在で大事にされている存在、という感覚は、不登校や社会的引きこもりによって、特に他者とのつながりの糸が細くなったり切れたりすると、危うく、曖昧で、はかないものとなってしまう。誰か一人とは確実につながっているという感覚こそが、そこを乗り越えていく感覚であり、その誰かを手掛かりとしながら、少しずつ、社会や世の中とのつながりの糸を太くしていくことができる。当然のことながら、苦しいかどうかは本人だけが知りうることであるし、感じることである。外の世界に出て行くこと、学校に行くことのほうが、自分らしさを提示できないという危機感や不安感や不全感を感じてしまっている人にとって、この不登校状態、引きこもり状態にいるほうが、より自分らしくいられるのかもしれない。こうした理解を前提にしながら、不登校や社会的引きこもりの人たちに関わる人間は、「共に生きていく」ということが何を意味しているのかということを、自問しなければならないだろう。いろいろな人がいて、いろいろな生き方があっていい。そういう、きわめて当たり前のことを大事にし、大事にされるときに、関わり手も、不登校という状態にある子どもたちも、自己一貫性感覚〈おれ〉〈わたし〉という感覚）をもつことができるのかもしれない。この感覚を回復、あるいは獲得したときに、人は大きく前進できるように思える。不登校の子どもたちの人生に寄り添いつつ、関わることこそが、われわれの唯一のありようかもしれない。

V　まとめに代えて——協働の重要性

以上、アセスメントから対応までを見ていくモデルを提示してきた。これらはあくまでも仮説であり、まだまだ精緻化されていかなければならないだろう。特に、対応のための四つの体験様式仮説は、それぞれの立場で具体化されていくものであるが、そのことを考えていくための共通基盤を構成するものである。さらに検討が望まれる。

　これまで見てきたように、不登校の児童生徒と寄り添うためには、立場を超えて、さまざまな観点からアセスメントをし、そして、関わりの多様な視座をもつことこそが必要となる。そして、このことを共通の理解にすることによって、学校関係者、家族、地域の専門機関（福祉・医療・更正・司法・教育など）との協働（コラボレーション）が可能となる。この論考がそのための一助となれば幸いである。

第十章　不登校事例の見立てと対応の要点
――ケース・シミュレーション

これまでの考察を踏まえ、想定される対応点について、シミュレーションをしていく。このことで、不登校に対応を考える際に、考慮すべき点の議論の素材となることをねらっている。

I　ケース・シミュレーションの意義

事例検討会、ケースカンファレンスなどでは、事例のそれまでの経緯を細かく分析していく。と同時に、あのときにはこうすればよかったのではないかということを明確にすることで、今後、同じような場面に遭遇した際の参考にする。ここでは事例検討のなかで、過去の経緯や今後の展開に思いを巡らしてみることに対して、ケース・シミュレーションという言葉を当てることにする。

ケース・シミュレーションには、さまざまな意味があるだろう。①実際にあったケースに対する今後の見通しをさまざまな角度から分析し、見通しをつけること。この場合、実際にあった対応とは異なる望ましい対応を検討することになる。この際に、こうすればよかった、ああすればよかったなど過去の経緯の検討や、今後どのようにケースを進めていくかの検討は、実質的にケース・シミュレーションをしていることになる。②架空の事例を想定し、さまざまな可能性を模索し、事前に対応の要点を学習し、実際のケースに備えること。この場合、専門機関によって対応の要点は異なり、普遍的な対応のシミュレーションをすることには限界がある。

不登校にはさまざまな事例があり、その個別性こそ、不登校に関わる際の最も留意すべきことであろう。しかし、これまでの経験から、いかなる不登校の子どもを目の前にしても何とか対応できるようになってきているのは、どのようなことを押さえているからであろうか。たとえば、初回面接の事例を振り返りながら、その点を整理してみたい。ただ、取り上げる事例は、さまざま例を組み合わせたものであり、個人が特定できないように配慮していることをあらかじめお断わりしておく。

【事例――初回面接】

小学生六年生、女子

総合病院の小児科から紹介されたケースである。まず、福祉臨床相談室に医師から紹介があり、その後、クライエントと時間と場所を約束する。父親と母親と一緒に来所する。セラピストの左に父親、右に母親、正面にＩＰ（問題を抱えているとされているクライエント、以下、ＩＰ）が座る。セラピストのこんにちは、という挨拶には、やや顔を緩めて声には出さないが応答してくれる。場所はわかりましたか、という雑談から始め、今日は小児科からの紹介ということでじっくり時間を取ってあるので、どんなことからでもどうぞ、と言うと、父親から話し始める。

小学校一年生のときから不登校気味で、と父親が言うと、すかさず、ＩＰが、違うよ、小学校一年生のときは行っていたよ、と言う。父親はああそうか、と訂正。母親と一緒になって父親の言葉の中身を訂正するＩＰ。このように、最初の会話の切り出しは誰か、それぞれの発言に対するほかのメンバーの反応はどうか、ということを見ていく。ここですでに家族構造や家族コミュニケーションの見立てが始まっている。同時にセラピストは、このＩＰにとって有効なサポートになれる人を見立てていく。

小学校一年生から二年生と随時聴いていき、小学校六年生の今に至るまでの不登校状況を聴いていく。併せて、その際の担任との関係、クラスのなかでの自分のありようなどを聴いていくとともに、その際の家族の関わりも聴いていく。登校の際に送って行ったのか、一人で行ったのか。朝は起こさないと起きられなかったのか、自分で起きていたのか。尾を引いている人間関係（対家族、対教師、対友人、対同級生など）はないか、などを聴いていく。そこで、学校に行っていたときと行っていないときの違い、いま現在と学校に行けていたときの異なる「例外」を探していく。また、学校に行けていたとしてもそれは相談室登校なのか、保健室登校なのか、教室登校なのかを聴いていく。そのＩＰは、全体として教室になかなか入れず、二年生の頃からは、行けたとしても相談室登校をしている。しかし、「例外的」に三年生のときに、一年間教室に行けており、そのときには担任が、とても面倒見の良い先生であったという。四年生になって担任が変わり、一学期は何とか行っていたが、二学期夏休み明けに再び不登校になる。しかし、五年生になって再びクラス替えがあり、担任も変わり、一学期は相談室登校であったが、二学期から国語と算数だけには教室に行けるようになる。これはいいと思っていたら、また三学期になって行けなくなったという。三学期のうちに、何とか体育だけは行けるようになるが、ほかは相談室である。六年生になってその状態は持続し、体育と給食だけはみんなと一緒にいられる。

ひととおり聴いたところで、いま、部分的とはいえ、登校できていることを支持する。もし家に引きこもっていれば、みんなと一緒に食事をできているところを支持する。ＩＰの不登校状況をセラピストがどうとらえ、どんな状況であれ肯定的な視点を持って接するということを、このような点から提示していく。学校に行くこと自体がなかなか大変なのに、よく毎日通っているねということを伝える。そして、そのようなことを伝えた際のＩＰの表情を見ていく。肯定的な受け止めについて、しっかり伝わっているかを見立てる。もしそれに対して無表情であれば、まだ、セラピストのそのような視点を受け止めていない可能性を考える。このＩＰは、少し表情が和らぎ、嬉しそうな感じになる。またＩＰは、両親の顔を見て、セラピストが自分の頑張りの代弁をしてくれているというような表情をする。

それから、この点まではうまくできているけれど、教室に行けないのは不思議だねと、両親にこの子の課題に対しての問題意識を持ってもらう。そして、この子にもこのことに向き合ってもらうように設定していく。そして、教室のなかで居づらいのかな、と少しずつ水を向けていく。相談室のほうでは楽なんだものね。相談室で楽に過ごせているというのが学校に行けていることになるのかな、と言うと、うん、とうなずく。そうか、じゃあ、教室には行けないけれど相談室があるから学校には毎日行けるんだね、と伝える。

そして、もしかして嫌な人がいるのかな、と水を向ける。すると、特に返事は返ってこないものの、気持ちは自分に向いているような感じが伝わってくる。そこで、ひょっとして教室のなかには居づらいのかな、と言うと、そう、とうなずく。ガーガーいう子のなかに入っていけないという。少しずつ教室のなかでのこの子の姿が見えてくる。クラスのなかには、仲のいい子がおらず、隣のクラスだと日曜日などに一緒に遊べる子がいるという。教室になかなか入れないときは仲のいい子が一人でもいるといいんだけれどね、と言うと、母親が、そういう子はいない、と言う。すると、うーん、○○ちゃんだといるけれど、今は向こうも忙しくなってあんまり遊んでいない、という言葉がＩＰから返ってくる。少しずつ、教室場面での自分に向き合えるようになってきていることが伝わってくる。次回からは、この辺りを深めていくことになるだろうか、ということをセラピストは感じる。

そして、基本的なところとして、起床時間、食事行動（家族と一緒に食べているか、食事の時間はどうか、食事量と質はどうか）を聴いておき、生物学的な側面での健康さを確認する。このＩＰの場合、起床時間も食事も一定の健常なリズムを持っており、心配のないことが伝わってくるし、そのことの大事さとそれがさりげなくできていることの健康さを、言葉でしっかりとＩＰと両親に伝える。

そして、この子のなかでの対人場面での不安の高さがどこから来ているのかということを、幼少時の状況を聴きながら母親や父親から確認していく。その際にも、本人の記憶のなかではどうかということを随時ＩＰに確かめていく。すると、本人がまったく忘れていたり、逆に両親の思い過ごしであったりすることがある。この子の場合、母親の勤めの関係で、生後三か月で日中は母親の実家の祖母に預けられている。この祖母は体が弱く、外に出ることがままならず、この子は三歳くらいから自分一人で出歩いて外で遊んでいたことがわかる。大人の顔色をうかがう点や集団のなかに入っていけない点などが、このことから伝わってくる。

初回面接では、不登校に至らざるをえない本人のつらさの受容がまず大事である。その上で、不登校状況であるとはいえ、いろいろとできているという例外があり、そのことをしっかりと伝えサポートして、関係性を肯定的なものとする努力をしていく。さらに、成育歴については機械的に聴いていくのではなく、必要に応じて聴いていきながら、セラピストの頭のなかを紡いでいく。過去のことを聴くというより、「いま」と「これから」のために活用できる資源として共有していく。それと、両親と同席する際には、両親の言葉や考えを本人がどうとらえているかに留意する。ＩＰの表情の観察は特に重要である。どのような言葉に反応するかをしっかりと観察する。その場で気づいたことも伝えるかどうかはそのときの判断によるが、記録にはしっかりと残しておく。

そして最後に、こんな感じでここでお話しできたらいいなあと思うけど、どう、と本人に水を向ける。そこで言葉には出さなくても表情で同意する感じをしっかりと見届ける。初回の面接に来てくれていること自体、動機づけが高いことなので、今日はよく来てくれたね、ということもしっかりと伝える。

以上が初回面接の一例である。初回面接で目標を設定するのか、数回のインテークをしながら目標を明確化して、それをクライエントと共有するのかは、専門家あるいは専門機関によるだろう。いずれにせよ、初回面接は関係性の構築ということが最も大きな課題となる。また、学校内での対応の場合、どうしても再登校が目標となりがちではあるが、ことさらに伝えなくてもよいだろう。関わり手は、結果としての登校、子どもたちにとっての幸せな日々は何かということを常に念頭に置いておくことが必要だろう。ここでは、本人の様子、家族の様子、学校での様子の一端などが押さえられている。ほかにも、初回には学校のスタッフの関わり、地域での支援などが話題になった。

II　ケース・シミュレーションの要点

上記の初回面接で見たように、初回面接でもさまざまなことが想定され、実際には、もっと多くのことがセラピストやソーシャルワーカーのなかで想定されている。以下、表10-1を参考にしながら、初回から終結まで、ケース・シミュレーションをしていく。

1．不登校状況の発見、あるいは気づき

まず、不登校が発見されたり、気づかれたりするのはさまざまなルートによる。本人からの訴えを家族が聴くことでわかることが多いが、出席状況などから教師が気づくこともある。

アメリカのスクールカウンセラーは、全校生徒の出席状況をパソコンで管理しており、欠席や遅刻、早退が続く場合には、すみやかに生徒本人と面接することになっているため、かなりの早期発見、早期対応が可能となっている。これには、学習の動機づけの低下への即応も含められていて、重要な役割の一つになっている。日本においても、出席状況は担任によって毎日把握され、学校によってはその状況が廊下に掲示されているところもある。ただ、この情報がどのように児童・生徒への介入に活用されているかどうかについては、学校によって異なっている。

いずれにせよ、身体的な生活状況の見立ては、不登校の初期対応のなかで重要である。睡眠、摂食、体調は、随時確認することが必要である。対応する人が家族であっても、教師であっても、専門機関の援助者であって

表 10-1　不登校への包括的援助システム――ケース・シミュレーションの要点

1．不登校状況の発見あるいは気づき

〈身体的な生活状況の見立て〉

・睡眠，摂食，体調は随時確認することが必要である。

〈関係性のアセスメント〉

・関わり手（援助者）と相手とのつながり具合

・本人を取り巻く人たちの各関係性及び本人との関係性のアセスメント

〈本人からの訴え〉（登校の渋り）

・不登校表現，状況の理解　①へ

〈周りからの気づき〉（頻繁な欠席，遅刻，早退）②へ

---

①つらさ，きつさの理解

〈言葉にできるか〉

・誰が話を聞けるか（親，兄弟姉妹。祖父母。おじ，おば，教師，教育相談員，カウンセラー）

・つらさは身体化していないか　③（医療機関との連携）へ

・家庭の経済的状況が影響を与えている　④（福祉機関との連携）へ

〈言葉にできないか〉

・誰が何を通してかかわるか(絵画，ゲーム，一緒に時間を過ごす，など)

・つらさは，身体化していないか　③（医療機関との連携）へ

〈つらさの感情レベル〉

・不安性感情レベル

・抑鬱性感情レベル

・強迫性感情レベル

・焦燥性感情レベル

・その他の感情レベル（対人回避感情のレベルなど）

②周りの気づき

・家庭の経済的状況が影響を与えている　④（福祉機関との連携）へ

〈学校の初期対応〉

・学校システムの見立て

・ケースカンファレンス，担任と他の職員との連携

・担任などと家庭との連絡，連携

・医療機関などの他の専門機関との必要に応じての連携

③医療機関との連携

・医学で対応できることはなにか

・引き受けすぎることで，学校や家庭の援助動機の低減，お任せ感を引き出し過ぎないように配慮

・医学的概念と教育あるいは福祉的概念の対応，協調

④福祉機関との連携

・生活保護，各種子育て支援手当て，子育て支援機関の活用

・高齢者，障害児者などの対応など周辺からのサポート

表 10-1　つづき

・継続した福祉相談
・児童相談所のメンタルフレンドの活用
・児童福祉施設の相談機能の活用
・子ども（児童）家庭支援センターの早期活用

⑤地域システムの見立て―活用できる社会的資源への配慮

・専門機関の連携―児童相談所，福祉事務所や児童養護施設，自立支援施設，情緒障害児短期治療施設，母子生活支援施設，更生保護施設，警察や家庭裁判所，病院など地域の専門機関の職員，家庭裁判所の調査官，民生委員，児童委員，フリースペース，フリースクール，通所型・宿泊型不登校支援施設職員との連携

2．対応，介入の要点

①変化を促す四つの視点

・プロセス志向体験様式
　変化の基底としてのプロセス志向
　結果志向体験様式の抑制
・統合志向体験様式
　成長の基底としての統合志向
　分離・解離志向体験様式の抑制
・自己基準志向体験様式
　限りない発展としての自己基準志向
　他者基準志向体験様式の抑制
・自己一貫性志向体験様式
　「重要な他者」との関係性による自己一貫性
　自己不全感体験様式の抑制
・学校関係者，家族，地域の専門機関（福祉・医療・矯正・司法・教育など）との協働（コラボレーション）

②本人に対して

・発達的な見立て，自我機能の見立て，人格傾向としての見立て
・そっとしておくこと（どのくらいそっとしておくのか，その間に関わる人は誰か）
・ホームスタディが可能であればそれは必要か（教育委員会か民間か）
・カウンセリングにいくか（どの相談機関がよいか）
・医療機関にかかるか
（小児科，精神科，心療内科などのどこにするのか）

③家族に対して

・家族システムの見立て
・家族の中の誰が最もキーパーソンか（窓口となりやすいか）
・家族構造はどうか，システム論的に見て，システムとしての機能

表 10-1　つづき

・誰をどのように支えるか
・家族は子どもの不登校をどうとらえているか

④援助技法の選択

・家族療法
・カウンセリング
・絵画療法
・プレイセラピー
・動作療法
・箱庭療法
・行動療法，認知行動療法
・認知療法
・精神分析療法
・その他の心理療法

⑤支援方法の選択（本人の居場所，支え）

・学校内の相談学級
・学校内の教室以外の場所（保健室，職員室，校長室，技能技師室など）
・学校外の適応指導教室
　（教育支援センター）
・フリースクール，フリースペース
・ホームスクール，ホームスタディ
・児童相談所のメンタルフレンド
・地域内の支援システムの活用

⑥支援方法の選択（継続した相談）

・教育相談室，教育センター
・心理臨床相談室，カウンセリングルーム
・児童相談所
・病院やクリニックの相談室
・児童福祉施設の相談部門
・子ども家庭支援センター

3．対応途中のモニタリング

①学校　・学校内の主として関わっている人は誰か
・チーム対応体制が取れているか，校長はリーダーシップをとっているか

②家庭　・家族内の小さな変化は起きているか
・キーパーソンは誰か
・本人と家族との関係は良好か
・誰か家族全体を支えているのか

③本人　・生活のリズムは取れているか（食事，睡眠など）
・自分の気持ちを誰かに話せているか

④地域　・かかわりを持とうとしているか
・誰がかかわるのか
・公民館，図書館など学校以外の資源へのアクセスは可能か

4．再登校の留意

・登校はあくまでも結果
・関わり手は，子どもにとっての幸せは何かを，常に問い続けること
・具体的な解決技法（ブリーフ技法の活用）

5．何らかの形での安定化（健やかな成長への環境づくり）――終結に向けて

①登校安定とモニタリング

・再登校の安定化に伴って，そっとしておくことの大事さ

②居場所への配慮とモニタリング

・その子にとってもっとも幸せな場所でのウェルビーイング

も、である。つらさ、きつさを言葉で訴える子どももいるが、それを言葉で訴えることが難しい場合、身体で表現することが多い。穏やかではあるが（時に急激に）、ストレートに身体で訴えてくる。統合失調症でも、胃潰瘍など身体でのきつさがある場合には精神症状が低減するということが言われているが、身体には、このような緩衝剤として役割もあるのかもしれない。

また、関わり手の児童・生徒との関係性のアセスメントは、その後の対応の受け入れを決定づけるほど重要である。関わり手（援助者）と相手とのつながり具合、子どもを取り巻く人たちの各関係性及び本人との関係性などを慎重に見立てていく。関わり手と子どもの関係性を前提に、使う言葉を選んだり、言い方を選択したりする。

子どもからの訴え（登校の渋りなど）は、第二章で見てきたように多様であり（不登校状況の表現①へ）、言葉にできないほどのつらさ、言葉にできていても気持ちのすべてを表わしているわけではないかもしれない、という視点が必要である。このような曖昧な言葉を曖昧なまま付き合えるかどうかは、関わりの重要なポイントである。曖昧なことを曖昧なまま、きちんと保持しておけるか、である。

本人からほとんど言葉が出てこない場合、言葉以外の文字情報に頼ることもあるが、それでも難しい場合、周りからの気づき（頻繁な欠席、遅刻、早退など、②へ）が重要な鍵となる。その場合は、本人との接触に留意しながら、どんな些細なことであっても、周りは何ができるかという視点が必要である。

(1) つらさ、きつさの理解

まず、子どもたちからの言葉があるかどうかがポイントとなる。誰が話を聴けるか（親、兄弟姉妹、祖父母、おじ、おば、教師、教育相談員、スクールカウンセラー、スクールソーシャルワーカー）、つらさは身体化していないか、などを留意しながら、もし身体化が前面に出ている場合は、医療機関との連携が重要となる。特に小児科は、初期対応の出発点としての重要な位置付けをもっていると考えられる。小児科領域ではかなり早い時期に関わることができ、いろいろな機関との対応のなかで、あまりこじれていない事例であることが多い。このことも重要な位置づけの理由となっている。また、精神科も、児童青年精神医学領域に明るい精神科医師であれば、薬物療法も含めて、重要な位置づけになる。診断や対応の方針についても、連携の際には可能な限り具体的に説明をしていただくことも大事である。医療的な関わりが明確になることで却って、教育で何ができるか、福祉領域で何ができるか、併せて考えていくことが可能となりやすい。

また、家庭の経済的状況が影響を与えていないかなどの視点は、生活保護や各種手当てなどで福祉事務所や市町村の児童福祉課・子育て支援課などの福祉機関との連携を模索することになる。家庭内暴力等に進展している場合は、児童相談所との連携のなかで、一時保護所の入所も考えられるが、親から引き離すこと自体が、大きな心の傷をもたらすことがあり、慎重に対処しなければならない。

つらさ、きつさを言葉にできない場合は、誰が何を通して関わるか（絵画、ゲーム、一緒に時間を過ごす、など）を検討していく。つらさは、身体化していないか、なども同様に重要であり、医療機関との連携へつながることになる。

言葉にできる、できないに関わらず、つらさの感情レベルについての配慮が必要である。不安性感情レベル、抑鬱性感情レベル、強迫性感情レベル、焦燥性感情レベル、その他の感情レベル（対人回避感情のレベルなど）などの視点が有効となる（第九章参照）。

(2) 周りの気づき

周りが気づいた際にも、家庭の経済的状況が影響を与えている場合には、同様に福祉機関との連携が重要である。また、学校の初期対応として、学校システムの見立てを前提に、ケースカンファレンスなどを通して、担任と他の職員との連携、担任などと家庭との連絡、連携、必要に応じて医療機関など他の専門機関との連携を図っていくことも大切である。

(3) 医療機関との連携

これまで見てきたように、医療機関との連携が必要になることもあるが、医学で対応できることは何かということを、常に子どもの立場に立って考えていくことが重要である。医療機関としても、引き受けすぎることで、学校や家庭の援助動機の低減、依存心（あるいは、お任せ感）を引き出し過ぎないように配慮することが必要である。医学的概念と教育あるいは福祉的概念の対応、協調などを、常日頃から詰めておくことが重要である。

(4) 福祉機関との連携

これまで見てきたように、生活保護、各種子育て支援手当て、子育て支援機関の活用などが、家庭的な状況を整え、子どもたちが家庭にいる際の安定を促すこともある。また、他問題が併発していることもあり、高齢者、障害者などの対応における困難点など、周辺からのサポートも必要に応じて進めていくことになる。いずれにせよ、継続した福祉相談は必要である。今後は、諸機関の連携を前提として、結婚した段階からの夫婦サポートに出発して、家族サポートが進むことが望まれるが、そこまでのサポートにはまだほど遠いというのが現状である。子ども（または児童）家庭支援センターの新たな役割として、妊娠・出産に至る周産期からの家族・子どもサポートも考えられる。保健師、産婦人科医との連携のなかで、貧困家庭、虐待の既往歴のある家庭など、ハイリスク家庭とのソフトな接触（関係性の構築）を開始することも有効である。これは、不登校に限らず、虐待や非行への早期介入ということでも重要な視点である。日本ではまだまだ定着していない婚前カウンセリング（結婚に向けて、さまざまな不安や葛藤などの気持ちの整理をあらかじめすること）も併せて検討されなければならないだろう。

(5)　地域システムの見立て

活用できる社会的資源への配慮は、ケースを見ていく際に重要であり、事前にさまざまなシミュレーションをしていく。専門機関の連携、すなわち、児童相談所、福祉事務所、児童養護施設、情緒障害児短期治療施設、自立支援施設、警察や家庭裁判所、病院、子ども（児童）家庭支援センター、ハローワーク、養護学校など地域の専門機関の職員、家庭裁判所の調査官、民生委員、児童委員との連携など、それぞれの機関の専門性に応じて対応の連携が図られる。非行の合わさった事例、児童虐待が重なった事例、さまざまな精神疾患を併発している場合、多問題家族である場合など、事例に応じて、地域の資源の活用は臨機応変に行われていくことになり、事例を通して、実質的な連携は深まっていく。

どのような専門機関が、どのようにクライエント、利用者と関わっているかを知ることは、連携の第一歩である。そして、いかに日頃から人的なネットワークを構築しておくかが、各専門機関の協働（コラボレーション）の前提となる。

2．対応、介入の要点

(1)　変化を促す四つの視点

第九章で見てきたように、プロセス志向体験様式（変化の基底としてのプロセス志向、結果志向体験様式の抑制）、統合志向体験様式（成長の基底としての統合志向、分離・解離志向体験様式の抑制）、自己基準志向体験様式（限りない発展としての自己基準志向、他者基準志向体験様式の抑制）、自己一貫性志向体験様式（「重要な他者」との関係性による自己一貫性、自己不全感体験様式の抑制）の視点を事例検討の際や連携の際に念頭に置く。学校関係者、家族、地域の専門機関（福祉・医療・更正・司法・教育など）との協働（コラボレーション）の際の共通理解の視点でもある。

⑵　本人に対して

第九章で見てきたように、多様な側面から見立てをすることで、子どもたちの多様な姿をバランスよく把握することになる。発達的な見立て、自我機能の見立て、人格傾向としての見立てなどを配慮しながら、統合的に見立てていく。

そっとしておくことが重要であれば、どのくらいそっとしておくのか、その間に関わる人は誰かということも併せて検討していく。ホームスタディが可能であればそれは必要か（教育委員会か民間か、どのタイミングで導入するか）、カウンセリングに行くか（どの相談機関がよいか）、児童相談所の不登校支援事業であるメンタルフレンドを活用するのか、医療機関にかかるか（小児科、精神科、心療内科などのどこにするのか）、などを本人の同意に配慮しながら対応していく。

⑶　家族に対して

家族システムの見立てを前提に、家族のなかの誰が最重要なキーパーソンか（窓口となりやすいか）、家族構造はどうか、システム論的に見て、システムとしての機能などを検討していく。誰をどのように支えるか、家族は子どもの不登校をどうとらえているか、などを家族と一緒に検討しながら、少しずつ、家族システムへとジョイニングしていく。

(4) 援助技法の選択

専門機関の場合、どのような関わりがよいのかを検討することにある。その際も、それがどうして必要か、どのような効果があるのか、などの説明責任が専門家にはある。

家族療法、カウンセリング、絵画療法、プレイセラピー、動作療法、箱庭療法、行動療法、認知行動療法、認知療法、精神分析療法など多くの関わりがあり、それぞれの立場で見立てや対応の留意点が異なる。

(5) 支援方法の選択（本人の居場所、支え）

対応を考えつつ、いまできる最善の居場所を模索することになる。学校内の相談学級、学校内の教室以外の場所（保健室、職員室、校長室、技能技師室など）、学校外の適応指導教室（教育支援センター）、フリースクール、フリースペース、ホームスクール、ホームスタディなど、さまざまな場所が設定されるようになってきている。児童相談所のメンタルフレンドの対応も、児童相談所を通して必要に応じて行なっていくことになる。

(6) 援助方法の選択

相談は長く継続することも多く、どこに相談するのかは、その後の対応を決定してしまうくらい重要なことである。校内の相談資源としての不登校対策プロジェクト、担任、校長・教頭、生徒指導主事、教育相談担当者、養護教諭などとの連携は、どこに相談するにしても、継続して重要な位置付けである。また、学校外としては、教育相談室、教育センター、心理臨床オフィス、カウンセリングルーム、児童相談所、病院やクリニックの相談室などがあり、どこがよいのかの情報を学校側から得ることは、その後の専門機関と学校との連携を図るうえでも、重要である。

3．対応途中のモニタリング

対応の途中のモニタリングは、関わっているところがどこであるにせよ、重要である。①学校——学校内の主として関わっている人間は誰か、チーム対応態勢が取れているか、校長はリーダーシップを発揮しているか、②家庭——家族内の小さな変化は起きているか、キーパーソンは誰か、本人と家族との関係は良好か、家族全体を支えているのか、③本人——生活のリズムはきちんとしているか（食事、睡眠など）、気持ちを誰かに話せているか、④地域——関わりを持とうとしているか、誰か関わるのか、公民館、図書館など学校以外の社会的資源へのアクセスは可能か、である。

4．再登校の留意

これまでも見てきたが、関わり手は、子どもにとっての幸せは何かを常に自分自身に問い続けることが重要である。また、再登校が考えられるときには、具体的な解決技法が有効となる。それについては第三章を参考にしていただきたい。

5．何らかの形での安定化（健やかな成長への環境づくり）

再登校が開始されても、①登校安定とモニタリング——再登校の安定化に伴って、そっとしておくことの大事さ、②居場所への配慮とモニタリング——どこであっても、その子にとってもっとも居心地の良い場所での幸福感が重要な視点となる。

専門機関の場合、終結ということがある。あるいは、継続してモニタリングしていくというスタンスそのものが終結に置き換わっているところもあるかもしれない。再登校だけが終結ではないのは、言うまでもないことであろう。専門機関としては、予めどこに終結の目標を置くのかを明確に提示しておきつつ、随時、目標の修正をしていくことが現実的な対応かもしれない。

あとがき

不登校の子どもたちと関わり始めて、長い歳月が過ぎようとしています。その間、不登校を取り巻く状況も大きく変貌してきました。そして、今も日々動いています。そのとき、そのときの時代の影響を大きく受けながら、不登校についての理解や対応も変化していきました。しかし、その一方で、変わらないものも多くあります。それは、子どもたちの一所懸命に生きようとする姿であり、その子どもたちのために悩み・苦しみ・模索している親の姿であり、教師や心理臨床家・ソーシャルワーカー・医師をはじめとするさまざまな援助者・支援者の真摯な姿です。不登校について考えていくことで、さまざまな問いがわれわれに突きつけられてきます。その一つ一つに丁寧に答えていくことで、子どもたちに少しずつ近づいていくことができるだろうと考えました。この本の中でできたことは、そのうちのほんの少しだけのことです。不登校の子どもたちに関わっていらっしゃるさまざまな方々が、その問いを掘り下げていく上での一助になれば幸いです。

本書の出版にあたっては、たくさんの方々にお世話になりました。心からお礼申し上げます。たくさんの子どもたち、その親御さん、援助者・支援者の方々には本当に多くのことを教えていただきました。お名前をあげればきりがないほど多くの方々に心から感謝いたします。

学部学生の頃からご指導いただいております九州大学名誉教授成瀬悟策先生には、折にふれて励ましのお言葉をいただきました。心から謝意を表します。本書の一行一行に、先生のご指導ご鞭撻からいただいた視座と展望が込められているといっても過言ではないくらいです。また、本の出版にあたって、身に余る序文をいただき、感謝の気持ちでいっぱいです。深くお礼申し上げます。

藤岡孝志

さらに、本書の出版を励ましていただいた方々に、この場を借りて厚くお礼申し上げます。不登校に関するさまざまな課題はまだまだ山積しております。本書は、それらの課題に向かうにはあまりに未熟で、やっとその山の登山口に来たという感じです。今後、さらに不登校に関する国内外の臨床と研究が深まり、子どもたちの心の居場所が少しでも多くできることを心から願っています。

末筆になりますが、誠信書房編集部松山由理子さんには、原稿に丁寧に目を通していただき、多くのご示唆をいただきました。心からお礼申し上げます。また、本書の完成に向けてご努力いただきました誠信書房のスタッフの室橋稚里さんはじめ皆様に心からお礼申し上げます。

平成十七年四月

Adelman, H. (1998): School counseling, psychological, and-social services. In Marx, E. & Wooley, S. F. (Ed.), *Health is academic: A guide to coordinated school health programs*. New York: Teachers College Press.

Allen-Meares, P., Washington, R. O., & Welsh. B. L. (2000): *Social Work Services in Schools* (3rd ed.). Allyn & Bacon. 山下英三郎監訳、日本スクールソーシャルワーク協会編『学校におけるソーシャルワークサービス』学苑社、二〇〇一年。

荒木博之『日本人の行動様式――他律と集団の論理』講談社、一九七三年。

蘭香代子「高齢者臨床における動作法」成瀬悟策編『健康とスポーツの臨床動作法』現代のエスプリ別冊(臨床動作法シリーズ3)、一九九二年、九八-一一一頁。

朝日新聞　二〇〇二年　不登校児、授業は自宅で(二〇〇二・一・一七　朝刊)

Aspel, A. D., Willis, G. W., & Faust, D. (1998): School Psychologists' diagnostic decision making processes: Objective-subjective discrepancies. *Journal of School Psychology*, Vol. 36(2), 137-149.

Astor, R. A., Behre, W. J., Wallace, J. M., & Fravil, K.A. (1998): School social workers and school violence: Personal safety, training, and violence programs. *Social Work*, Vol. 43(3), 223-232.

Barker, P. (1986): *Basic Family Therapy* (2nd Ed.). Oxford: London: Blackwell Scientific Publications. 中村伸一・信国恵子監訳『家族療法の基礎』金剛出版、一九九三年。

Benedict, R. (1946): *The Chrysanthemum and the Sword, Patterns of Japanese Culture*. Boston Houghton Mifflin. 長谷川松治訳『菊と刀――日本文化の型』社会思想社、一九六七年。

Bowen, M. (1966): The use of family theory in clinical practice. *Comprehensive Psychiatry*, 7, 345-374.

Brammer, L. (1973) : *The helping relationship: Process and skills*. Englewood Cliffs, N. J. : Prentice-Hall.

Broadwin, I. T. (1932) : A contribution to the study of truancy. *American Journal of Othopsychiatry*, 2. 253-259.

Brotherton, S. J. (1996) : *Counselor education for the twenty-first century*. Critical studies in education and culture series. Bergin & GREENWOOD Publishing Group, Inc.: Werport, CT.

Buck, J. N. (1948) : The H-T-P technique: A qualitative and quantitative scoring manual. *Journal of Clinical Psychology*, 4, 317-396.

Burns, R. C. (1990) : *A guide to Family-Centered Circle Drawings (F-C-C-D) with symbol probes and visual free association*. New York : Brunner/Mazel Publishers.

Burns, R. C. & Kaufman, S. H. (1972) : *Actions, styles, and symbols in Kinetic Family Drawings an interpretative manual (K-F-D)*. New York : Brunner/Mazel Publishers.

Caplan, G. (1964) : *Principles of preventive psychiatry*. New York: Basic Books.

Capuzzi, D. (1994) : *Suicide prevention in the schools: Guidelines for middle and high school settings*. Alexandria: American Counseling Association.

Christenson, S. L., Hiesch, J. A., & Hurley, C. M. (1997) : Families with aggresive children and adolescents. In Goldstein, A. P. & Conoley, J. C. (Eds.), *School violence intervention: A practical handbook*. New York: The Guilford Press.

Cooper, M. G. (1960) : School refusal. *Educational Research*, 8, 115-127.

Cowen, E. L. (1977) : Baby-steps toward primary prevention. *American Journal of Community Psychology*, 5, 1-22.

de Shazer, S. (1985) : *Keys to Solution in brief therapy*. New York: W. W. Norton.

土居健郎『「甘え」の構造』弘文堂、一九七一年。

Durrant, M. (1995) : *Creative strategies for school problems: Solutions for psychologists and teachers*. New York: W. W. Norton & Co, Inc.

Edelwich, J. & Brodsky, A. (1980) : *Burn-Out: Stages of disillusionment in the helping professions*. New York: Human

Sciences Press.
Erchul, W. P. & Martens, B. K. (1997)：*School consultation: Conceptual and empirical bases of practice.* Issues in clinical child psychology. New York: Plenum Press.
Erickson, M. H. (1964)：*The Process of Hypnotic Induction.* The Milton H. Erickson Foundation, Inc. 窪田文子・宮田敬一訳『ミルトン・エリクソンの催眠誘導――1964ライブ・デモンストレーション』亀田ブックサービス、一九九五年。
Fagan, T. K. & Warden, P. G. (1996)：*Historical encyclopedia of school psychology.* Greenwood Press/Greenwood Publishing Group, Inc. Westport, CT.
Fairchild, T. N. (Ed.) (1997)：*Crisis intervention strategies for school-based helpers* (2nd ed.). Charles C Thomas Publishaers: Springfield, IL.
藤井義久「現代の学校現場が抱える諸問題――学校ストレスを中心に」教育心理学研究、四五巻二号、一九九七年、二二八-二三七頁。
藤見幸雄『痛みと身体の心理学』新潮社、一九九九年。
藤岡孝志「不安神経症者への動作療法の適用――こころのよりどころを求めて」九州大学教育学部附属障害児臨床センター紀要、第一巻、一九八六年、四七-五三頁。
藤岡孝志「自己認知と他者認知の変容――対人恐怖症者の一事例を通して」九州大学心理臨床研究、第六巻、一九八七a年、九五-一〇二頁。
藤岡孝志「動作療法の治療過程に関する一考察――転換ヒステリーの事例を通して」心理臨床学研究、第五巻、第一号、一九八七b年、一四-二五頁。
藤岡孝志「登校拒否」対人行動学研究会編『対人行動学ガイドマップ』ブレーン出版、一九九〇a年、五六-五七頁。
Fujioka, T. (1990b)：Developmemt and Practice of "Dohsa"-therapy. *The Journal of Rehabilitation Psychology*, Vol. 17, 165-170.
藤岡孝志「学校で学ぶ」藤岡孝志編著『アクティブに生きる――自己活動の心理学』ソフィア、一九九二a年、一〇一-一一一頁。

藤岡孝志「家族内コミュニケーション」藤岡孝志編著『アクティブに生きる――自己活動の心理学』ソフィア、一九九二b年。

藤岡孝志「神経症者への動作療法」成瀬悟策編『臨床動作法の理論と治療』現代のエスプリ別冊（臨床動作法シリーズ1）、一九九二c年、一六一-一六八頁。

藤岡孝志「高齢者への動作療法の適用」リハビリテイション心理学研究、第二〇巻、一九九二d年、七五-八五頁。

藤岡孝志「不登校・登校拒否の指導」小野直広編『生徒指導』新教育心理学大系三、中央法規、一九九三a年、一四〇-一六一頁。

藤岡孝志「動作法・動作療法」ブリーフサイコセラピー研究II、一九九三b年、六一-七〇頁。

藤岡孝志「学校不適応と教育相談の課題」九州大学教育学部附属障害児臨床センター編『発達と障害の心理臨床』九州大学出版会、一九九四年、五二-七〇頁。

藤岡孝志「チック児に対する動作療法の適用」リハビリテイション心理学研究、二一巻、一九九五a年、三九-四五頁。

藤岡孝志「対人恐怖を訴える来談者への動作療法の適用」臨床動作学研究、第一巻、一九九五b年、三-四頁。

藤岡孝志「学校のメンタルヘルスと〈体験様式〉」精神療法、二二巻四号、一九九六a年、三〇-三六頁。

藤岡孝志「学校の教育相談体制をどう整えるか」『教師・親のための〈育てるカウンセリング〉入門』児童心理臨時増刊、一九九六b年、九九-一〇四頁。

藤岡孝志「動作療法における体験様式の変容過程について」日本ブリーフサイコセラピー学会編『ブリーフサイコセラピーの発展』金剛出版、一九九六c年、一三五-一四二頁。

藤岡孝志「不登校現象の病理」大塚義孝編『心の病理学』現代のエスプリ別冊（臨床心理学シリーズ1）、一九九八a年、二二七-二四〇頁。

藤岡孝志「動作療法適用上の工夫について」臨床動作学研究、第四巻、一九九八b年、二二-二五頁。

藤岡孝志「教育臨床の今日的課題――日本独自のスクールカウンセリング活動の構築に向けて」教育心理学年報、第三八集、一九九九a年、一四二-一五四頁。

藤岡孝志「小学校の事例――システムに介入する場合の問題」小川捷之・村山正治編『学校の心理臨床』金子書房、一九九九b

年、一八四-一九四頁。

藤岡孝志「イメージ療法における動作の活用」藤原勝紀編『イメージ療法』現代のエスプリ三八七号、一九九九c年、八四-九〇頁。

藤岡孝志「〈ケース研究〉なぜあの子が――思春期に〈よい子〉が起こす問題行動・無気力：母親とのかかわりのなかで」児童心理一二月号、一九九九d年、一〇八-一一二頁。

藤岡孝志「がんばり過ぎる子・がんばろうとしない子の心理」児童心理一一月号、二〇〇〇a年、一六-二二頁。

藤岡孝志「臨床動作法の適用の原則」日本臨床動作学会編『臨床動作法の基礎と展開』コレール社、二〇〇〇b年、五九-六六頁。

藤岡孝志「児童の心理的特性の理解」生活と福祉、五四七巻、二〇〇一a年、二九-三二頁。

藤岡孝志「児童の心のケアと援助」生活と福祉、五四八巻、二〇〇一b年、二四-二七頁。

藤岡孝志「児童虐待と愛着障害の関係性に関する研究」日本社会事業大学研究紀要、四八集、二〇〇一c年、二四三-二五八頁。

藤岡孝志「聴けない親・聴けない教師の心理」『親・教師の聴く技術・話す技術』児童心理臨時増刊、二〇〇一d年、二八-三六頁。

藤岡孝志「不登校児童の体験様式と援助方法に関する研究」日本社会事業大学研究紀要、第四九集、二〇〇二a年、一三五-一五〇頁。

藤岡孝志「児童福祉施設における心理的支援に関する研究」日本社会事業大学社会事業研究所年報、第三八号、二〇〇二b年、二七-四六頁。

藤岡孝志「教育領域における活動モデル」下山晴彦・丹野義彦編『講座臨床心理学第六巻　社会臨床心理学』東京大学出版会、二〇〇二c年、六三-八六頁。

藤岡孝志「子どもと親、学校の問題――親子関係の問題：学校場面における問題」加藤伸司・中島健一編著『社会福祉士養成テキストブック13　心理学』第二章、ミネルヴァ書房、二〇〇二d年、三四-四五頁。

藤岡孝志「福祉・教育現場で活かされる心理援助」社会福祉学習双書編集委員会編『新版　社会福祉学習双書第九巻　心理学』第六章第五節、全国社会福祉協議会、二〇〇二e年、二一三-二三〇頁。

藤岡孝志「不登校の子どもへの支援」福祉士養成講座編集委員会編『新版 社会福祉士養成講座第一〇巻 心理学』中央法規、二〇〇二f年、二四五-二四八頁。

Fujioka, T. (2003a): Dohsa (Human Motor Action) Therapy as the treatment for children with some disorders. *Journal of Social Policy and Social Work*, Vol. 7, 3-14.

藤岡孝志「神経症者のための動作法」成瀬悟策編『講座・臨床動作学第五巻 健康・治療動作法』学苑社、二〇〇三b年、一八九-二〇〇頁。

藤岡孝志「不登校児の事例」成瀬悟策編『講座・臨床動作学第五巻 健康・治療動作法』学苑社、二〇〇三c年、二四〇-二五一頁。

藤岡孝志「愛着障害の子ども及びその親への修復的愛着療法に関する研究」日本社会事業大学研究紀要、第五〇集、二〇〇三d年、九七-一二〇頁。

藤岡孝志「ストレスに強い性格、弱い性格」児童心理一二月号臨時増刊号、二〇〇三e年、二八-三六頁。

Fujioka, T. (2004): School Non-attendance-Psychological and Social Services in Japan-. *Journal of Social Policy and Social Work*, Vol. 8, 5-22.

藤岡孝志・高橋国法「教育における適用の原則」日本臨床動作学会編『臨床動作法の基礎と展開』コレール社、二〇〇〇年、六七-七七頁。

藤岡孝志・成瀬悟策「動作療法の治療過程について――神経症の事例を通して」九州大学教育学部紀要、三一巻二号、一九八六年、七三-八二頁。

福田憲明「スクールカウンセラーの心理臨床――黒衣としてのつなぎ役に徹する」大塚義孝編『スクールカウンセラーの実際』こころの科学増刊、一九九六年、一〇〇-一〇三頁。

福西勇夫・菊池道子編『心の病の治療と描画法』現代のエスプリ三九〇号、二〇〇〇年。

福留ゆかり「緘黙児の指導・治療」成瀬悟策編『教育臨床動作法』現代のエスプリ別冊（臨床動作法シリーズ2）、一九九二年、一五二-一六二頁。

Freudenberger, H. J. & Richelson, G. (1980)：*Burn-out The High Cost of High Achievement*. Anchor Press, NY.
古橋啓介・藤岡孝志「学校不適応児の実態とその対応に関する研究」教育方法等改善経費報告書、一九九一年、一二-三四頁。
Gendlin, E. T. (1964)：A theory of personality change. In Worchel, P. & Byrne, D. (Eds.), *Personality Change*. John Wiley, 100-148. 村瀬孝雄編訳『体験過程と心理療法』新装版、ナツメ社、一九八一年、三九-一五七頁。
Gendlin, E. T. (1978)：*FOCUSING*. New York: Bantam Books, Inc. 村山正治・都留春夫・村瀬孝雄訳『フォーカシング』福村出版、一九八二年。
五味太郎『らくがき絵本』ブロンズ新社、一九九〇年。
五味太郎『らくがき絵本　Part 2』ブロンズ新社、一九九二年。
五味太郎『らくがきＢｏｏｋ――らくがき絵本　Part 3』ブロンズ新社、一九九二年。
Goodenough, F. L. (1926)：*Measurement of intelligence by drawings*. New York: Harcourt, Brace & world Book Co.
後藤多樹子・中井久夫〝誘発線〟（仮称）による描画法」山口直彦編『中井久夫共著論文集　精神医学の臨床』岩崎学術出版社、一九九一年。
Haley, J. (1963)：*Strategies of Psychotherapy*. Grune & Stratton Inc.
Haley, J. (1976)：*Problem-solving therapy*. San Francisco: Jossey-Bass.
浜口恵俊『「日本らしさ」の再発見』日本経済新聞社、一九七七年。
原田眞理「身体と心をつなげていく橋渡し的な方法としてのFocusing」心理臨床学研究、第一二巻第三号、一九九四年、一九三-二〇三頁。
Harris, D. B. (1963)：*Children's drawings as measure of intellectual maturity*. New York: Harcourt, Brace & world.
長谷川啓三「リフレーミングとＭＲＩ派」佐藤悦子・稲村博編『家族療法の理論と技法』現代のエスプリ二四二号、一九八七年、一〇七-一一七頁。
日野宣千「教師の立場からみた登校拒否」社会精神医学九（一）、一九八六年、二一-二八頁。
林道義『図説ユング――自己実現と救いの心理学』河出書房新社、一九九八年。

Hersov, L. A. (1960a) : Persistent non-attendance at school. *Journal of Child Psychology and Psychiatry*, 1, 130-136.

Hersov, L. A. (1960b) : Refusal to go to school. *Journal of Child Psychology and Psychiatry*, 1, 137-145.

Hersov, L. A. (1990) : School Refusal: An Overview. In Chiland, C. & Young, J. G. (eds.), *Why Children Reject School: Views from Seven Countries*. New York: Yale University Press, 16-44.

東山紘久・薮添隆一『システマティックアプローチによる学校カウンセリングの実際』創元社、一九九二年。

平田慶子「登校拒否の原因」詫摩武俊・稲村博編『登校拒否――どうしたら立ち直れるか』有斐閣、一九八〇年、三五-四六頁。

平井信義『登校拒否児――学校ぎらいの理解と教育』新曜社、一九七八年。

平尾美生子「訪問による面接の問題点」小泉英二編著『学校教育相談――その考え方と実践』学事出版、一九七三年、二〇三-二一一頁。

保坂亨「長期欠席と不登校の追跡調査研究」教育心理学研究、四四巻三号、一九九六年、三〇三-三一〇頁。

保坂亨『学校を欠席する子どもたち――長期欠席・不登校から学校教育を考える』東京大学出版会、二〇〇〇年。

星野仁彦・熊代永『登校拒否児の治療と教育――教師・医師・家族のチームアプローチ』日本文化科学社、一九九〇年。

市橋秀夫『心の地図――こころの障害を理解する』(上・下)、星和書店、一九九七年。

池田豊應「明るい不登校・引きこもる不登校へのかかわり方」児童心理六月号臨時増刊号、二〇〇二年、一九-二四頁。

今田浩「現在の適応指導教室の課題に対する一考察」生徒指導研究、第八号、一九九七年、四一-五〇頁。

稲村博『不登校の研究』新曜社、一九九四年。

稲浪正充・西信高・小椋たみ子・堤雅雄・大西俊江・引野友子「学校恐怖症の心理と対策」島根大学教育学部紀要(人文・社会科学)第一二巻、一九七八年、四三-五四頁。

Insoo Kim Berg (1994) : *Family-based Services: A Solution-focused Approach*. W. W. Nortcn & Company, Inc.

石隈利紀「スクールカウンセラーと学校心理学」村山正治・山本和郎編『スクールカウンセラー――その理論と展望』ミネルヴァ書房、一九九五年、二七-四二頁。

石隈利紀「学校心理学とスクールカウンセリング――一人ひとりの児童生徒を生かす学校教育をめざして」教育心理学年報、第三六集、一九九六年、四〇-四四頁。

石隈利紀『学校心理学――教師・スクールカウンセラー・保護者のチームによる心理教育的援助サービス』誠信書房、一九九九年。

伊藤美奈子「学校カウンセリングに関する探索的研究――教師とカウンセラーの役割兼務と連携をめぐって」教育心理学研究、四二巻三号、一九九四年、二九八-三〇五頁。

伊藤美奈子「小・中学校における教育相談係の意識と研修に関する一考察」教育心理学研究、四五巻三号、一九九七年、二九五-三〇二頁。

伊藤美奈子「学校現場へのスクールカウンセラー導入についての意識調査――中学校教師とカウンセラーを対象に」教育心理学研究、四六巻二号、一九九八年、一二一-一三〇頁。

岩崎久志『教育臨床への学校ソーシャルワーク導入に関する研究』風間書房、二〇〇一年。

Janet, P. (1889): *L'Automatisme psychologique*. Paris: Alcan.

Johnson, A. M., Falstein, F. I., Szurek, S. A., & Svendsen, M. (1941): School phobia. *American Journal of Orthopsychiatry*, 2, 702-708.

Jung, C. G. (1963): *Memories, Dreams, Reflections "Erinnerungen Träume Gedanken"*. edited by A. Jaffe. Pantheon Books. A・ヤッフェ編、河合隼雄・藤縄昭・出井淑子訳『ユング自伝1――思い出・夢・思想』みすず書房、一九七二年。

門眞一郎・高岡健・滝川一廣『不登校を解く――三人の精神科医からの提案』ミネルヴァ書房、一九九八年。

Kahn, J. H. (1958): School refusal. *Medical officer*, 100, 337-340.

亀口憲治「家族心理学研究における臨床的接近法の展開」心理学研究、六九巻一号、一九九八年、五三-六五頁。

亀口憲治『家族心理学特論――システムとしての家族を考える』日本放送出版協会、二〇〇二年。

神田橋條治『精神科診断面接のコツ』岩崎学術出版社、一九八四年。

神田橋條治『精神療法面接のコツ』岩崎学術出版社、一九九〇年。

菅野純「登校拒否をみる視点――人とのかかわり」児童心理一〇月号臨時増刊号、一九八八年、五八-六〇頁。

河合隼雄『母性社会日本の病理』中央公論社、一九七六年。

河合隼雄「〈文化の病〉としての不登校」精神療法、一九巻六号、一九九三年、三-七頁。

河合隼雄編『不登校』金剛出版、一九九九年。

木村敏『人と人の間』弘文堂、一九七二年。

木村敏『心の病理を考える』岩波書店、一九九四年。

木村晴子『箱庭療法——基礎的研究と実践』創元社、一九八五年。

Klein, E. (1945) : The reluctance to go to school. *Psychoanalytic Study of Child*, 1, 263-279.

Koch, C. (1952) : *The Tree-Drawing Test as an Aid in Psychodiagnosis*. Hans Huber.

小泉英二『登校拒否——その心理と治療』学事出版、一九七三年。

國分康孝編『スクールカウンセリング事典』東京書籍、一九九七年。

近藤邦夫「スクールカウンセラーと学校臨床心理学」村山正治・山本和郎編『スクールカウンセラー——その理論と展望』ミネルヴァ書房、一九九五年、一二-二六頁。

近藤邦夫『子どもと教師のもつれ——教育相談から』岩波書店、一九九五年。

近藤直司「ひきこもりケースの理解と治療的アプローチ」近藤直司編著『ひきこもりケースの家族援助——相談・治療・予防』金剛出版、二〇〇一年、一三-二八頁。

河野良和『自己催眠法入門』河野心理教育研究所、一九七三年。

河野良和『新自律訓練法——不快感を追い出す』五柳書院、一九八六年。

河野良和『感情モニタリング実際編』河野心理教育研究所、一九八九年。

河野良和「主として体験様式について」成瀬悟策編『催眠療法を考える』誠信書房、一九九二年、一七九-一九八頁。

厚生省児童局監修『児童のケースワーク事例集』第九集、一九五七年。

厚生労働省『「社会的ひきこもり」に関する相談・援助状況実態調査報告』（ガイドライン公開版）、二〇〇三年。http://www.mhlw.go.jp/topics/2003/07/tp0728-1f.html

久保淑子『思い切ってホームスクールで育てています』リヨン社、二〇〇一年。

窪田文子「ある強迫神経症者に対する心理療法としての動作法」心理臨床学研究、第九巻第二号、一九九一年、一七-二八頁。

倉戸ヨシヤ「ゲシュタルト療法」氏原寛・東山紘久編『カウンセリングの理論と技法――カウンセリングを学ぶ人に、もっとも便利なハンドブック』ミネルヴァ書房、一九九三年、九〇-九八頁。

前田重治『心理面接の技術――精神分析的心理療法入門』慶應通信、一九七六年。

前田重治『図説　臨床精神分析学』誠信書房、一九八五年。

前田重治『続　図説　臨床精神分析学』誠信書房、一九九四年。

町沢静夫「不登校の類型」精神療法、第一九巻第六号、一九九三年、八-一五頁。

Markus, H. R. & Kitayama, S. (1991)：Culture and the self: Implications for cognition, emotion, and motivation. *Psychological Review*, 98, 224-253.

Maslach, C. & Jackson, S. E. (1981)：The Measurement of Experienced Burnout. *Journal of Occupational Behavior*, 2, 99-113.

増井武士『治療関係における「間」の活用――患者の体験に視座を据えた治療論』星和書店、一九九四年。

増井武士『不登校児から見た世界――共に歩む人々のために』有斐閣、二〇〇二年。

Minuchin, S., Rosman, B. L. & Bker, L. (1978)：*Psychosomatic Families anorexia nerrosa in context*. Harvard University Press.

宮田敬一「ブリーフセラピーの発展」宮田敬一編『ブリーフセラピー入門』金剛出版、一九九四年、一一-二五頁。

宮田敬一編『学校におけるブリーフセラピー』金剛出版、一九九八年。

文部省『生徒指導の手引き』(改訂版)、大蔵省印刷局、一九八一年。

文部省『生徒の健全育成をめぐる諸問題――登校拒否問題を中心として』大蔵省印刷局、一九八三年。

文部省「登校拒否（不登校）の問題について――児童生徒の心の居場所づくりを目指して」(学校不適応対策調査研究協力者会議報告)一九九二年。

文部科学省「児童生徒の問題行動等生徒指導上の諸問題に関する調査」二〇〇〇年。

文部科学省「生徒指導上の諸問題の現状について　第五章不登校」二〇〇一年。文部科学省ホームページ http://www.mext.go.jp/b_menu/houdou/13/12/011231/011231htm

文部科学省法規研究会『義務教育制度の構造――その四「就学義務」① 週刊教育資料 No. 719』二〇〇一年七月九日号、一六-一八頁。

文部科学省「学校基本調査報告書（初等中等教育機関・専修学校・各種学校）平成十四年度」二〇〇二年。

文部科学省「今後の不登校への対応の在り方について（報告書）」二〇〇三a年。文部科学省ホームページ http://www.mext.go.jp/b_menu/shinji/chousa/shotou/022/index.htm

文部科学省「学校基本調査報告書（初等中等教育機関・専修学校・各種学校）平成十五年度」二〇〇三b年。

文部科学省「生徒指導上の諸問題の現状について（概要）」二〇〇三c年。文部科学省ホームページ　http://www.mext.go.jp/b_menu/houdou/16/12/04121601/006. htm

森田洋司『「不登校」現象の社会学』学文社、一九九一年。

森岡正芳「緊張と物語――聴覚的統合による出来事の変形」心理学評論、三七巻四号、一九九四年、四九四-五二一頁。

宗像恒次・椎谷淳二「中学校教師の燃えつき状態の心理社会的背景」土居健郎監修、宗像恒次ほか著『燃えつき症候群――医師・看護婦・教師のメンタル・ヘルス』金剛出版、一九八八年、九六-一三一頁。

村山正治「登校拒否児」内山喜久雄監修『講座情緒障害児　第四巻』黎明書房、一九七二年。

村山正治『カウンセリングと教育』ナカニシヤ出版、一九九二年。

村山正治ほか『フォーカシングの理論と実際』福村出版、一九八四年。

村山正治・山本和郎編『スクールカウンセラー――その理論と展望』ミネルヴァ書房、一九九五年。

Murphy, J. J. (1997)：*Solution-focused counseling in middle and high schools*. American Counseling Association: Alexandria, VA.

Murphy, J. J. & Duncan, B. L. (1997)：*Brief intervention for school problems: Collaborating for practical solutions*. The

Gilford school practitioner series. Guilford Press: New York.

永井撤『不登校の心理――カウンセラーの立場から』サイエンス社、一九九六年。

長野恵子「高齢者に対する動作法の実践」九州社会福祉研究、一五巻、一九九〇年、三七-四六頁。

長坂正文「登校拒否への訪問面接」心理臨床学研究、第一五巻三号、一九九七年、二三七-二四八頁。

内藤哲雄「個人別態度構造の分析について」信州大学人文学部人文科学論集、二七、一九九三年、四三-六九頁。

内藤哲雄『PAC分析実施法入門――〈個〉を科学する新技法への招待』ナカニシヤ出版、一九九七年。

中島健一「(痴呆)緘黙老人――身体の感じを〝味わう〟」九州大学教育学部附属障害児臨床センター紀要、第一巻、一九八六年、三九-四六頁。

中島健一『新しい失語症療法E-CAT』中央法規出版、一九九六年、三九-四六頁。

中島健一『痴呆性高齢者の動作法』中央法規出版、二〇〇一年。

中村元『日本人の思惟方法』春秋社、一九四七年。

中根千枝『タテ社会の人間関係』講談社、一九六七年。

Napier, A. Y. & Whitaker, C. A. (1980)：*The Family Crucible*. New York: Harper & Row.

成田善弘『心身症と心身医学――精神科医の眼』岩波書店、一九八六年。

成瀬悟策『催眠面接法』誠信書房、一九六八年。

成瀬悟策編『イメージ療法』誠信書房、一九八〇年。

成瀬悟策『自己コントロール法』誠信書房、一九八八年。

成瀬悟策編『催眠療法を考える』誠信書房、一九九二a年。

成瀬悟策編『催眠療法』現代のエスプリ二九七号、一九九二b年。

成瀬悟策「臨床動作法の心理構造」成瀬悟策編『臨床動作法の理論と治療』現代のエスプリ別冊、一九九二c年、四三-五二頁。

成瀬悟策編『臨床動作法の理論と実際』現代のエスプリ別冊（臨床動作法シリーズ1）、一九九二d年。

成瀬悟策『臨床動作法の基礎』学苑社、一九九六年。

成瀬悟策『動作療法』誠信書房、二〇〇〇年。

成瀬悟策・J・H・シュルツ『自己催眠』誠信書房、一九六三年。

緒方明子「学習困難の理解と対応」馬場謙一編『学校臨床』現代のエスプリ三三〇号、一九九五年、一四三-一五一頁。

岡林由佳「ひきこもり傾向の不登校児童・生徒への心理的援助に関する臨床心理学的研究――訪問活動からの検討」淑徳大学大学院社会学研究科　平成十五年度修士論文（未公刊）、二〇〇四年。

岡田康伸『箱庭療法の基礎』誠信書房、一九八四年。

岡田康伸『箱庭療法の展開』誠信書房、一九九三年。

岡堂哲雄『ファミリーカウンセリング――家族の危機を救う』有斐閣、一九八七年。

岡堂哲雄編『心理査定プラクティス』現代のエスプリ別冊（臨床心理学シリーズ2）、一九九八年。

岡村達也・加藤美智子・八巻甲一『思春期の心理臨床――学校現場に学ぶ〈居場所〉つくり』日本評論社、一九九五年。

大場信恵「登校拒否および学校不適応児への動作療法の試み」ふぇにっくす四一号、心理リハビリテイション研究所、一九九二年、二七-三四頁。

大野精一『学校教育相談――理論化の試み』ほんの森出版、一九九六年。

近江源太郎監修『色々な色』光琳社出版、一九九六年。

大野精一「日本型スクールカウンセラーの在り方――学校教育相談の立場から」教育心理学年報、第三六集、一九九七a年、四六-四七頁。

大野精一『学校教育相談――具体化の試み』ほんの森出版、一九九七b年。

大野精一「学校教育と学校心理士――学校教育相談の立場から」教育心理学年報、第三七集、一九九八a年、三四-三五頁。

大野精一「学校教育相談の定義について」教育心理学年報、第三七集、一九九八b年、一五三-一五九頁。

太田智子ら「学校不適応問題に対する適応指導教室の全国実態調査」生徒指導研究、一九九四年、八五-九五頁。

大多和二郎『感情モニタリング入門編――自分を活かす心理学的方法』河野心理教育研究所、一九八九年。

大塚義孝編『スクールカウンセラーの実際』こころの科学増刊、一九九六年。

小野修『親と教師が助ける登校拒否児の成長』黎明書房、一九八五年。

Partridge, J. M. (1939) : *Truancy Journal of Mental Science*, 85, 45-81.

Pines, A. M. & Aronson, E. (1977) : *Burnout: From Tedium to Personal Growth.* Free Press, N Y.

Remschmidt, H. & Mattejat, F. (1990) : Treatment of school phobia in children and adolescents in Germany. In Chiland, C. & Young, J. G. (eds.), *Why Children Reject School: Views from Seven Countries.* New York: Yale University Press.

Rubin, J. A. & Magnussen, M. G. (1974) : A family art evaluation. *Family Process*, 13, 185-200.

齊藤万比古「不登校だった子どもたちのその後」こころの科学八七号、一九九九年。

斎藤清「児童福祉司の取扱った長期欠席児童の実態とその分析」青少年問題、六巻（八）、一九五九年、四二-四七頁。

齋藤孝「教師の技術・身体・スタイル――〈青い目茶色い目〉の実践を事例として」教育方法学研究、二〇、一九九四年、七一-七九頁。

齋藤孝『声に出して読みたい日本語』草思社、二〇〇一年。

斎藤環『社会的ひきこもり――終わらない思春期』ＰＨＰ新書、一九九八年。

佐治守夫・岡村達也・保坂亨『カウンセリングを学ぶ――理論・体験・実習』東京大学出版会、一九九六年。

坂上頼子「円枠感情表出法について(私信)」二〇〇二年。

坂野雄二「登校拒否・不登校とは」内山喜久雄・筒井末春・上里一郎監修、坂野雄二編『登校拒否・不登校』同朋舎、一九九〇年、二-八頁。

佐藤修策「神経症的登校拒否行動の研究――ケース分析による」岡山中央児相紀要、四、一九五九年、一-一五頁。

佐藤修策『登校拒否児』国土社、一九六八年。

佐藤修策「子どもが〈登校拒否〉をするとき――その心理とメカニズム」児童心理一〇月号臨時増刊号、一九八八年、二二-三一頁。

関川紘司「出会いまで――ある訪問面接のひとこま」カウンセリング、一五巻三号、全日本カウンセリング協議会出版部、一九八四年、二八-三二頁。

関川紘司「閉じこもりの子たちへの訪問面接」日本心理臨床学会第一五回大会発表論文集（上智大学）、一九九六年、二五四-二五五頁。
Selvini-Palazzoli, Mara, Boscolo, L. Cecchin, & Prata, G.（1980）：Hypothesizing-Circularity-Neutrality: Three guidelines for the conductor of the session. *Family Process*, 19(3), 3-12.
Shearn, C. R. & Russell, K. R.（1969）：Use of the Family Drawing as a technique for studying parent-child interaction. *Journal of Projective Techniques*, 3, 35-44.
下山晴彦「ステューデント・アパシー研究の展望」教育心理学研究、四四巻三号、一九九六年、二五〇-二六三頁。
相馬誠一・花井正樹・倉淵泰佑編著『適応指導教室――よみがえる「登校拒否」の子どもたち』学事出版、一九九八年。
杉山信作『登校拒否と家庭内暴力』新興医学出版社、一九九〇年。
Sutton, J. M. & Fall, M.（1995）：The relationship of school climate factors to counselor self-efficasy. *Journal of Counseling & Development*, Vol. 73(3), 331-336.
Swartz, J. L. & Martin, W. E.（Eds.）(1997)：*Applied ecological psychology for schools within communities: Assesment and intervention*. Lawrence Erlbaum Associates, Inc., Publishaers: Mahwah, NJ.
田嶌誠一『壷イメージ療法――その生いたちと事例研究』創元社、一九八七年。
田嶌誠一「スクールカウンセリングにおける家庭訪問の実際――不登校・ひきこもり生徒の場合」高橋良幸編著『シンポジアム：「学校」教育の心理学――教育心理学のこれから』川島書店、一九九八年、一三七-一四七頁。
高江洲義英・守屋英子「芸術療法の諸技法とその適応――絵画療法を中心として」精神科治療学、第一〇巻、第六号、一九九五年。
高木隆郎「長欠児の精神医学的実態調査」精神医学、第一巻第六号、一九五九年、四〇三-四〇九頁。
高木隆郎「学校恐怖症の問題点　第2回日本児童精神医学会発表抄録及び討議　シンポジアム」児童精神医学とその近接領域、第三巻、第一号、一九六二年、四二-四三頁。
高木隆郎「学校恐怖症」小児科診療、26、一九六三年、四三三-四三八頁。

高木隆郎「登校拒否の心理と病理」精神療法、第三巻第三号、一九七七年、二一八-二三五頁。

高木隆郎・川端つね・藤沢淳子・加藤典子「学校恐怖症の典型像（Ⅰ）」児童精神医学とその近接領域、第六巻三号、一九六五年、一四六-一五六頁。

高岡健・平田あゆ子・藤本和子「学校と精神医学――英国の動向と日本における問題点」児童青年精神医学とその近接領域、第三九巻第五号、一九九八年、四〇三-四一九頁。

高良聖「〈ブリーフ〉としてのサイコドラマ――治療コードの視点」ブリーフサイコセラピー研究Ⅰ、一九九二年、六八-七四頁。

玉岡尚子「訪問面接」小泉英二編著『登校拒否――その心理と治療』学事出版、一九七三年、一六九-一八五頁。

田村隆一「フォーカシングにおけるフォーカサー――リスナー関係とFLOATABILITYとの関連」心理臨床学研究、第八巻第一号、一九九〇年、一六-二五頁。

鑪幹八郎「学校恐怖症に関する一考察（1）その症状関連と原因機制について」児童精神医学とその近接領域、第三巻、一九六二年、四三頁。

鑪幹八郎「学校恐怖症の研究（1）症状形成に関する分析的考察」児童精神医学とその近接領域、第四巻四号、一九六三年、二二一-二三五頁。

鑪幹八郎「登校拒否と不登校――神経症的発現から境界例および登校無関心型へ」児童精神医学とその近接領域、第三〇巻三号、一九八九年、二六〇-二六四頁。

冨永良喜・山中寛編『動作とイメージによるストレスマネージメント教育』北大路書房、一九九九年。

Treynor, J. V.（1929）: School-Sickness. *Iowa State Medical Journal*, 19, 451.

鶴光代「精神分裂病者の動作改善と社会的行動変容」成瀬悟策編『心理リハビリテイションの展開』心理リハビリテイション研究所、一九八二年、一六九-一八一頁。

鶴光代「動作療法における〈自体感〉と体験様式について」心理臨床学研究、第九巻第一号、一九九一年、五-一七頁。

鶴光代「不登校の子のための動作法」成瀬悟策編『教育臨床動作法』現代のエスプリ別冊（臨床動作法シリーズ2）、一九九二年、一六三-一七二頁。

内沼幸雄『対人恐怖』講談社、一九九〇年。

上野一彦「発達臨床からみたスクールサイコロジスト」教育心理学年報、第三六集、一九九六年、四七-四八頁。

上野一彦・牟田悦子『学習障害児の教育——診断と指導のための実践事例集』日本文化科学社、一九九二年。

鵜養美昭・鵜養啓子『学校と臨床心理士——心育ての教育をささえる』ミネルヴァ書房、一九九七年。

氏原寛・村山正治『今なぜスクールカウンセラーか』ミネルヴァ書房、一九九八年。

梅垣弘『登校拒否の子どもたち』学事出版、一九八八年。

台利夫・増野肇編『心理劇の実際』金剛出版、一九八六年。

和田慶治「不登校」辻悟編『思春期精神医学』金原出版、一九七二年。

若林慎一郎『登校拒否症』医歯薬出版、一九八〇年。

Walsh, W. M. & Williams, G. R. (Eds.) (1997): *Schools and family therapy: Using systems theory and family therapy in the resolution of school problems.* Carles C Thomas Publisher: Springfield, IL.

Warren, W. (1948): Acute neurotic breakdown in children with refusal to go to school. *Archieves of Diseases in Childhood,* 23, 266-272.

鷲見たえ子・玉井収介・小林育子「学校恐怖症の研究」精神衛生研究、八号、一九六〇年、二七-五六頁。

鷲見たえ子・小林育子・大見川正治・金森淳・谷口幸輔「学校恐怖症の研究　第二回日本児童精神医学会発表抄録及び討議　シンポジアム」児童精神医学とその近接領域、第三巻第一号、一九六二年、四〇頁。

渡部昭男「長欠・不登校児者を含めたビジティング教育——〈必要原理教育〉への権利の視点から」障害者問題研究、第三〇巻第一号、二〇〇二a年、一八-二九頁。

渡部昭男「評価論への法規範的アプローチ」日本教育行政学会年報二八、教育行政と評価（教育開発研究所）、二〇〇二b年、二〇-三四頁。

ヤギ、ダリル（上林靖子監修）『スクールカウンセリング入門——アメリカの現場に学ぶ』勁草書房、一九九八年。

山本綾「不登校児への援助・支援の現状と今後の展開について——適応指導教室、ホームスタディ制度、ホームスクールを中心に」日本社会事業大学卒業論文、二〇〇二年。

山中康裕「思春期内閉 Juvenile Seclusion——治療実践よりみた内閉神経症（いわゆる学校恐怖症）の精神病理」中井久夫・山中康裕編『思春期の精神病理と治療』岩崎学術出版社、一九七八年、一七-六二頁。

山中康裕『心理臨床と表現療法』金剛出版、一九九九年。

山中康裕『ビデオ・絵画療法』メンタルヘルスアカデミー、一九九九年。

山下英三郎『エコロジカル子ども論』学苑社、一九九九年。

山下英三郎著、日本スクールソーシャルワーク協会編『スクールソーシャルワーク——学校における新たな子ども支援システム』学苑社、二〇〇三年。

山崎透「不登校に伴う身体化症状の遷延要因について」児童青年精神医学とその近接領域、第三九巻五号、一九九八年、四二〇-四三二頁。

事項索引

人名索引

著者紹介

藤岡孝志（ふじおか　たかし）

1958年　生まれ

1987年　九州大学大学院教育学研究科博士課程単位取得満期退学

現　在　日本社会事業大学社会福祉学部福祉援助学科教授

共著書　『アクティブに生きる――自己活動の心理学』（編著）ソフィア 1992年，『心の病理学』現代のエスプリ別冊 1998年，『動作とこころ：成瀬悟策教授退官記念シンポジウム』翔門会編，九州大学出版会 1989年，『イメージ療法』現代のエスプリ 38 1999年，『保育・教育ネオシリーズ社会福祉』同文書院 2003年

不登校臨床の心理学

2005年6月20日　第1刷発行
2008年1月25日　第3刷発行

著　者　藤　岡　孝　志
発行者　柴　田　淑　子
印刷者　西　澤　利　雄

発行所　株式会社　誠　信　書　房
〒112-0012　東京都文京区大塚 3-20-6
電話　03 (3946) 5666
http://www.seishinshobo.co.jp/

あづま堂印刷　清水製本　落丁・乱丁本はお取り替えいたします
検印省略

ISBN4-414-40022-8 C3011

学校トラウマと子どもの心のケア　実践編

学校教員・養護教諭・スクールカウンセラーのために

ISBN978-4-414-40026-7

藤森和美編著

現在の学校では児童・生徒が事件・事故・災害等に巻き込まれる可能性がある。その時に心理的衝撃を和らげるための精神保健の専門家による危機介入が必要とされる。本書は連携機関も含めて最悪の事態に備えた危機管理の具体的助言を含んだ実用的な書である。

目　次

A５判並製　定価(本体2600円+税)

学校心理学による問題対応マニュアル

学校で起きる事件・事故・災害にチームで備え、対処する

ISBN978-4-414-30297-4

S．ブロック他著　今田里佳監訳 吉田由夏訳

本書が目指すのは、さまざまな危機に対応する力を持ったチームを学校の中に誕生させることである。事故，不審者の侵入，マスコミ対応，児童の自殺と教室の秩序の回復法など，予想されうる問題を広くカバーしている。図版など視覚的な情報もまじえながら危機状況への対処法と予防法を体系的に解説する。

目　次

A５判上製　定価(本体4600円+税)

感情に働きかける面接技法
心理療法の統合的アプローチ

ISBN978-4-414-41421-9

L.S. グリーンバーグ他著　岩壁 茂訳

本アプローチは，クライエント中心療法，ゲシュタルト療法，フォーカシングを統合した心理療法であり，うつに対する介入手続きの有効性が北米で立証されている。二つの椅子を使用するなど特徴のある技法で，セラピー中のクライエントの感情が驚くべき変容を遂げる。

目次抜粋

- 過程 - 体験アプローチの理論的背景
- セラピストがすること
- はっきりしないフェルトセンスの体験的フォーカシング
- 二つの椅子の対話と分離
- 自己中断分離のための二つの椅子の試演
- 空の椅子の作業と未完了の体験
- 極端な傷つきやすさの指標における共感的肯定
- 過程 - 体験アプローチを適用する
- 過程 - 体験アプローチ——概観，研究，理論，そして未来

A5判上製　定価(本体5500円＋税)

自傷行為とつらい感情に悩む人のために
ボーダーライン・パーソナリティ障害（BPD）のためのセルフヘルプ・マニュアル

ISBN978-4-414-41417-2

L. ベル著　井沢功一朗・松岡 律訳

一人でいると気分が荒れ始め，あるいは仲間といてもなじめずに居心地が悪くなってしまう……。つらい感情に折り合いを付けられず自分を傷つけてしまう人たちも多くいる。読者は，本書に収められたエクササイズに記入していく過程で，自分と向き合い，自傷行為とは違う癒やしに気づくことができる。

目次抜粋

- このマニュアルの対象者と使い方
- 薬とお酒の使い方
- 感情を理解しうまく扱う
- 思考の習癖と信念を調べ，修正する
- うつを克服し，難しいさまざまな気分をうまく扱う
- 児童期の虐待に取り組む
- 自傷行為（沈黙の叫び）を克服する
- 怒りの感情をうまく扱い弱める
- その他の問題——ゆきずりの性交渉，摂食障害，幻覚

A5判並製　定価(本体2800円+税)

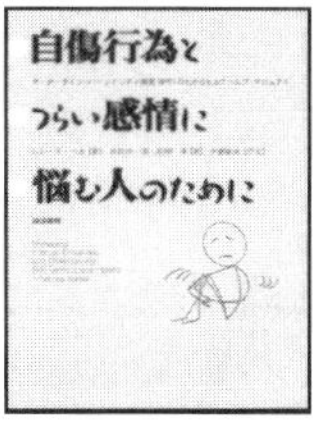

テキスト臨床心理学３

不安と身体関連障害

ISBN978-4-414-41343-4

G.C. デビソン他著　下山晴彦編訳

パニック障害など［心の問題］とエイズ・拒食／過食症などの［身体の問題］を病気ごとに取り上げる。個々の特徴・最新の治療法・防止法まで目を配り，理解を深める助けとする。

目　次

B5判並製　定価(本体3200円＋税)

テキスト臨床心理学４

精神病と物質関連障害

ISBN978-4-414-41344-1

G.C. デビソン他著　下山晴彦編訳

DSM- Ⅳ -TR の診断基準に基づいた徹底した症例の分類と，それに対する介入法・成果・問題点が丁寧かつ豊富な情報量で解説される。SAD, エイズ，自殺など，社会問題と風俗を精力的にピックアップし，現代臨床心理学のデータベースとしても申し分ない。

目　次

B5判並製　定価(本体3200円＋税)